Além da Fonte
Livro 2
As Comunicações com os Cocriadores Continuam

Guy Steven Needler

Traduzido por: Marcello Borges

© 2013 por Guy Steven Needler
Tradução para Português: 2025
Todos os direitos reservados. Nenhuma parte deste livro, em parte ou no todo, pode ser reproduzida, transmitida ou utilizada por qualquer forma ou por qualquer meio, eletrônico, fotográfico ou mecânico, incluindo fotocópia, gravação ou qualquer sistema de armazenamento e recuperação de informações, sem autorização prévia por escrito da editora Ozark Mountain Publishing, exceto no caso de breves citações incluídas em resenhas e artigos literários.

Para permissão, serialização, condensação, adaptações ou para nosso catálogo com outras publicações, escreva para Ozark Mountain Publishing, Inc., P.O. Box 754, Huntsville, AR 72740-0754, EUA, Attn.: Permissions Department.

Dados de Catalogação na Fonte da Biblioteca do Congresso
Needler, Guy Steven, 1961
Além da Fonte – Livro 2, por Guy Steven Needler
Diálogos através de meditação com os seis últimos dos doze Cocriadores que operam a partir de nossa própria Entidade Fonte.

1. Entidades Fontes 2. Cocriadores 3. Origem 4. Metafísica
I. Needler, Guy Steven, 1961 II. Cocriadores III. Metafísica IV. Título

ISBN: 978-1-962858-73-1

Arte e Layout da Capa: www.noir33.com e Travis Garrison
Traduzido por: Marcello Borges
Tipografia: Times New Roman
Design do livro: Nicklaus Pund
Publicado por:

PO Box 754 Huntsville, AR 72740
WWW.OZARKMT.COM
Impresso nos Estados Unidos da América

Para minha querida esposa
Anne Elizabeth Milner agora "Ascensa"
(10 de abril de 1957 – 24 de dezembro de 2012)

Sumário

INTRODUÇÃ ... i
CAPÍTULO 1: Apresentando a Entidade Fonte Sete ... 1
CAPÍTULO 2: Entidade Fonte Oito ... 101
CAPÍTULO 3: Entidade Fonte Nove ... 158
CAPÍTULO 4: Entidade Fonte Dez – O pontapé inicial! ... 224
CAPÍTULO 5: Entidade Fonte Onze – ... 286
Um bilhão como uma só
CAPÍTULO 6: A Entidade Fonte Doze desperta ... 351
CAPÍTULO 7: Para encerrar ... 419
GLOSSÁRIO ... 421
SOBRE O AUTOR ... 429

Introdução
Continuam as comunicações com as Doze Entidades Fontes da Origem

Em *A História de Deus* – Uma história do começo de tudo, obra canalizada, apresentei aos leitores uma visão sobre como iniciei minhas comunicações de nível superior e consegui me comunicar com entidades espirituais/energéticas, obtendo percepções sobre as maravilhas à nossa volta e a verdade sobre nossas lendas e mitos. Através da canalização, também comecei a minha identificação com A Origem e descobri que A Origem criou doze Entidades Fontes. A Origem e uma das Entidades Fontes explicaram o que é A Origem e o mecanismo do universo criado por uma das criações de A Origem, a nossa Entidade Fonte.

No livro seguinte, Além da Fonte, prossegui nos diálogos com a Entidade Fonte de nosso universo e mantive diálogos com as seis primeiras Entidades Fontes—aquelas que estavam energeticamente mais próximas, digamos, das minhas próprias energias. Em Além da Fonte, comecei a perceber as maravilhas e o funcionamento dos multiversos criados ou não, conforme o caso, pelas seis primeiras Entidades Fontes. Descobri quais entidades habitavam seus multiversos e como eram construídos os multiversos, e, na verdade, as próprias Entidades Fontes.

Se você já leu esses dois livros, então vai ficar feliz em saber que este livro, Além da Fonte: Livro 2, conclui esses diálogos focalizando as Entidades Fontes Sete a Doze. Nesse processo, fui levado ao limite de minhas capacidades!

Dizer que este foi um livro difícil de canalizar seria um eufemismo. Houve momentos em que me perguntei se seria capaz de lidar com as informações que estava recebendo e se seria capaz de colocar em palavras de forma compreensível, sem perder a essência das informações que me foram apresentadas. Noutras ocasiões, a quantidade das informações que eu estava recebendo era tão variada que tive de parar e recalibrar minhas próprias habilidades para permitir que o estado de "conhecimento cósmico" assumisse e eu pudesse me elevar um pouco mais, apreciando uma imagem nova e maior e aceitando que eu era expansivo—capaz de me estender além do que eu considerava meu limite elástico. Isso aconteceu diversas vezes. Em retrospectiva, as dores de cabeça, olheiras e estresse causados pela entrega das informações resultantes desses diálogos foram mais do que valiosas—embora eu tenha questionado mais de dez vezes a minha sanidade enquanto estava no "meio da bagunça". O mundo precisa conhecer estas informações. Minha querida esposa, Anne, foi fantástica neste sentido, proporcionando-me incentivo enquanto editava o texto e garantia o meu "descanso essencial". Além disso, o incentivo de Dolores, Julia e a equipe da Ozark foram pontuais e muito bem recebidos; por tudo, sinto-me verdadeiramente grato.

A aqueles leitores que têm acompanhado esta jornada de descobertas, aqueles dedicados a "conhecer a verdade", erguendo o véu pessoal entre eles mesmos e a realidade maior, agradeço-lhes do fundo do coração, pois ao fazê-lo estão ajudando a elevar as frequências básicas da Terra e de sua população.

Obrigado, bem-vindos de volta!

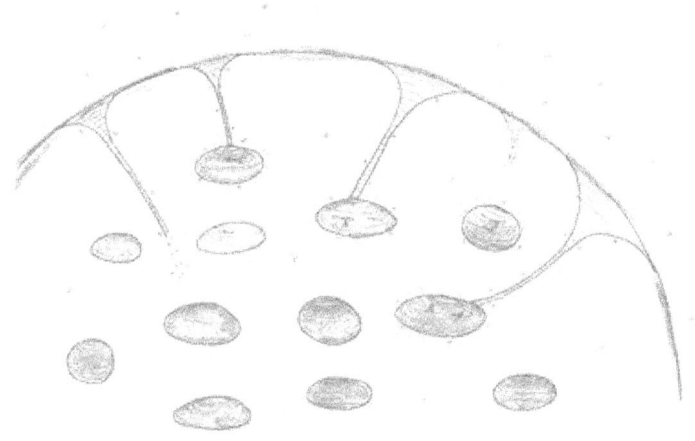

Figura 1: Imagem conceitual do primeiro contato entre a Origem e suas Entidades Fontes

Capítulo Um
Apresentando a Entidade Fonte Sete

Quando terminei "Além da Fonte", fiquei contente diante da proposta de uma pausa. Ela não estava programada. Tendo concluído o manuscrito das comunicações com as seis primeiras Entidades Fontes, fui lançado instantaneamente à geração do material de apresentação necessário para apoiar a minha palestra na conferência "Despertando para a transformação da consciência superior" de 2011, promovida pela Ozark Mountain Publishing. Quando terminei de preparar os slides para a palestra, comecei a sentir o chamado da Entidade Fonte, criadora de nosso multiverso, para continuarmos o trabalho de comunicação com as seis Entidades Fontes restantes. Nunca vou descobrir o que aconteceu com o repouso que haviam me recomendado. Mas o que eu sabia era que, juntamente com outras pessoas, eu estava contribuindo para a inevitável ascensão da Terra e de seus habitantes e que este trabalho não poderia ser interrompido por motivo algum.

De fato, durante semanas após acabar "Além da Fonte", comecei a receber imagens do modo como a Entidade Fonte seguinte, a Entidade Fonte Sete, foi construída e como seus ambientes tinham sido criados. Obviamente, uma mudança é tão boa quanto um descanso. Estava contemplando as imagens que tinha recebido e começando a me sintonizar com a Entidade Fonte Sete quando minha própria Entidade Fonte (SE) veio me dar alguns conselhos bondosos.

SE: Como disse quando começamos a encerrar nosso último diálogo, você está prestes a se distanciar mais de mim do que antes. As diferenças de frequência são grandes, mas o trabalho que fizemos com você nos bastidores lhe permitirão aumentar a proteção de que você vai precisar para auxiliá-lo a cada passo que der.

EU: O que você quer dizer com "a cada passo que eu der"?

SE: Sua memória está fraca hoje.

EU: Estive lendo os detalhes contidos em *A História de Deus*, e não concentrando-me nos detalhes de *Além da Fonte*.

SE: Eu percebi. Olhe, de agora em diante, a distância frequencial e dimensional que precisará ser coberta por sua consciência será esticada até seu limite elástico todas as vezes que você fizer contato com cada nova Entidade Fonte. Você vai se afastar cada vez mais da frequência básica de seu eu encarnado. O período passado com cada uma dessas novas Entidades Fontes será usado para abrandar esse nível de estiramento, facilitando-lhe esticar até a próxima Fonte através do uso de sua nova posição "atual" como um trampolim. Eu, naturalmente, estarei o tempo todo com você, acompanhando seu progresso e ajudando-o a se ajustar ao estiramento quando for necessário, mas você vai sentir alguns efeitos colaterais.

EU: E quais serão esses efeitos colaterais?

SE: Você vai se sentir como se estivesse cansado e altamente energizado, tudo ao mesmo tempo. Vai sentir reações físicas a essas frequências tão diferentes. Isso vai acontecer durante todo o tempo em que estiver em comunicação com as seis próximas Entidades Fontes. Creio que você usaria as expressões "desorientado" e "artrítico".

EU: Quer dizer, nos próximos dezoito meses, mais ou menos?

SE: Sim.

Além da Fonte Livro 2

EU: Grato pelo aviso.

SE: Não há de quê. Agora, um conselho sério: você precisa se manter o mais neutro possível em termos energéticos. Isto vai ajudá-lo a assimilar as novas energias e frequências. Para fazer isso, beba muita água, pois ela é um meio energético "físico" universal, com uma assinatura energética comum entre as frequências e dimensões. Reduza o consumo normal de álcool e de café a níveis mínimos e a zero no dia anterior e no dia da canalização. Caso beba álcool, limpe diretamente o sistema depois com a mesma quantidade de água. Você também vai precisar exercitar o seu corpo e descansar bastante.

EU: Acho que não estou disposto a ficar com artrite!

SE: Talvez eu tenha usado a palavra errada. A sensação será como se você tivesse juntas quentes num dia e frias no seguinte.

EU: Para mim, isso é reumatismo.

SE: Mas você não vai perder a força nas pernas e o efeito vai desaparecer logo depois da desconexão com a Entidade Fonte Doze.

EU: Não vai ter uma descida?

SE: Nada de descida. Será instantâneo.

EU: Mal posso esperar!

SE: Então, vamos começar pela conexão com a Entidade Fonte Sete.

Entidade Fonte Sete–A Entidade Fonte com três aspectos
Sentado diante do teclado do meu computador, vi-me atraído por uma imagem que já vira antes. Esta imagem, como percebo agora, é a representação visual da Entidade Fonte com a qual eu iria começar a

me comunicar—a Entidade Fonte Sete (SE7). No começo, aproximei-me lentamente, tentando aproveitar ao máximo a imagem que estava vendo em minha mente e as impressões que estava recebendo. Para todos os fins, ela se parecia com duas células unidas, com uma seção intermediária sobreposta. Aproximando-me mais, tive a impressão de que ela havia se dividido essencialmente em duas áreas ou ambientes, com a seção sobreposta do meio criando um terceiro ambiente "híbrido", uma mistura das duas áreas maiores. Estava pensando no que iríamos conversar quando a SE7 fez contato, direto e repentino.

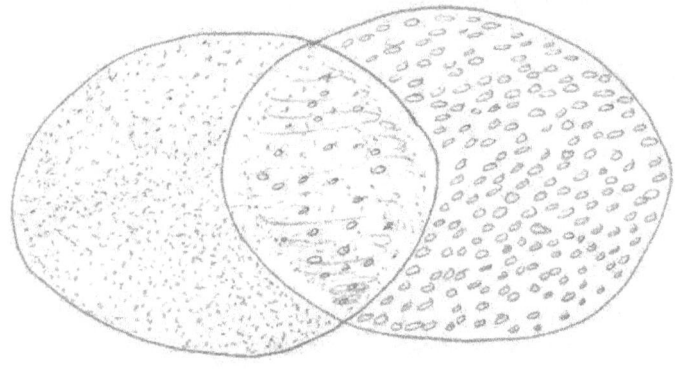

Figura 2: Entidade Fonte Sete como 7a, 7b & 7c

SE7: Bom dia!

EU: Como?

SE7: Bom dia! . . . Não é esta a maneira correta de saudá-lo?

EU: É uma maneira de saudar alguém, mas não é algo que eu esperaria de uma Entidade Fonte.

SE7: Algum problema se eu o acessar para compreender a melhor maneira de me comunicar?

Esta Entidade Fonte estava sendo muito direta para algo que, em essência, era um primeiro encontro! E ainda por cima, tinha sotaque australiano! Muito bizarro!

EU: Fique à vontade.

Quando a Entidade Fonte Sete acessou minhas energias, senti que minha cabeça ficou fervilhando, quase a ponto de explodir. Depois a sensação passou e não me senti diferente do normal.

SE7: Ah, assim está melhor. Agora, sei como me comunicar com você de maneira apropriada.

Senti uma tensão na cabeça e um surto ou mudança na energia. Meus olhos ficaram um pouco turvos. Mas o sotaque ainda estava lá. Decidi que era melhor aceitá-lo.

SE7: Desculpe, estava me ajustando a uma frequência que fosse aceitável para você. Vamos nos sintonizar melhor à medida que nosso diálogo avançar.

Devo admitir que estava um pouco preocupado com o sotaque australiano, mas decidi que o melhor a fazer era ignorar minhas noções preconcebidas. Quando deixei de lado este possível bloqueio para a clareza de nosso caminho de comunicação, recebi uma imagem e compreendi seu uso pela Entidade Fonte Sete. A Austrália é o maior país da Terra sem fronteira alguma com seus vizinhos, e é o único país que compartilha a mesma fronteira com as fronteiras do continente onde está. Foi por isto que a Entidade Fonte Sete resolveu falar comigo com sotaque australiano. Ela percebeu essa condição singular e estudou a língua e a cultura a fim de se comunicar comigo, pensando que a maioria dos habitantes encarnados na Terra existiam nesta grande área. Eu também recebi a impressão de que essa seria uma suposição razoável para ela, pois era um tema comum com algumas de suas criações que se associam a algum tipo de corpo "planetário". Também percebi que ela considerou a Austrália um centro de percepção mais elevada neste planeta. Tendo compreendido a razão para o método que a Entidade Fonte Sete escolheu para se comunicar, iniciamos o diálogo com vigor renovado e sem dúvidas subjacentes.

SE7: Agora que você compreendeu as razões para a minha escolha de comunicação verbal, podemos começar, se quiser.

EU: Sim, por favor. Só achei isso um pouco estranho no começo, e quis me certificar de que não estava me iludindo ou inventando o diálogo.

SE7: Com certeza, você não está inventando este diálogo. Mas uma coisa eu posso lhe dizer: você está muito estendido, e esta falta de substância é a causa de seu baixo nível de confiança.

As três versões da Entidade Fonte Sete

EU: Entendi. Bem, é melhor eu superar isso bem depressa ou desperdiçarei esta oportunidade. Então, vamos em frente. Quando comecei a entrar em contato com você, recebi uma imagem. Dava a impressão de que você havia se organizado em duas áreas que se sobrepunham no meio—tal como acontece quando duas células estão prestes a se dividir e se separar. Poderia me explicar a razão para isso? Tive a impressão de que você tem dois ambientes, um esquerdo, um direito e uma combinação do esquerdo com o direito.

SE7: O que você está vendo, na verdade, são duas partes minhas num momento de separação congelada.

Além da Fonte Livro 2

EU: Quer dizer que você tem duas partes?

SE7: Não, tenho três. Quando estava planejando a melhor maneira de contribuir para o desejo de A Origem evoluir através da separação, resolvi me dividir ao meio e criar dois eus independentes mas coexistentes. No momento da separação, vi a beleza na possibilidade representada por limitar a separação a uma condição parcial. Esta condição parcial—você pode chamá-la de seção "Siamesa"—que fazia parte de mim quando estava me separando desenvolveu uma assinatura energética independente e própria, criando uma terceira versão minha. Isto fez com que eu interrompesse a separação, pois apresentou diversas oportunidades interessantes.

EU: Será que interpretei isto corretamente? Agora, vocês são três entidades independentes mas unidas e coexistentes, cada uma com processos mentais diferentes e atividades diferentes?

SE7: Sim.

EU: Então, por que/como consigo conversar com você como uma única entidade? Estou falando com apenas uma de vocês? Digamos, a Entidade Fonte Sete "A" (SE7A)?

SE7: Não, você está falando com um simulacro combinado das três versões que tenho. Fizemos isso para iniciar a comunicação com você, de modo que você não ficasse confuso com as minhas partes falando ao mesmo tempo e respondendo às suas perguntas simultaneamente e de três maneiras diferentes.

EU: Agradeço a sua preocupação. Você consegue voltar à sua condição singular original, aquela que possuía antes do ponto de separação?

SE7: Não, a mudança foi permanente. Quero dizer, a menos que todas nós decidamos, em uníssono e plenamente comprometidas, pedir a ajuda de A Origem para voltarmos à singularidade. Esta mudança permanente foi uma decisão singular que tomei antes da separação.

EU: Então, não existe uma mente superior geral que controla vocês três?

SE7: Não

EU: Vocês não têm um relógio tiquetaqueando ao fundo, que vai fazer vocês retornarem à singularidade após certo período de tempo?

SE7: Não

EU: Vocês não possuem um botão de reinicialização que poderiam apertar caso tudo saia muito errado ou queiram mudar de estratégia?
SE7: Não

EU: Fascinante. Quando conversei com as outras Entidades Fontes, aquelas que tinham criado áreas de separação sempre tinham uma alternativa de saída.

SE7: Eu/Nós não. A mudança foi permanente por opção pessoal.

EU: Mas vocês têm a capacidade de usar A Origem para devolvê-las à condição singular caso desejem.

SE7: Sim.

EU: Então, essa seria sua saída coletiva.

SE7: Sim, imagino que seja. Não tínhamos pensado nisso dessa forma. Simplesmente pensamos que seria uma oportunidade de experiências futuras, caso buscássemos coletivamente essa mudança. Essa mudança só seria realizada pela Origem caso nós três desejássemos isso juntas. Ela não pode acontecer caso apenas uma ou duas partes minhas queiram e alguma não queira.

EU: Você pode mesclar ou fundir duas de suas partes?

SE7: Não, pois isto abalaria o equilíbrio que temos atualmente.

EU: Posso conversar com vocês (SE7A, SE7B e SE7C) separadamente à medida que este diálogo avança?

SE7: Se você quiser.

Isto foi um pouco estranho e maravilhoso, tudo ao mesmo tempo. Ali estava eu, comunicando-me com o que era a Entidade Fonte Sete— agora em três partes separadas, unidas e coexistentes, mas, como entidade singular, esta entidade ou invólucro foi criada especificamente para se comunicar comigo. Senti-me MUITO honrado.

EU: Só para esclarecer, por que você achou necessário comunicar-se comigo individualmente e não coletivamente?

SE7: Claro, já lhe direi, mas antes vejo que você precisa de uma lição rápida sobre singularidade, coletividade e singularidade através da coletividade, pois são três coisas diferentes, razão pela qual sou capaz de me comunicar com você como entidade singular, muito embora eu seja três agora. Criamos, é claro, muitos outros para ajudar-nos em nossa evolução, assim como fez sua própria Entidade Fonte. É por isso que vocês existem, mas vou continuar pela definição de singularidade, coletividade e singularidade através da coletividade.

Singularidade
SE7: A singularidade se dá quando temos uma entidade única e individualizada, independente de qualquer outra entidade ou grupo de

entidades similares. Apesar de ter sido criada e ainda fazer parte de seu criador, ela recebe a individualidade como uma subseção da entidade que a criou. Uma entidade singular não precisa (e nem é obrigada a) seguir regras ou convenções ou estilos de, ou para a, existência que podem ser criados por aquelas entidades que podem ser semelhantes ou existir no mesmo ambiente dimensional ou frequencial que a entidade singular em questão. Isto inclui seu criador. Embora uma entidade singular possa escolher adotar a conformidade com as regras e convenções daqueles que a rodeiam, em última análise ela não está presa a essas coisas. A entidade singular é responsável por suas próprias ações, reações, criatividade, criações e evolução subsequente.

Coletividade
SE7: Coletividade é um grupo ou grupos de entidades que, embora tenham singularidade, estão unidas pela funcionalidade de sua existência coletiva. Singularmente, seriam incapazes de funcionar com o propósito inato que uma entidade verdadeiramente singular é capaz de manter. Elas conseguem significativamente mais estando juntas "coletivamente" do que se estivessem sozinhas, em pares ou mesmo em maiores números. Seu propósito, portanto, é atingido juntas, como coletividade, e assim, funcionam como unidades singulares, individualizadas—cada uma com um papel a cumprir que é significativo, não para elas mesmas, mas como parte menor do cenário coletivo, muito, muito maior. Podem ser consideradas como componentes singulares da placa de circuito impresso de um computador ou como as células ou átomos individuais de uma entidade biológica muito maior. Como coletividade, todas as entidades participantes evoluem juntas, ao mesmo tempo que o todo. A contribuição de nenhuma entidade será tal que ela vá evoluir num ritmo mais rápido que o de qualquer outra entidade dentro da coletividade, e nem ela desejaria que isso acontecesse. A entidade que é parte de uma coletividade considera apenas aquilo que é bom ou que contribui para a evolução progressiva do todo como um todo.

Singularidade através da coletividade

SE7: Ela ocorre ou é criada quando entidades em um grupo estão interconectadas de forma consciente e comunicativa. Podem até ser interdependentes de outras maneiras mais fundamentais, maneiras que resultam na conectividade do grupo, no pensamento do grupo e na ação do grupo. Isto resulta numa mente coletiva, onde cada mente/entidade individual é uma função do todo. Quando se cria a singularidade através da coletividade, isto se deve ao desejo de um grupo de entidades conscientes que se unem e/ou coexistem para se apresentarem no singular em totalidade. Ao fazê-lo, criam uma "sobremente", permitindo uma única entrada/saída para aqueles que estão de fora de seu estado coletivo, como resultado de seu raciocínio coletivo. Isto proporciona a capacidade de se comunicarem coletivamente ou singularmente.

EU: Então, a versão da singularidade através da coletividade é o modo como você está se comunicando comigo atualmente.

SE7: Correto. Foi a melhor maneira de dar início ao processo de comunicação e será o que vamos usar, a menos que queira usar outro método. Percebemos que talvez você deseje conversar separadamente conosco em algum momento de nosso diálogo.

EU: Gostaria. Sim, por favor.

SE7: Então, faremos isso como e quando for a hora certa de fazê-lo.

O começo, o meio e o fim

EU: Pode me dizer por que você teve a intenção de se dividir em duas entidades individuais e depois parou, quando viu como era bela a possibilidade de ter uma terceira?

Além da Fonte Livro 2

SE7: Para explicar isso, terei de começar pela minha primeira comunicação com A Origem. Tal como ocorreu com as outras Entidades Fontes, no ponto em que me tornei autoconsciente, A Origem entrou em contato comigo para me informar da razão para a minha existência e do que eu precisava fazer para auxiliar a evolução da Origem. Embora não me fosse dito o que as Entidades Fontes que já eram autoconscientes e "contactadas" tinham escolhido fazer para contribuir, antes, naquele ponto e atualmente, estive na posição de conhecer ou de testemunhar aquilo que estava sendo planejado ou "acionado" por elas. A Origem negou-se propositalmente a me dizer o que estavam fazendo para não influenciar minha própria escolha, singular e individual, coisa que A Origem valorizava acima de tudo.

EU: Por que A Origem valorizava sua escolha individual?

SE7: Para maximizar a diversidade de oportunidades evolutivas, que talvez não ocorressem caso eu fosse influenciado por detalhes diretos e profundos. Não faria sentido eu cobrir territórios "existentes" ou "antigos".

EU: Sim, posso imaginar que esse seria um pré-requisito ditado pela Origem, que gostaria de acelerar sua evolução da maneira mais rápida e eficiente possível.

SE7: Está certo, ela quer isso mesmo, e esse foi o motivo para eu ter escolhido tornar-me duas, que acabaram sendo três. Além da Entidade Fonte que você chama de "Cinco" e daquela que ainda não está totalmente consciente, percebi que as outras se dividiram internamente, embora ainda mantivessem um aspecto geral que as fazia preservar sua inteireza. Como resultado desta observação, decidi tornar-me duas Entidades Fontes independentes, com um vínculo entre as duas. Comentei esta opção e a da "saída", conforme você descreveu antes, com A Origem (pois apenas A Origem pode nos devolver a inteireza), que concordou com a minha estratégia e continuei. O que aconteceu em seguida foi como descrevi antes. Enquanto estava no processo de me separar em duas versões de mim mesma, percebi que poderia ter uma oportunidade única. Se eu mantivesse a área de sobreposição das minhas duas versões equalizada e "congelasse" o processo de separação numa posição, isto criaria uma terceira opção intermediária, na qual todas seríamos individualizadas, mas unidas e coexistentes. Quando congelei a separação no ponto da igualdade, minha consciência se dividiu em três e desenvolvi três personalidades de Entidade Fonte separadas. Mas também percebi outra coisa. A periferia das energias que nos separavam umas das outras era permeável, permitindo que as energias passassem, digamos, da esquerda para a direita ou da Entidade Fonte Sete "A" para a Entidade Fonte Sete "B", atravessando de fato as energias periféricas ou limítrofes. E mais: percebi que havia uma oportunidade de progresso na passagem de um lado da Entidade Fonte Sete "A" para o ponto de interface entre a Entidade Fonte Sete "A" (SE7A) e a Entidade Fonte Sete "B" (SE7B). Isto foi duplicado de maneira progressiva, da Entidade Fonte Sete "B" ao ponto de interface entre a Entidade Fonte Sete "B" e a Entidade Fonte Sete "C" (SE7C).

EU: Isso tinha base dimensional, frequencial ou evolutiva?

SE7: As três. Tal como a sua Entidade Fonte, tenho doze dimensões, e cada dimensão está inflada com doze frequências. Cada uma das doze dimensões é um composto das três dimensões básicas, permitindo uma forma expansiva. Entretanto, estas foram duplicadas de forma integral quando certa condição evolutiva era atendida ou poderia ser concretizada; isto foi multiplicado por um fator de doze. Portanto, em cada Entidade Fonte, eu tinha doze níveis evolutivos, preenchidos por doze dimensões, construídas com três dimensões compostas por dimensão, que foram infladas com doze níveis de frequência básica. Mas isso não foi tudo. As oportunidades evolutivas aumentaram quando analisei a progressão entre a Entidade Fonte Sete "A" e a Entidade Fonte Sete "C." O ponto mais elevado dos níveis evolutivos da Entidade Fonte Sete "C" era tão elevado quanto aquilo que uma entidade, que Eu/Nós não havíamos criado ainda, poderia atingir do ponto de vista evolutivo. Isto me deu, efetivamente, um começo evolutivo, um meio evolutivo e um final evolutivo.

Progressão entre as partes individuais da Entidade Fonte Sete
EU: Então, o que você está dizendo é que uma entidade pode viajar, ou melhor, progredir de maneira evolutiva de uma parte sua para outra, digamos, da SE7A para a SE7C.

SE7: Sim, como modo de dizer.

EU: Mas isso quer dizer que se todas as entidades em evolução percorressem um caminho progressivo da SE7A para a SE7C, inicialmente a SE7B e a SE7C não estariam sem entidades em evolução, até o momento em que um número suficiente de entidades evoluísse a ponto de progredir, digamos, da SE7A para a SE7B e da SE7B para a SE7C?

SE7: Se fosse essa a maneira como Eu/Nós planejamos a progressão das entidades que criamos, eu concordaria, mas não foi o caso.

EU: Eu desconfiava que não seria simples assim.

SE7: Não é, e por isso vou explicar. Cada Entidade Fonte Sete tem um número igual de entidades associadas a ela. São entidades pequenas, e seu número é de bilhões de quadrupilhões. Cada Entidade Fonte tem sua própria estratégia evolutiva e uma maneira de construir o ambiente para a evolução. Entretanto, apesar de cada Entidade Fonte Sete ter esta oportunidade, os ambientes são similares em construção dimensional e frequencial, uma vez que oferecem progressão baseada na frequência enquanto permitem a passagem dimensional a critério de cada entidade. Os ambientes também possuem áreas de concentração energética que você chamaria de "densidade", onde

Além da Fonte Livro 2

podem trabalhar com frequências inferiores, caso desejem fazê-lo. Vou deixar a explicação de cada um dos ambientes para que minhas partes individuais (SE7A, SE7B e SE7C) lhe expliquem em separado, mas basta dizer que elas também têm a oportunidade de existir em dimensões diferentes, ao mesmo tempo ou linearmente.

Quando uma entidade baseada na SE7A evoluiu bastante, ela tem a oportunidade de progredir, digamos, da SE7A para a SE7B e depois para a SE7C. A oportunidade evolutiva dessa entidade é aumentada quando ela passa de uma Entidade Fonte Sete para outra. Caso uma entidade baseada na SE7C deseje, ela pode progredir da SE7C até a SE7B e depois para a SE7A. Aqui também, a oportunidade evolutiva é progressiva, pois passa de uma Entidade Fonte Sete para a próxima.

EU: E o que acontece com a progressão das entidades baseadas na SE7B? Para que lado elas vão?

SE7: As entidades baseadas na SE7B podem tanto ir primeiro para a SE7C quanto para a SE7A, passando depois para a Entidade Fonte Sete que ainda não experimentaram. Em termos simples, elas podem progredir da SE7B para a SE7A e a SE7C, ou da SE7B para a SE7C e a SE7A.

EU: E como fazem isso? Elas precisam atravessar a Entidade Fonte Sete que experimentaram antes? Isso também inclui as oportunidades evolutivas?

SE7: Elas podem escolher várias formas de passar de uma Entidade Fonte Sete para outra Entidade Fonte Sete, e isso não se limita a entidades primariamente originadas na SE7B. Qualquer entidade em qualquer das Entidades Fontes Sete pode resolver passar para a Entidade Fonte que seria ou a Entidade Fonte Sete mais próxima para a Entidade Fonte Sete no limite ou da próxima Entidade Fonte Sete

15

Além da Fonte Livro 2

para a Entidade Fonte Sete no limite, que fica a uma Entidade Fonte de distância.

A entidade pode resolver progredir pelas frequências oferecidas por algum ambiente de uma Entidade Fonte Sete específica para fazer a transição até o limite da próxima Entidade Fonte Sete ou superá-la. Pode até resolver fazer isso (a transição) mais de uma vez, tendo a segunda vez o potencial de ser a transição até a Entidade Fonte Sete que ainda não foi experimentada, onde a entidade pode decidir ou não aperfeiçoar o conteúdo experimental de certas experiências durante este período transitório, fazendo uma destas coisas: 1) repetindo o exercício; 2) simplesmente, passando pelo ambiente; ou 3) tornando a realizar o processo evolutivo para fins de aperfeiçoamento. Uma entidade pode resolver repetir todo ou parte do processo quantas vezes desejar. Não há regras nesta função da existência, e nem restrições.

EU: Você mencionou que uma entidade pode contornar a necessidade de fazer a transição entre uma Entidade Fonte Sete e outra. Isso significa que ela pode passar pelo exterior da Entidade Fonte por dentro da qual normalmente teria de passar?

SE7: Sim, até certo ponto. Veja, a interface que separa os ambientes e integra a coesão da coexistência das três Entidades Fontes Sete tem dois aspectos:
1) Um deles contém a estrutura separada do ambiente da Entidade Fonte específica e é dimensional e frequencialmente independente do ambiente;
2) O outro contém as energias neutralizadas necessárias para manter a existência coesa e coexistente das três Entidades Fontes Sete em seu estado integrado. Como este limite contém funções totalmente independentes dos ambientes que ele contém, cria um ambiente todo próprio, embora pequeno.

EU: Acabo de ter a impressão de que ele é como o ar que fica no meio de uma janela de vidro duplo, na qual a janela interna é o limite do ambiente que é uma das Entidades Fontes Sete e a externa mantém a coesão. Seria este vão com ar que permitiria que a entidade fosse de uma Entidade Fonte Sete para outra sem a necessidade de atravessá-las?

SE7: Em parte, sim. Esta é uma dentre duas maneiras. Contudo, pode ser a maneira mais segura e rápida de atravessar as três Entidades Fontes Sete. A entidade pode usar literalmente esse "vão com ar" para chegar até a interface limítrofe da Entidade Fonte Sete mais próxima e fazer a transição neste ponto de contato. Será parecido com o "espaço vazio" que você tem no ambiente de sua Entidade Fonte, separando um universo de outro.

EU: Qual é a outra maneira e por que o método acima é o mais seguro?

SE7: O método que descrevi resumidamente acima é um ambiente por direito próprio, oferecendo, portanto, um nível de proteção ou contenção energética similar a aquele oferecido por um verdadeiro ambiente da Entidade Fonte Sete, mas sem as regras de evolução impostas a esses ambientes. O segundo método que uma entidade pode usar para se transferir para a Entidade Fonte seguinte é fazer a viagem fora do limite, usando o espaço vazio ou entre as Entidades Fontes, ou seja, usando o espaço que, em essência, é pura energia da Origem.

EU: Quer dizer que ela se move do ambiente de uma Entidade Fonte para outro saindo totalmente do ambiente e entrando no absoluto que é A Origem?

SE7: Sim.

EU: E por que isso é perigoso?

SE7: Eu não disse que era perigoso. Disse que o primeiro método seria a maneira mais segura e mais rápida.

EU: Certo. Então, por que o primeiro método seria a maneira mais segura e mais rápida?

SE7: É rápido porque sua função se limita a aquilo que ele é, sem outras complicações ou afetar outras oportunidades pelas ações das entidades que passam através da Entidade Fonte. É mais seguro porque a entidade pode ficar sobrecarregada a ponto de se distrair associando-se diretamente com as energias puras de A Origem, se não estiver preparado para elas.

EU: Como assim, distrair-se?

SE7: Obcecada a ponto de ficar presa no estado sublime de euforia que é experimentado instantaneamente, resultando no desejo de se manter nesse estado e não continuar com a tarefa que tem pela frente—a de passar para o ambiente da próxima Entidade Fonte Sete.

EU: Como isso é possível? Não fico obcecado a ponto de parar de funcionar quando saio de minha Entidade Fonte ou, na verdade, atravesso as distâncias até você.

SE7: É que você recebe determinado nível de proteção de sua própria Entidade Fonte durante suas comunicações com as doze Entidades Fontes, e porque você é estimado pelos OM.

Tinha ouvido essa descrição de ser "estimado pelos OM" no contexto que me associou antes a Hum, quando compilava o texto para o livro A História de Deus.

SE7: Ser estimado pelos OM significa que você faz parte do tecido absoluto da Entidade Fonte, que é o tecido de A Origem; logo, você tem certo nível intrínseco de tolerância a esses efeitos e acessibilidade às suas energias, pois elas fazem parte de você num sentido mais holístico.

EU: E por que os OM seriam estimados? Minha suposição é que todas as entidades criadas por minha Entidade Fonte foram criadas por sua própria energia; assim, todas as suas entidades não seriam estimadas?

SE7: Não. Quando sua Entidade Fonte criou as entidades usadas em sua estratégia de evolução, ela criou certo nível de erro no processo. Você já sabia disto. O que não lhe disseram é que essas entidades que foram criadas primeiro e estavam mais próximas de sua Entidade Fonte receberam uma energia pura, algo que não foi perpetuado durante o restante do processo criativo. No final do processo, quando sua Entidade Fonte disse que não estava prestando o mesmo nível de atenção que teve na fase primária da criatividade, criou as entidades do nível que você identifica como animais, plantas e até os sóis e galáxias. Os Om foram simplesmente os primeiros a serem criados, e por isso acabaram ficando tão perto da energia pura da Entidade Fonte, e assim, da Origem, quanto uma entidade poderia ficar. Daí sua capacidade de fazer o que você está fazendo agora. Há muitos outros OM trabalhando na esfera terrestre, encarnados e não encarnados. Trabalhar encarnado é um grande sacrifício para um OM, pois corre o risco de atrair frequências baixas sem proteção.

EU: Tenho a sensação de que posso atingir um nível de conectividade muito mais elevado com as criações da Origem enquanto estou no plano físico, mas é algo que preciso trabalhar.

SE7: Você pode, você vai, e terá mesmo de trabalhar nisso.

Além da Fonte Livro 2

Precisei avançar, e por isso mudei o curso do diálogo para o espaço entre as três partes da Entidade Fonte Sete.

EU: Agradeço por essas informações adicionais sobre os OM. Eu não sabia que os OM eram tão próximos da minha Entidade Fonte, e, por isso, de A Origem.

Fiz uma anotação mental para discutir isto com minha própria Entidade Fonte assim que tivesse uma oportunidade.

EU: Vamos voltar ao espaço dentro dos limites entre suas três partes. Além de ser a fronteira funcional entre os seus ambientes e de proporcionar uma porta de saída para entidades que desejem um método de se deslocar de uma Entidade Fonte Sete para outra mais rapidamente, que outra função ele proporciona?

SE7: Não proporciona nenhuma outra função que possa ser usada por uma entidade, pois sua função é ser um limite. Mas ele tem a propriedade da neutralidade. Esta é necessária para que a interface entre minhas diferentes partes exista simultaneamente sem interferência.

As entidades da Entidade Fonte Sete e os planetas planos

EU: Falamos antes das entidades que você criou para povoar seus três ambientes. Poderia descrevê-las, bem como seus papéis?

SE7: Como já lhe foi dito antes, inicialmente elas estava distribuídas igualmente por minhas três partes criadas. Sua transição é uma função do progresso evolutivo que, em última análise, resulta num número desigual de entidades residentes em cada uma de minhas partes. Este nível de "ocupação desigual" muda à medida que as entidades progridem, em diversas velocidades de evolução.

EU: Qual é a aparência delas?

SE7: Embora tenham natureza energética em comparação com sua atual condição física, elas têm o hábito de preferir se agrupar em torno de áreas de densidade localizada—o que vocês poderiam chamar de "planetas".

EU: Esses planetas são esféricos como a maioria dos planetas do meu universo físico?

SE7: Não, são planos.

EU: Planos?

SE7: Sim, planos. Isto acontece em função da maneira como a energia se agrupa como matéria densa. Quando a matéria, a matéria energética, se agrupa e se torna densa o suficiente para ser usada pelas entidades, ela fica plana.

EU: Por que acontece isso?

SE7: Porque quando esta energia se torna densa, ela só se torna densa no que você chamaria de "duas dimensões".

EU: Um planeta plano. Isto é interessante. Achava que planetas ou áreas de densidade local seriam esféricas. Na verdade, minha Entidade Fonte me disse que a esfera era a forma mais comum e natural para um planeta.

SE7: Em um universo totalmente físico e dependente dos três primeiros componentes dimensionais (tritavas) da primeira dimensão plena, como esse no qual você existe, isso pode ser uma ocorrência comum. As áreas planas de densidade local agem como ilhas no tecido do ambiente energético da Entidade Fonte Sete ao qual estão associadas.

Isso explicaria a afinidade com aqueles que vivem no continente australiano, pensei, pois eles veem a Austrália como uma grande ilha, e as áreas de densidade local também são consideradas ilhas e não planetas.

EU: E sua forma é a de um disco?

SE7: Não, pois essa seria uma associação com os requisitos dimensionais de uma tritava de dimensões mais baixas.

EU: Então, qual é a forma das áreas de densidade local? (Eu já estava recebendo a imagem de uma extremidade fragmentada, como o litoral de alguma região da Terra.)

SE7: Fractal, pois esta é a forma adotada habitualmente por uma estrutura bidimensional numa dimensão de nível inferior.

EU: Como são organizadas as suas dimensões?

SE7: De forma consistente com A Origem. Na verdade, não foram mudadas. Não senti necessidade de usar uma estrutura idealizada por mim, especialmente depois que a minha separação em três Entidades Fontes separadas mas coexistentes e interdependentes foi decidida. Como resultado, você já deve ter um bom nível de compreensão da minha/nossa estrutura ambiental em suas comunicações com A Origem.

EU: Então, você tem 12 zonas com 12 dimensões, cada uma com 3 tritavas ou componentes dimensionais com 12 frequências, totalizando 12x3x12x12 permutações de condições ambientais.

SE7: Sim.

EU: E cada uma delas proporciona um ambiente separado e completo para existir, caso uma entidade decida fazê-lo.

SE7: Sim, e estão dispostas de modo a apoiar o progresso evolutivo através das minhas três partes.

EU: Eu poderia classificar cada permutação como um universo propriamente dito?

SE7: Sim, pois um universo é um ambiente de energia, frequência e dimensão conhecidas. Por favor, perceba que a matéria não é uma característica de todos os universos, pois esta é uma função de dimensões e frequências mais baixas, associadas à manifestação intencional do criador.

EU: Você está dizendo que um universo baseado na matéria precisa ser criado intencionalmente? Ele não existe em função de sua baixa frequência e dimensão?

SE7: Não. Universos baseados na matéria, quaisquer que sejam suas densidades—e estas podem ir desde os muito densos aos muito esparsos (finos, ralos, claros)—não existem e não podem existir sem terem sido criados antes. É que a intenção criativa transmitida pela entidade criadora é a força pela qual a energia de baixa frequência, existente numa dimensão baixa, manifesta-se com ou sem "forma". Só depois que foi manifestada é que pode se tornar matéria "sem forma", que então pode ser traduzida como matéria "com forma". Quando ela se torna matéria "sem forma", precisa de manutenção contínua para perpetuar sua existência, ou reverte para o estado de energia pura. Quando se manifesta como matéria "com forma", precisa de manutenção localizada e individual de forma contínua e prolongada. Portanto, existe uma hierarquia de entidades dentro dos universos baseados na matéria, dedicados a cuidar das necessidades das galáxias, sistemas e planetas, todos eles entidades por si sós.

EU: Se é assim, posso presumir que a evolução resulta da progressão de frequências/dimensões mais baixas para frequências/dimensões mais altas, como no meu próprio multiverso?

SE7: Pode, pois essa é uma função de todas as frequências, dimensões e energias associadas com A Origem e suas criações. Esta função, portanto, é transmitida como um prerrequisito ambiental pelas Entidades Fontes para suas criações—sejam elas os próprios ambientes, as entidades criadas para existir neles ou entidades dotadas da capacidade criativa de criar universos dentro de universos.

EU: Então, existe ordem na Origem?

SE7: Muita, e ela é mantida por toda parte.

EU: Bem, fizemos certa digressão. O que mais você pode me falar sobre os mundos ou planetas discoidais?

SE7: São de um tipo de matéria que tem "forma" mas não o que você classificaria como matéria "com forma". Isto se deve simplesmente ao fato de ela não ter o nível de densidade que você está experimentando atualmente, e manifesta-se num ambiente (universo) de frequência e dimensão diferentes. Como resultado, o fator da forma não é consistente, pois muda constantemente.

EU: O que causa essa mudança? Influências energéticas ou as entidades encarregadas da sua manutenção?

SE7: Na verdade, ambas. Veja, a maneira como as entidades trabalham umas com as outras e com o planeta causam a mudança de frequência da energia da matéria. Isto resulta na mudança das propriedades de coesão da "forma" dos planetas, o que leva à manutenção essencial para reduzir a perda de forma causada pela perda de coesão. As

Além da Fonte Livro 2

entidades que mantém o planeta precisam mudar a funcionalidade do conteúdo coesivo da energia da matéria para permitir a perpetuação de sua forma. Porém, o trabalho para fazer isso nem sempre é feito na hora apropriada em virtude da quantidade de trabalho que elas têm para estabilizar as mudanças que estão acontecendo. Isto resulta em pequenas mudanças no fator geral de forma dos planetas, mas mudanças significativas em áreas que vocês chamariam de topografia. Áreas de terreno elevado tornam-se áreas de terreno mais baixo; áreas mais densas ficam mais finas ou desaparecem totalmente.

EU: Isso explicaria os terremotos e vulcões que temos na Terra?

SE7: Sim, pois na sua Terra não existe outra influência à qual ela esteja exposta e que a afete de maneira frequencial e energética, como resultado direto das ações das entidades que existem ou trabalham "dentro" dela ou "sobre" ela. Seus padrões climáticos também são afetados por suas frequências. Na verdade, as mudanças dos padrões climáticos são o primeiro nível de mudança que ocorre como resultado de uma mudança de frequência. São o primeiro sinal de alerta sobre uma mudança próxima na forma planetária, resultando diretamente de uma mudança de frequência.

EU: Com licença. Isto significa que o clima estranho e extremo pelo que estamos enfrentando neste momento (abril/maio de 2011) é resultado direto das mudanças em nossa frequência e não do aquecimento global causado pela poluição?

SE7: A poluição em seu planeta e os danos causados a ele, resultantes de seu apetite por energia baseada em carbono, exercem influência sobre seu ambiente. Entretanto, as principais mudanças que vocês estão experimentando devem-se a mudanças na frequência da Terra, que está subindo e descendo como um... ioiô?

EU: O ioiô seria uma boa descrição. Creio que isto é o resultado do crescimento da massa crítica necessária para ajudar na ascensão de nosso planeta e de seus habitantes, na verdade, mas este bom trabalho está sofrendo a contrapartida de lutas entre governos e pessoas noutras partes do mundo.

SE7: De fato.

EU: Mmmm. Passamos maus bocados quando coisas como terremotos acontecem na Terra, e sofremos terríveis perdas de vidas. Nesses processos, muitos veículos para a existência encarnada são destruídos. Como vivem as entidades que trabalham nesses planetas discoidais? Como são afetadas? Elas perdem suas criações ou veículos de existência nas frequências mais baixas?

SE7: Elas não necessitam de veículos para poderem existir ou experimentar a existência nas frequências mais baixas que permeiam o planeta. Elas também sabem o que estão fazendo energética e frequencialmente, e, portanto, como suas ações vão afetar a frequência geral da matéria da qual o planeta se manifesta. Logo, não há desastres dos quais devem fugir ou se recuperar. Elas têm apenas a modificação, relocação e recalibração de seu trabalho e o modo como fazem interface com o planeta.

Comunicação com as partes da Entidade Fonte Sete
A partir do meu livro "Além da Fonte", comecei a usar a palavra "ambiente" (uma descrição mais geral e de nível mais elevado) em lugar da palavra "universo"! Foi um ato proposital para deixar o leitor à vontade diante do conceito possivelmente difícil de ser compreendido, ou seja, uma estrutura multiversal completamente diferente daquela descrita pela Entidade Fonte Um, a criadora de nosso multiverso e do universo/ambiente físico no qual a humanidade existe—especificamente, se o leitor está usando o multiverso da Entidade Fonte Um como base de trabalho enquanto lê sobre as

Além da Fonte Livro 2

Entidades Fontes Dois até a Doze. Basta dizer que essa é a razão para a mudança de nomenclatura, e peço desculpas se isso causou alguma confusão.

Agora, um breve comentário do autor.

Estou escrevendo este texto sentado numa confortável cadeira dobrável no quintal dos fundos de nossa casinha de campo em Creta. A energia aqui é tão calma e limpa, comparada até com nossa vida rural na GB, que me pergunto porque não fico aqui o tempo todo em vez de vir de tempos em tempos. Os alienígenas estão aqui. Posso dizer isso agora? Eles são nossos irmãos na existência energética. Leia "A História de Deus" para conhecer como fui apresentado a eles. Vejo-os à minha volta enquanto estou sentado aqui. Eles se mostraram a mim em suas verdadeiras formas espirituais e flutuam ao meu redor. Antes que você me pergunte, querido leitor, eles não são espíritos da natureza, pois possuem uma assinatura energética completamente diferente. Estão interessados nas energias com que estou trabalhando enquanto me sintonizo no coletivo que é a Entidade Fonte Sete. Eles dizem:

Alienígenas: Poderíamos usar esta energia [da Entidade Fonte]; ela possui uma pureza que nunca tínhamos experimentado antes. Isso tornaria nossas viagens muito mais rápidas, e não precisaríamos modificar as energias, tal como precisamos fazer atualmente, quando precisamos pular frequências.

No dia seguinte, notei que quatro deles me acompanhavam enquanto eu subia uma longa colina de bicicleta no interior de Creta. No começo, um ficou de cada lado, outro na frente e o quarto atrás. Depois, moveram-se à minha volta, ficando os quatro à minha frente. Mais tarde, trocaram de lugar e ficaram bem perto de mim. No começo, estavam interessados em meu modo de transporte, mas responderam uma pergunta sobre sua forma que tinha acabado de aflorar em minha memória recente.

Alienígenas: Não fazemos parte de seu ambiente dimensional, e por isso não podemos ser considerados espíritos da natureza designados para a manutenção da Terra. Porém, sabemos que muitos humanos sensíveis às nossas frequências, tal como você, podem nos ter visto no passado e nos considerado espíritos da natureza, pois nossa forma se encaixa naquilo que se espera dessas entidades nas imaginações desses indivíduos. Você diria que nossa forma se assemelha à das "Fadas"?

EU: Seria uma ótima palavra para descrever a forma com que vocês se apresentaram a mim. Sua forma é bela de se ver, e por isso creio que a humanidade preferiria associar vocês a algo que lida com a natureza, a natureza da Terra, em vez de suas origens extraterrestres ou extradimensionais.

Alienígenas: Sim, isso é verdade. Agora precisamos ir, pois temos deveres a cumprir.

O comentário dos alienígenas sobre as energias associadas às minhas comunicações com a Entidade Fonte Sete foi tão interessante que resolvi levá-lo para a Entidade Fonte Sete como um todo antes de prosseguir em minha comunicação com suas partes.

EU: Acabei de ter uma conversa com algumas entidades que estão no meu planeta/área de densidade local, a Terra, sobre a pureza das energias que resultam do sistema de comunicação (canal?) formado para permitir meu vínculo temporário com você enquanto mantemos este diálogo. Você captou o que elas disseram?

SE7: Sim, enquanto tivermos este vínculo de comunicação estarei o tempo todo com você. Reservei uma parte de mim para perceber quando você deseja continuar a se comunicar, para eu poder continuar de onde paramos. Esta parte de mim acompanha todos os seus movimentos para se assegurar de que eu poderei responder a seu pedido de comunicação no instante em que você assim solicitar. Concordo que foi um comentário bastante interessante dos seus "Alienígenas", mas dá para compreender porque estão interessados na energia sendo usada.

EU: E por que estão interessados?

SE7: Eles veem que a energia usada para criar o canal que você possui para se comunicar comigo é a mistura de minha energia básica com a sua própria energia básica. Criamos isto juntos, com alguma ajuda de sua própria Entidade Fonte. Como ela atravessa as frequências e estados dimensionais de uma Entidade Fonte para outra Entidade Fonte através das energias intermediárias de A Origem, ela cobre três ambientes. Isto é raro, pois as energias e suas frequências tendem a ser o produto de seu ambiente universal e não abrangem dimensões ou frequências básicas. Dito isto, seus Alienígenas viram a oportunidade de usar esse canal como onda portadora ou via de acesso rápido que pode ser usada para abranger as dimensões sem que seja preciso manufaturar um processo ou veículo energético que exclua a necessidade da entidade cumprir condições evolutivas antes de viajar pelas dimensões, podendo fazê-lo sem essas construções. Eles só seriam capazes de viajar entre sua Entidade Fonte e eu em seu estado não refinado, e por isso ainda precisariam "trabalhar" essa energia para usá-la nas translações pelas quais estão interessados.

EU: Obrigado por sua resposta. Agora, gostaria de me comunicar com aquela parte sua que chamei de Entidade Fonte Sete "A."

SE7: Não há problema. Por favor, perceba que o vínculo e a sensação da comunicação serão os mesmos de agora. Você também não perceberá diferença na assinatura energética.

EU: Obrigado.

Entidade Fonte Sete A
Nesse momento, desliguei-me do coletivo que era a Entidade Fonte Sete e esperei, com ansiedade, o início do diálogo com a "primeira" parte da Entidade Fonte Sete. Não precisei esperar muito.

SE7A: Você está à vontade?

EU: Sim, com certeza.

SE7A: Então, vamos começar nossa comunicação.

EU: Recebi duas imagens diferentes enquanto me conectava com seu coletivo de três versões. A primeira era de uma entidade que se movia sobre a superfície de um dos planetas ou áreas planas de densidade local. Sua aparência era, bem, a de uma ameba muito plana. Na verdade, quanto mais estudo essa imagem com o olho da mente, mais ela se parece com uma versão senciente do planeta que ela está atravessando. Suas formas parecem quase idênticas—até a topografia de sua superfície. Por quê?

SE7A: As entidades que trabalham com os "planetas" assumem a assinatura básica de energia deles (os planetas) quando se associam inicialmente com o planeta para o trabalho que farão nele. A própria entidade pode assumir qualquer forma necessária para esse relacionamento, pois quando uma entidade deseja trabalhar com determinado planeta, entra num relacionamento com o planeta pela duração do trabalho a ser feito. Neste caso específico, a entidade na imagem que você viu tinha quase o mesmo tamanho do planeta.

EU: E como funciona isso? Certamente, uma entidade que tem quase o tamanho do planeta com o qual está associada esmagaria ou destruiria quaisquer outras entidades ou formas de vida que fazem parte da condição normal do planeta.

SE7A: Não neste caso, pois os planetas deste ambiente específico só podem ter população única.

EU: Um só habitante?

SE7A: Um só.

EU: Perdoe a minha confusão. Estou supondo que todos os planetas possuem um grande número de entidades menores vivendo sobre eles, dentro deles ou neles.

SE7A: Nem todos os planetas de seu próprio universo possuem entidades associadas a eles. Por que um de meus ambientes seria diferente?

EU: É verdade. Bem, e qual é o trabalho que essa entidade específica está fazendo nesse planeta?

SE7A: Ela está experimentando a existência como um planeta. É por isso que ela tem quase o mesmo tamanho do planeta com o qual está associada. Mais tarde, quando tiver assumido exatamente o mesmo tamanho e formato do planeta e tiver coberto totalmente sua superfície, ela vai estabilizar totalmente sua assinatura energética com a do planeta e ainda vai existir e se comportar como o próprio planeta. Na verdade, para todos os efeitos, ela será o planeta, até mesmo aceitando outra entidade com quem irá trabalhar.

EU: E essa entidade iria trabalhar com a outra exatamente como se fosse um planeta solitário, sem habitantes ou parceiros energéticos?

Além da Fonte Livro 2

SE7A: Isso mesmo, o objetivo é fazer com que a nova entidade que procura manter um relacionamento com o planeta não saiba e nem venha a saber que está trabalhando com outra entidade e não com um planeta real.

EU: Mas não poderia ser o que estava acontecendo com a entidade que vi na minha percepção? Outra entidade poderia ter chegado antes daquela que observei, digamos, adquirindo o mesmo relacionamento?

SE7A: Claro. Essa é a beleza desse tipo de trabalho.

EU: Mas acabei de ver um cenário no qual seria possível ter muitos múltiplos de entidades, todas fazendo a mesma coisa, todas envolvendo o planeta com o qual desejam estabelecer um relacionamento, sem que nenhuma delas saiba que, na verdade, estão cobrindo ou criando um relacionamento com outra entidade e não com um planeta real.

SE7A: Sim, pode acontecer, e acontece.

EU: Acontece? Qual o maior número de vezes em que isso aconteceu com um único planeta?

SE7A: Quatro mil, trezentas e vinte e duas vezes.

EU: O quê!? E quanto tempo isso durou?

SE7A: Aproximadamente duzentos bilhões, trilhões de seus anos solares antes que a primeira entidade (a última a criar um relacionamento) rompesse seu relacionamento com o planeta/entidade com que estava associada.

EU: Isso criou uma cascata de entidades rompendo seus relacionamentos com seus "planetas"?

SE7A: Não. A redução eventual do número de entidades rompendo relacionamentos levou um tempo três vezes maior do que para criá-los.

EU: E por quê?

SE7A: Porque outras entidades foram se acumulando depois que outras tinham rompido seus relacionamentos, e algumas delas queriam experimentar a existência como planeta através de diversas mudanças ambientais/planetárias.

EU: E quais seriam essas mudanças, com referência a uma única entidade? Eu imaginaria que as mudanças só seriam possíveis com a associação de grandes números de entidades trabalhando com o planeta.

SE7A: Uma seria a evolução como resultado da interação com uma única entidade. Não se esqueça de que o tamanho da entidade compensa a falta de um monte de entidades muito menores. Algumas das mudanças experimentadas pelo planeta poderiam ser:
* Um aumento de frequência, seja planetário, seja localizado;
* Uma redução de frequência, seja planetária, seja localizada;
* Mudanças energéticas na estrutura do planeta, resultando nas seguintes mudanças de forma:
o Áreas localizadas com função energética diferente;
o Incompatibilidade com as assinaturas energéticas de outras entidades, resultando na recusa do planeta para entrar num relacionamento;
o Fragmentação localizada da forma geral do planeta, resultando em sua fragmentação;
o Migração para frequências e dimensões mais elevadas, ou até para um dos outros ambientes da Entidade Fonte.

EU: Então, com base nisto, o número de entidades que se associam com um planeta não tem relação com a progressão evolutiva do planeta e com o que podem realizar durante o relacionamento e com as entidades com quem se relacionam?

SE7A: Não, o que conta é a qualidade do relacionamento.

EU: Obrigado. Também recebi outro conjunto de imagens. O céu estava repleto de entidades parecidas com sementes de dentes-de-leão que eram levadas pelo vento. No entanto, tinham um propósito, pois seguiam uma formação bem determinada.

SE7A: Essas entidades são um coletivo de pilotos gravitacionais. Movem-se em torno dos planetas com os quais estão trabalhando à procura de anomalias gravitacionais—áreas nas quais a gravidade não é como deveria ser naquela parte do planeta, em comparação com a densidade de seu ambiente.

EU: Então, essas entidades modificam a gravidade na área onde há anomalias? Elas consertam a gravidade na área da anomalia, criando uma área estável?

SE7A: Não, nada disso. A razão para procurarem as anomalias gravitacionais é a obtenção de energia. Elas precisam da energia dessas anomalias para que possam existir, procriar e manter a distância da superfície do planeta.

EU: Mas como isso pode ser um trabalho com o planeta?

SE7A: Não é, é apenas a perpetuação de sua existência.

EU: Mmmm. Então, o que estão fazendo? Como trabalham com o planeta?

Além da Fonte Livro 2

SE7A: Elas proporcionam um meio de transporte para as entidades que querem ir de um planeta para outro mas não são capazes de fazer isso sozinhas.

EU: Espere um pouco. Eu achava que todas as suas entidades eram energéticas e que por isso seriam capazes de se movimentar energeticamente entre um planeta e outro.

SE7A: Nem todas as entidades do meu ambiente são capazes de se mover de um planeta para outro por vontade própria.

EU: Por que não?

SE7A: Porque estão associadas ao planeta onde existem. Estão presas à assinatura energética desse planeta. Lembra-se do que a SE7 (SE7A, SE7B e SE7C coletivamente) lhe disse sobre os planetas serem como ilhas e que as entidades que existem nelas se relacionam com seu continente/país, a Austrália?

EU: Sim.

SE7A: Bem, um dos paralelos é que a maioria dos australianos, pelo que vejo em suas memórias, permanece na Austrália. A mesma coisa acontece com a maioria das entidades cuja existência está ligada a seu planeta—elas ficam nele. O paralelo é similar. De modo geral, os australianos só podem se mover para outras ilhas ou continentes por navio ou avião. Não podem se transportar sozinhos, usando sua própria vontade ou intenção. Só podem se mover usando algum tipo de veículo, e no caso das entidades que trabalham com os planetas planos, o veículo são os pilotos gravitacionais e não navios ou aviões.

EU: E como os pilotos gravitacionais transportam os habitantes do planeta plano? Erguendo-os? Ou usam algum outro método?

SE7A: Eles usam as ondas gravitacionais que criam para mudar de posição em relação ao planeta, distorcendo localmente o espaço ao redor da entidade que deseja mudar de localização, redesignando assim sua assinatura energética para a da nova localização, o planeta para o qual a entidade deseja ir e transportá-la instantaneamente. Fazendo isso, o piloto gravitacional também se transporta para a nova localização.

EU: E não volta para seu planeta de origem?

SE7A: Não, ele permanece no planeta para o qual se moveu. Além disso, fica ligado à entidade que transportou e vai transportar essa entidade para o próximo planeta que ela desejar experimentar.

EU: Estou tendo a impressão de que esses pilotos gravitacionais existem em todo o seu ambiente, movem-se de planeta em planeta à vontade e continuam a fazê-lo até o momento em que se associam a uma das entidades baseadas na superfície. Uma vez associados, mantém-se juntos enquanto sentirem a necessidade de manter a associação.

Acabei de receber outra imagem de um maciço e grande número de "pilotos gravitacionais" movendo-se de planeta em planeta.

SE7A: Sim, eles se movimentam no que você chamaria de manada... não, revoada... sim, revoada... é um nome melhor. Essas revoadas são povoadas por pilotos gravitacionais que não estão associadas a uma entidade baseada no solo. Quando formam associações individuais, saem da revoada e assumem um papel de parceria com a entidade baseada no solo, e, como dito antes, isto continua até que a entidade do solo queira permanecer por tempo indefinido no planeta onde se encontra atualmente. Se ela desejar ficar lá eternamente, digamos, desfaz a associação com o piloto gravitacional para permitir que este obtenha um novo parceiro e dê continuidade à sua própria evolução.

Sei que não falei da experiência, do aprendizado e da evolução dessas entidades, e por isso vou me aprofundar nesses pontos agora.

Existe um relacionamento simbiótico entre a entidade individual baseada no solo e seu piloto gravitacional. O piloto gravitacional não consegue gerar suas próprias experiências sozinho, e por isso precisa que outra entidade o faça por ele. Assim, o piloto gravitacional oferece seus serviços de transporte para a entidade baseada no solo em troca de acesso às experiências, ao aprendizado e ao subsequente conteúdo evolutivo gerado pela própria entidade baseada no solo. Em essência, ambos compartilham a experiência, o aprendizado e o subsequente conteúdo evolutivo que é gerado em função de seu trabalho em conjunto.

EU: Isso é que é trabalho em conjunto. Por que as entidades baseadas no solo não conseguem se mover sozinhas entre um planeta e outro?

Figura 3: Um Piloto Gravitacional

SE7A: Porque o objetivo desse ambiente baseia-se na necessidade de trabalharem juntos, repartindo as recompensas. Neste exemplo específico, dois seres completamente diferentes são capazes de trabalhar juntos em benefício mútuo.

EU: Isso me parece muito harmonioso.

SE7A: E é, e também funciona muito bem.

EU: Acabei de me lembrar de uma pergunta que queria fazer sobre o conteúdo energético das entidades baseadas no solo e o trabalho que os pilotos gravitacionais fazem nos planetas.

SE7A: As entidades baseadas no solo são construídas com base nas energias usadas para criar o planeta onde residem; em função disto, estão presas ao planeta. Em essência, são unidades individualizadas do próprio planeta e, como tal, a atração pelo planeta de sua criação inicial é tão forte que não há como se separarem do planeta sem a ajuda cooperativa de outra entidade, uma que não esteja presa à assinatura energética do planeta.

EU: Você está sugerindo que as entidades baseadas em terra são, na verdade, o próprio planeta, partes ou unidades localizadas e individualizadas do planeta?

SE7A: Sim, é exatamente isso que estou dizendo. São fragmentos do próprio planeta, capazes de se mover pela superfície do planeta e, se desejado, migrar para os outros planetas que fazem parte do meu ambiente.

EU: Acabei de ter um pensamento.

SE7A: Não, você quer dizer que seu verdadeiro eu, seu eu superior, seu eu energético, teve um pensamento e passou-o pelas frequências até aquela parte sua que está participando deste diálogo.

EU: Certo. Certo. Sim, essa seria uma descrição correta do meu processo mental.

SE7A: Você está bebendo álcool.

EU: O quê? Eu...

SE7A: Você está bebendo álcool.

Eu tinha sucumbido ao desejo materialista de beber uma cerveja. Senti a necessidade depois do trabalho que me ocupou o dia todo.

EU: Sim, ahn, sim, estou, estava. É só uma garrafinha. Não é muita coisa, sério.

SE7A: Qualquer quantidade de álcool introduzida no corpo humano é prejudicial, especialmente para quem se dedica à atividade na qual você está trabalhando. O efeito do álcool é profundo. Ele exerce um efeito sobre a glândula pineal do corpo humano, associada ao olho do espírito. Isto significa que sua capacidade de receber as imagens que eu lhe passo será distorcida e por isso não tão precisa.

EU: Sinto muito mesmo. Simplesmente, não percebi.

SE7A: Sua própria Entidade Fonte não lhe havia dito isso?

EU: Não da maneira como você descreveu. Para ser bem sincero, imaginei que, como nossa conexão era estável, eu poderia, hmmm, beber um pouquinho.

SE7A: Bem, não pode. Vamos continuar. Antes você precisa beber a mesma quantidade de água.

Depois de me considerar totalmente repreendido, voltei à cozinha e bebi uma garrafa de água. Detesto quando isso acontece. Se não sou capaz de me controlar à vasta distância de A Origem, à vasta distância entre a SE7A e eu, como posso me controlar aqui na Terra? Suspirei e continuei o diálogo.

SE7A: Assim é melhor. Agora, você será capaz de lidar novamente com as energias.

Devo admitir que foi assim mesmo. Subitamente, senti o zumbido da bebida desaparecer tão depressa quanto surgiu.

SE7A: O zumbido foi uma reação baseada em frequência. Resultou de uma frequência baixa interagindo com uma frequência alta que não é sua nativa e nem de sua Entidade Fonte. Usei a água para estabilizar o processo químico que tinha se iniciado. Isso ajudou a corrigir sua mudança de frequência, o que, por sua vez, interrompeu o zumbido.

EU: Ah, entendi. Obrigado. Onde estávamos antes de minha reprimenda?

Senti-me como um colegial sendo flagrado furtando um doce da padaria. Fiquei muito envergonhado.

SE7A: Não se apegue ao passado. Aprenda a lição e siga em frente.

EU: Bom conselho. Desculpe. Onde estávamos? Ah sim, falando de entidades baseadas no solo como partes individualizadas do planeta com o qual estão associadas.

SE7A: Correto. Essas entidades ou partes individualizadas são, essencialmente, unidades planetárias móveis. Entenda que o planeta precisa experimentar e evoluir por conta própria. Tudo que tem algum nível de percepção tem essa exigência. É um pré-requisito da existência.

Além da Fonte Livro 2

EU: E por que são móveis?

SE7A: Para darem à entidade maior, o planeta, a oportunidade de experimentar coisas diferentes, inclusive a existência e a experiência em outros corpos planetários.

EU: Você está sugerindo que entidades baseadas no solo, essas unidades móveis do planeta, são capazes de transferir suas experiências, aprendizado e evolução para aquela parte delas que é o planeta inteiro?

SE7A: É exatamente isso que estou dizendo. E mais, é muito possível que um grupo, ou até mesmo todas as unidades móveis baseadas no solo e naturais do planeta migrem para outro planeta para que experimentem mais e passem isso para o seu todo maior, seu planeta natal.

EU: Espere aí. Você está dizendo que o planeta, usando suas próprias unidades móveis e individualizadas, pode se mover em massa para outro planeta?

SE7A: Sim.

EU: E usam os pilotos gravitacionais para fazer isso, imagino?

SE7A: Sim. Os pilotos gravitacionais estão ligados a ele, mas não são totalmente indígenas de seu primeiro planeta de moradia. São criados noutros pontos de meu ambiente.

EU: Desculpe, tinha a impressão de que nasciam ou algo assim nos planetas com os quais estavam associados.

SE7A: Não. Eles fazem parte da estrutura do ambiente. São, se preferir assim, o sistema de transportes do ambiente.

EU: Agora, estou ficando confuso. Achava que você havia dito que eles trabalhavam com os planetas e que cuidavam (conferi meus apontamentos anteriores) das anomalias gravitacionais e as usavam para obter energia para procriar.

SE7A: Correto, mas usam esta energia para se multiplicar em áreas distantes do planeta com que estão trabalhando. O trabalho que fazem com os planetas e suas unidades individualizadas baseadas no solo é de transporte, basicamente. Lembre-se: embora permeiem o ambiente, eles não possuem uma moradia natural e nem a capacidade de experimentar, aprender ou evoluir—logo, a associação com um planeta e suas entidades baseadas no solo ou individualizadas. Eles evoluem por meio de associações; seu trabalho é transportar as entidades baseadas no solo para outros planetas, nos quais tanto a entidade baseada no solo, o planeta de origem da entidade baseada no solo e o piloto gravitacional ganham experiência, aprendizado e evolução.

EU: E às vezes fazem isso em massa.

SE7A: Às vezes, movem-se em pequenos números ou em grupos. O mais comum é moverem-se para outro planeta como uma combinação singular de unidade planetária-piloto gravitacional. É bem possível que um planeta não tenha nenhuma de suas unidades nativas baseadas no solo realmente vivendo em sua superfície, caso essas unidades estejam distribuídas ou espalhadas pelo ambiente.

EU: Acaba de me ocorrer outra coisa. No diálogo acima, fiz esta pergunta: "Você está dizendo que o planeta, usando suas próprias unidades móveis e individualizadas, pode se mover em massa para outro planeta?" E você disse, "Sim".

SE7A: Sim, eu disse.

EU: Então, me desculpe, mas estou pensando nas palavras certas para dizer aqui. Seria possível um planeta separar-se completamente de suas entidades menores e experimentar a existência de maneira totalmente fragmentada?

SE7A: Sim, essa é uma opção que o planeta pode ter. É uma opção que muitas entidades vivenciam, aprendendo e evoluindo de forma acelerada. No exemplo que você acabou de dar, porém, o planeta precisa criar uma quantidade suficiente de unidades baseadas no solo de uma só vez, digamos, para desestabilizar sua estrutura planetária intrínseca. Isto é necessário porque permite que o planeta separe sua consciência em existências menores mas coexistentes e combinadas. A existência combinada é um requisito necessário para reverter o processo de separação, pois, sem ele, o planeta não pode coletar suas partes separadas e recriar o planeta todo. Em algum ponto, o planeta PRECISA se recriar.

EU: Por que ele precisa se recriar?

SE7A: É a única maneira pela qual o planeta pode assimilar integral e holisticamente todas as experiências acumuladas de suas unidades individuais e das unidades criadas quando o todo foi dissolvido, compartilhando-as com as unidades reintegradas. Quando o planeta se torna um só novamente, ele precisa agir e se comportar como um só. Ao fazê-lo, tudo que era ou é o planeta, quer em seu estado "integral" separado ou coletivo, precisa ser reprogramado, digamos, numa condição que representa um planeta inteiro e não um coletivo de partes menores e combinadas.

EU: Então, existe uma diferença entre um "todo integral" e uma "combinação"?

SE7A: Sim. A maioria dos coletivos, embora descritos como "integrais", na verdade são um coletivo de entidades "combinadas"— elas são unidades reunidas, individualizadas, que têm controle sobre suas decisões e evolução, ao mesmo tempo que compartilham suas experiências com outros membros de seu coletivo combinado. O "todo integral" é um coletivo de unidades individualizadas que não têm controle sobre suas decisões e evolução. Na verdade, elas não evoluem individualmente. Evoluem como um "todo".

EU: Então, as partes planetárias são um híbrido. Recebem inteligência individualizada e componentes evolutivos quando estão separadas do "todo", comunicando-se através da combinação, mas perdem esta individualidade quando são reintegradas como um único planeta integral.

SE7A: Correto, bem colocado e compreendido.

EU: Quantos planetas se dissolvem totalmente numa combinação de unidades planetárias individualizadas e baseadas no solo?

SE7A: Não muitas. Percebi que você está me pressionando para obter um número.

EU: Você leu a minha mente.

SE7A: Sempre. O valor seria aproximadamente de trezentos mil milhões de planetas que têm esse formato ou que atualmente experimentam a existência dessa maneira.

EU: Uma coisa que ainda não perguntei é a aparência das entidades baseadas no solo.

SE7A: Essa não é uma pergunta fácil de se responder, pois não é uniforme.

EU: Quer dizer que são tão variadas quanto a fauna e a flora da Terra?

SE7A: Nem de longe. São criadas com uma forma que permite que o planeta tenha a oportunidade ideal de se experimentar segundo uma perspectiva baseada na superfície.

Vou lhe dar um exemplo, mas terei de lhe explicar em termos físicos, ou do contrário você não entenderia isto.

EU: OK, pode mandar.

SE7A: Eles têm características que só posso descrever como sendo a se uma rocha, um mineral.

EU: Como funcionam? Tenho a impressão de que se movem sobre a superfície. É isso?

Em alguns de meus outros diálogos, encontrei entidades que fazem "PARTE" do conteúdo rochoso ou mineral de um planeta, mas que não são "DELE". São "consciências" associadas com a rocha, movendo-se pelo planeta pelo movimento de sua consciência de uma estrutura rochosa para outra, num nível subatômico. Elas literalmente permeiam o planeta.

SE7A: Essas unidades individualizadas de planetas e de consciência planetária surgem inicialmente da superfície do planeta, se esta é a maneira correta de retratá-las, e adquirem um fator de forma que resulta totalmente dos minerais que formam seu corpo. Como exemplo, se fossem compostas do mineral que você chama de quartzo, inicialmente elas assumiriam o fator de forma do quartzo. Se fossem de carbono puro, teriam o fator de forma do carbono puro. Os planetas não são feitos de elementos tão básicos assim, e isso serve apenas como ilustração, porque não tenho outra maneira de descrever isso na sua linguagem. No entanto, vou tentar.

As entidades baseadas no solo têm capacidade de alterar a estrutura molecular do mineral para criar uma liga de minerais e metais. Movem-se rolando sobre a superfície.

EU: Acabei de receber uma imagem delas movendo-se como a trilha deixada por um trator ou tanque militar com esteira de lagarta.

SE7A: Essa é uma das maneiras como se movimentam. A força motivacional que usam é a atratividade que existe entre os minerais e metais que usam em sua "liga" e os minerais que fazem parte da superfície ou subsuperfície do planeta. Movem-se literalmente usando as forças da atratividade molecular. Para realizarem esse movimento de forma constante, modificam continuamente sua liga. A modificação contínua de sua liga mineral significa que existe um nível contínuo de movimento através da atratividade. Depois que a atratividade cria o movimento, a área da liga torna-se uma liga neutra para não interromper o movimento pela atratividade naquela área de terra pela qual passou.

SE7A: Quando querem criar alguma coisa, criam as ferramentas necessárias para criar aquilo que desejam, criando uma liga delas mesmas relativa à tarefa em questão. Isto também inclui a incorporação de uma liga dos materiais que estão na área do planeta da qual estão próximas. Quando querem criar algo maior do que aquilo que podem fazer sozinhas, fundem-se, criando uma liga com muitas entidades baseadas no solo. Elas também usam e incorporam uma liga dos minerais do planeta encontrados na área na qual estão vivendo ou trabalhando. Quando criam uma estrutura ou abrigo para outras entidades, criam a forma a partir desta liga formada por elas mesmas e os minerais e metais planetários, e então alteram a liga para poderem se afastar da forma de sua criação. Durante o processo de saída, programam a estrutura molecular da liga da estrutura deixada pela parte que sai da intenção coletiva e permitem que a estrutura realize as tarefas para as quais foi idealizada. Então, as entidades dissolvem a liga coletiva e tornam-se novamente unidades individuais e separadas.

EU: E tudo isso está acontecendo enquanto as outras entidades/planetas se cobrem mutuamente para experimentar a existência como outro planeta?

SE7A: Sim, isso e outras coisas com outras entidades baseadas no solo também. Precisamos encerrar este diálogo aqui para você passar ao seu diálogo com a Entidade Fonte Sete "B".

EU: Antes de finalizar, percebo que não há galáxias ou sóis.

SE7A: Tem razão. A permutação do espaço que você está observando não tem necessidade de estarem presentes entidades na forma de galáxias e sóis (estrelas). É que as energias necessárias para apoiar as entidades (inclusive os pilotos gravitacionais) que são ou os planetas, ou as entidades que residem na superfície do planeta, estão disponíveis através do ambiente e não são uma função da fissão ou fusão que ocorre no seu universo físico. Além disso, as maiores entidades do meu ambiente são, na verdade, os próprios planetas planos. Estão dispersados equitativamente pelo volume do ambiente e não em grupos de sistemas estelares e galáxias. Se fossem se reunir em formas similares às de sistemas estelares ou de galáxias, não criariam uma nova entidade maior, uma que tem o papel de tal entidade. Em vez disso, estariam meramente num grupo de planetas que constituem algum tipo de forma.

EU: Por que você não criou galáxias ou estrelas?

SE7A: Primeiro, porque as galáxias e estrelas a que você se refere são um produto das frequências baixas de sua dimensão. Dentro das dimensões do meu ambiente, não existem frequências baixas o suficiente para resultar na manifestação de fenômenos físicos. Além disso, como o ambiente está "em ordem" em termos energéticos, digamos, não há necessidade de uma entidade maior para "varrer" e reunir todas as energias e materiais soltos criados por tais energias.

EU: Fico recebendo na minha mente a imagem de um pano de fundo branco em seu ambiente.

SE7A: Sim, essa é outra razão para não precisar das entidades a que você se refere como estrelas. Como sabe, as estrelas criam calor e luz em seu universo físico, além de outras energias necessárias para a existência contínua do corpo humano e de outras entidades baseadas no carbono. Como as minhas entidades têm essencialmente natureza energética, são isentas da necessidade de tais combustíveis elementares básicos. A aparência de meu ambiente ao olhar da sua mente, portanto, é a representação do que você esperaria ver segundo sua própria perspectiva, caso seus olhos físicos fossem capazes de decodificar as frequências que inflam esse ambiente.

EU: Portanto, em essência, você possui um universo repleto de planetas e entidades, e é só.

SE7A: Num resumo de alto nível, você estaria correto, mas, naturalmente, meu ambiente tem muito mais do que este breve diálogo poderia expor. Uma adição que lhe darei antes de você começar a se comunicar com a Entidade Fonte Sete "B" é que em certos períodos de sua existência, todos os planetas planos se associam e formam o que você poderia chamar de uma esfera oca.

EU: Como se fosse um grande quebra-cabeças em 3D (eu pensei no logotipo da Wikipédia).

Além da Fonte Livro 2

SE7A: Sim, algo desse tipo.

EU: Por que fazem isso?

SE7A: Para compartilhar seus conhecimentos e identificar quais entidades vão se mover para o próximo ambiente.

EU: Quantas vezes isso aconteceu?

SE7A: Só seis vezes desde sua criação. Quando isso acontece, é uma ocasião muito especial, e não esperamos outro evento desses para breve, pois atualmente as entidades do meu ambiente são um pouco lentas em termos de evolução.

EU: Alguma razão para isso?

SE7A: É simplesmente o que acontece às vezes. Pense no seu próprio planeta. Ele regrediu, não?

EU: Sim, regrediu.

SE7A: Bem, não é uma ocorrência isolada. Acontece nos ambientes criados pelas Entidades Fontes de A Origem. Agora, você precisa se preparar, pois a Entidade Fonte Sete "B" está esperando por você.

Entidade Fonte Sete B
SE7B: Olá!

EU: Perdão?

SE7B: Olá.

EU: Você é a Entidade Fonte Sete "A"?

SE7B: Não, a Sete "B."

EU: Desculpe-me. Você me confundiu um pouco. Não esperava uma mudança tão rápida, e sua voz tem o mesmo tom da SE7A. Além disso, aconselharam-me a me preparar antes.

SE7B: Você se preparou.

EU: Sinto muito, mas não me lembro disso.

SE7B: Você, quer dizer, seu eu energético, preparou-se para receber minhas energias. Você calibrou suas frequências para aquelas que facilitam a comunicação.

EU: Bem, aquela parte de mim que está se comunicando com você está com a ilusão de ter sido cortada do resto de mim enquanto está encarnada. Ah, agora eu entendi. O meu eu superior, fazendo o trabalho nos bastidores, pode explicar porque certas coisas acontecem automaticamente e com tanta facilidade. Ele está me preparando para o trabalho, agindo nos bastidores para manter e controlar as energias que mantém e controlam o vínculo.

SE7B: Bem, eu não vejo dessa forma. Tudo que vejo é uma única entidade, que não foi criada por mim, comunicando-se comigo.

EU: Interessante. Agradeço o esclarecimento. Devo levá-lo em consideração quando me comunicar com as outras Entidades Fontes.

Então, você é a Entidade Fonte Sete intermediária, aquela criada na área de superposição entre os aspectos iniciais da Entidade Fonte Sete quando ela decidiu se separar em duas.

Além da Fonte Livro 2

SE7B: Correto. O que aconteceu foi que quando esta separação estava acontecendo, aquela que era a Entidade Fonte Sete separou sua senciência para se tornar as Entidades Fontes Sete A & B. Este processo ocorreu ao mesmo tempo que as áreas da Entidade Fonte Sete que iriam se tornar Sete "A" &" B" estavam sendo demarcadas. Quando isto aconteceu, criou-se uma terceira entidade temporária, eu, o que fez com que aquela que ainda era a Entidade Fonte Sete (holisticamente) mantivesse o processo em estase e reconsiderasse suas opções com base naquilo que aconteceu.

EU: Você estava autoconsciente nesse momento?

SE7B: Não como entidade separada, mas eu fazia parte daquela que era holisticamente a Entidade Fonte Sete.

EU: Então, quando você se tornou autoconsciente?

SE7B: Minha autoconsciência só se tornou uma função da minha individualidade após minha separação do aspecto holístico daquela que era/é a Entidade Fonte Sete.

EU: E esse aspecto ainda está disponível como meio de comunicação, já que fiz meu primeiro contato com você nesse aspecto coletivo?

SE7B: Está. Ele ainda funciona como o todo e sempre deve funcionar como o todo.

EU: E por quê?

SE7B: Simplesmente porque pode haver um ponto de nosso desenvolvimento evolutivo no qual desejaremos nos tornar plenamente um novamente. Por isso, precisamos manter parte do aspecto holístico da Entidade Fonte Sete como reserva, digamos assim, como entidade inicial para que tal decisão tome forma e inicie o processo de reintegração. Ou para iniciar comunicações com entidades como você.

EU: Então, vocês esperam se reintegrar em algum momento?

SE7B: Nada muito próximo, mas poderia muito bem acontecer—especificamente se as oportunidades para evolução se esgotarem em nossa configuração atual, e não são muitas. Mas deixe-me voltar à nossa conversa. Você me perguntou quando me tornei autoconsciente?

EU: Sim, perguntei. Todas as Entidades Fontes com quem entrei em contato até agora sugeriram que se tornaram autoconscientes durante um longo período, e, que quando perceberam que eram autoconscientes, nesse momento A Origem entrou em contato com elas e informou-as de sua razão para "estarem" existindo. É claro que isto já havia acontecido com o aspecto pleno da Entidade Fonte Sete, o que significa que você deve ter recebido tanto a individualidade quanto a memória e as experiências coletivas da Entidade Fonte Sete como parte do processo de separação, inclusive o conhecimento do processo de separação, as razões para isso e a decisão de interromper a separação no momento de sua criação.

SE7B: Você é bom nisso, não?

EU: Ahhhn!? Bem, mas seria lógico, não?

SE7B: Não para todos. Disseram-me que você era habilidoso para um ser tão pequeno.

EU: Agradeço os elogios. Só estou fazendo o meu trabalho.

SE7B: Vamos continuar.

EU: Deve ter sido, ou é, estranho ser tanto uma parte individualizada da Entidade Fonte Sete quanto a Entidade Fonte Sete ao mesmo tempo.

SE7B: Não, a separação foi instantânea e aquela parte de nós/Entidade Fonte Sete que é ou que se mantém como o todo, como nossa função superior, é parecida com você, que é uma parte temporariamente separada de seu eu energético. Vocês ainda são um só, mas são separados—vocês estão separadamente juntos, são separadamente um só e eu também sou assim. Neste aspecto específico, somos similares.

EU: O programa de separação deve ter contido todos os detalhes dos aspectos separados da Entidade Fonte Sete, que você teria herdado.

SE7B: Todas nós herdamos. Entretanto, minha criação foi, como dito antes, uma pequena surpresa. Por isso, o aspecto pleno da Entidade Fonte Sete interrompeu o processo naquele momento, tanto para rever o que tinha acontecido quanto para perpetuar a minha existência.

EU: Perpetuar a sua existência?

SE7B: Sim, pois se o processo não fosse interrompido, o plano inicial da separação em duas partes teria continuado e eu teria me tornado não-existente. Neste caso, nós três somos uma só, pois ainda estamos unidas e a junção sou eu.

EU: Na Terra, isso é sempre difícil para os filhos que supostamente não teriam sido queridos ou planejados. Esses filhos sempre acham que não foram amados por seus pais. Você alimenta esse pensamento no fundo da sua mente?

SE7B: Nem de longe. Eu sempre existi.

EU: Como assim?

SE7B: Em essência, eu sou a Entidade Fonte Sete; por isso, eu existia antes da separação e vou existir depois da reintegração, sempre que ela acontecer.

EU: E você se sente assim porque herdou todas as memórias e funções da Entidade Fonte Sete?

SE7B: Sim, mas lembre-se do seguinte: Segundo a minha perspectiva, não existe diferença entre estar integrada e estar separada, pelo menos, não agora.

EU: Por que não agora?

SE7B: Porque agora, estou separada mas junto. O ato de estar separada está acontecendo agora, não como possibilidade ou cenário "e se". Aconteceu, está acontecendo, vai acontecer, poderia acontecer e de fato aconteceu. Não tenho problemas com isso, pois o evento é um evento no espaço de eventos. A Entidade Fonte Sete interrompeu o processo de separação neste ponto, porque viu a beleza do que aconteceu. Na mente dela, foi um resultado perfeito, que apoia os requisitos evolutivos.

EU: E qual seria esse requisito evolutivo?

SE7B: Experimentar, aprender e evoluir.

EU: É claro. Bem, estou convencido. Vamos falar do que você tem criado no período de espaço de eventos desde que passou a existir.

SE7B: Eu gostaria de fazer isso.

EU: Segundo meus dados visuais, seu tamanho é igual ao da Entidade Fonte Sete "A" e da Sete "C".

SE7B: Sim, mas incorporei um conjunto de dimensões dentro de dimensões. A Entidade Fonte Sete "A" criou um ambiente povoado por aquilo que você identificou como planetas planos. Essa foi apenas uma área ambiental, um universo se preferir chamá-lo assim.

EU: Mas quando falei com a Entidade Fonte Sete, ela disse que copiou a estrutura de A Origem no formato 12x3x12, deixando de lado, é claro, as 12 zonas que as Entidades Fontes não podem criar, como suponho.

SE7B: De fato. Entretanto, a Entidade Fonte Sete "A" só usou uma dessas permutações dimensionais, e, como resultado, construiu apenas um ambiente universal. Eu, por outro lado, decidi usar toda a gama de permutações possíveis e "acrescentei" todas essas permutações às permutações do espaço que estavam disponíveis. Tudo ainda está tal como a Entidade Fonte Sete lhe explicou do ponto de vista da estrutura principal de "NÓS" como aspectos separados da Entidade Fonte Sete. É que eu me separei ainda mais no meu ambiente.

EU: Isso resulta em 12x3x12x12x3x12 permutações diferentes do espaço (186.624 permutações ou universos diferentes/simultâneos).

SE7B: Sim, mas isso não é tudo. A progressão de uma permutação para outra não é linear e nem lógica, pois muda em relação a aquilo que foi experimentado pela entidade que teve a experiência. Em essência, o universo para o qual passam em seguida não é progressivo, propriamente, mas transgressivo. Como resultado, podem experimentar tantas permutações do espaço quantas forem necessárias para sua evolução. A ordem na qual experimentam-nas pode levá-las a atravessar rapidamente meu ambiente, permitindo-lhes se moverem do ambiente da Entidade Fonte Sete "A" ou "C" após a mais breve exposição possível e ao menor número de permutações de espaço, ou podem experimentar todas elas, ou todas e algumas mais de uma ou duas vezes, fazendo-lhes passar um tempo maior.

EU: Quer dizer que seu ambiente é como um LABIRINTO que sempre se altera, e o fato de percorrer novamente seus passos, caso você se perca, não o ajuda a sair do labirinto e nem a ir ao centro do labirinto?

SE7B: Correto. É divertido, não é?

EU: Fico feliz por não ser uma de suas entidades!

SE7B: Ora, você gosta de desafios!

EU: Este ambiente se parece um pouco com o ambiente da Entidade Fonte Seis, onde há entidades do tamanho de universos que podem existir isoladamente ou como parte da estrutura de outra entidade universal, cada uma com a capacidade de existir dentro e fora uma da outra ao mesmo tempo e em múltiplos números.

SE7B: Isso só seria útil como um processo mental para lhe permitir expandir sua compreensão das possibilidades. A base de meu ambiente é tal que cada permutação de espaço é capaz de abrigar todas as permutações de espaço no que você compreenderia como sendo o nível micro. Para manter isso fácil, cada permutação de espaço contém, em si, 430 permutações, cada uma um universo todo próprio, com dimensões, tritavas e faixas de frequência. Por outro lado, as entidades nos ambientes da Entidade Fonte Seis são entidades por si sós, puramente ambientes energéticos.

EU: Mas toda energia pode se tornar uma entidade autoconsciente caso tenha tempo para isso, não?

Além da Fonte Livro 2

SE7B: Pode, desde que tenha permissão. Neste caso, a energia de cada permutação de espaço é programada para fazer determinado trabalho. A senciência, em qualquer nível que a "energia" possa atingir, não é necessária neste caso.

EU: Grato por sua explicação. Uma das coisas que tem passado pela minha cabeça enquanto discutimos a estrutura de seu ambiente é o mecanismo usado para identificar para qual universo uma entidade pode ir em seguida.

SE7B: Os próprios universos decidem que entidade pode passar para qual universo e quanto tempo devem ficar nele.

EU: Como? Eu pensei que você tinha dito que eles não eram sencientes.

SE7B: E não são. Mas são programados, digamos, para realizar certas funções que permitem que minhas/nossas entidades experimentem aquilo que precisam experimentar antes de passar para os ambientes que são as Entidades Fontes Sete A e C.

EU: Espere aí. Como é que um universo pode decidir qual entidade vai aceitar, especialmente se há tantas entidades envolvidas?

SE7B: À medida que a entidade progride pelos universos, adquire o que você poderia chamar de assinatura ou código relevante para o que foi experimentado, e onde.

EU: Acho que entendi o que você está dizendo. Acabei de receber a imagem de uma forma multifacetada passando por um portal com facetas iguais, mas opostas, como o pino quadrado no buraco quadrado, exceto pelo fato de este ter muitos e muitos lados, ângulos e curvas.

SE7B: Sim, entendi que o que você está descrevendo é uma chave; seria um modo razoável de descrição, embora seja limitado.

EU: Se é limitado, poderia me dar uma ilustração melhor?

SE7B: Claro. Veja, quando uma entidade progride através do meu ambiente, cada universo com o qual ela interage lhe dá certa assinatura ou codificação. Esta codificação abre a porta para vários universos que são o melhor dos próximos ambientes para a experiência de uma entidade específica, inclusive a permutação progressiva ideal.

EU: Achava que você havia dito que seu ambiente era um labirinto.

SE7B: Não, você disse isso, mas a analogia continua.

EU: Como?

SE7B: Porque as próprias entidades não sabe quais são essas permutações.

EU: Oh.

SE7B: Além disso, a permutação que pode ser experimentada em seguida pela entidade que está próxima de encerrar seu tempo num universo pode mudar em função daquilo que foi experimentado.

EU: Logo, o código ou assinatura de uma entidade pode mudar do potencial de acesso de um conjunto de universos no começo da experiência de um novo universo para um conjunto diferente de universos no final desse conjunto específico de experiências universais. Daí a imagem do labirinto mutável que recebi.

SE7B: Sim.

EU: Pode me dar mais informações sobre esse código ou assinatura que as entidades geram através de suas experiências nesses universos?

SE7B: Vejamos. A imagem em sua mente, que acabei de enviar, é apenas ilustrativa, pois é um assunto de difícil compreensão.

Recebi duas imagens:

1. A primeira imagem foi de uma chave cilíndrica que tinha um fator de forma específico e complicado que era a versão "masculina" de uma versão "feminina" negativa, sendo a tranca a versão "feminina". Tinha muitas camadas ou níveis. Podia ser inserida no primeiro nível e depois precisava ser girada para permitir a passagem do primeiro e do segundo nível. O mesmo se aplicava ao terceiro, quarto, quinto etc., nível. Às vezes, esses fatores de forma mudavam, e por isso o sexto nível poderia ter certa forma antes de ser inserido na tranca; se foi, digamos, apenas o quarto nível inserido, as condições de experiência e evolução poderia ter alterado isto e afetado o fator de forma dos sexto nível e dos seguintes, quer mudando o fator de forma, quer não, conforme o caso.

2. A segunda imagem foi a de uma pessoa descendo por uma rampa de água, com portas e defletores em diversos estágios pela rampa. Essas portas/defletores seriam apresentados à pessoa à medida que descesse pela rampa. Seriam apresentadas imagens à pessoa e ela selecionaria uma porta como resultado da imagem experimentada. Isso, por sua vez, faria com que um defletor fechasse uma parte da rampa e permitisse que a pessoa progredisse apenas na direção relacionada com a imagem e a porta. Várias permutações estariam na frente da pessoa descendo pela rampa d'água, sem que ela se desse conta disso. Com o olhar da minha mente, posso ver um sistema que parece de "raiz", exceto que às vezes as raízes se ligam novamente e até se dobram sobre elas mesmas, até um ponto anterior, mas potencialmente diferente. Nas costas dessa pessoa, havia um mapa. O mapa indicava onde e quando a pessoa havia estado, e, portanto, quais

Além da Fonte Livro 2

permutações do próximo ambiente universal que poderiam ser experimentadas estariam disponíveis para a pessoa em questão. A rampa d'água conhece esta informação, que é levada em consideração quando a pessoa toma certas decisões sobre a escolha de portas, com base nas imagens que lhe são apresentadas. Essencialmente, era como um registro akáshico personalizado e portátil, com tudo que há sobre o indivíduo gravado ali, inclusive as próximas permutações possíveis do código. Era bem complicado.

SE7B: Bom resumo. Mas veja que, embora a própria entidade não perceba as novas permutações possíveis à sua disposição, seu registro pessoal as possui e acompanha a entidade o tempo todo. Os universos são ilustrados pelas funções da "tranca" e da "rampa d'água". As entidades são ilustradas pela "chave" e a pessoa "descendo" pela rampa d'água.

EU: Antes que eu faça a inevitável pergunta sobre a aparência de suas entidades caso eu as pudesse ver com meus olhos físicos, gostaria de saber que trabalho fazem para poderem atravessar o verdadeiro labirinto de seu ambiente.

SE7B: Elas evoluem.

EU: É claro. No meu manual, a evolução é um pré-requisito para a existência sustentável.

SE7B: Essa é uma das razões para A Origem ter permitido que criássemos versões menores de nós mesmas. A evolução é um resultado inevitável do conteúdo experiencial da existência.

EU: Há mais razões?

SE7B: Sim, claro. Embora a evolução seja a razão principal da existência de uma entidade, não é a única razão para sua criação.

Além da Fonte Livro 2

EU: Ah! E qual seria outra razão para criar a entidade?

SE7B: Entretenimento.

EU: Como é?

SE7B: Entretenimento. Talvez eu tenha entendido errado esta palavra. Talvez devesse ter usado distração, companhia ou ajuda.

EU: Do meu ponto de vista, todas essas palavras poderiam descrever a razão para se criar uma entidade. O criador não estaria mais sozinho em sua tarefa, ele teria ajuda em seu trabalho e na conclusão de suas tarefas, e/ou ficaria distraído de sua carga de trabalho, além de se divertir com os esforços de suas criações ao tentarem fazer essas tarefas.

SE7B: Diversidade também seria uma palavra que eu usaria.

EU: Por quê?

SE7B: Porque quanto mais entidades uma entidade cria para ajudá-la a cumprir seu compromisso com a evolução de A Origem, maior o número de permutações que podem ser empregadas para experimentar, aprender e evoluir, experimentando essencialmente a mesma coisa, mas sob ângulos diferentes. Esta é a principal vantagem da diversidade, e é o resultado da criação de um grande número de entidades.

EU: Muito bem. Podemos passar para o trabalho que realizam?

SE7B: Certamente. Há três tipos de entidade, e cada uma tem trabalhos diferentes a fazer.

EU: O número três parece ser um tema recorrente para a Entidade Fonte Sete.

SE7B: Só porque temos três ambientes. Vou prosseguir falando do trabalho de cada tipo de entidade.

EU: Posso interrompê-la por um momento? Quando você disse que havia três tipos de entidades, por um instante captei o número quatro, mas ele voltou rapidamente a ser o três; na verdade, três e meio. Por quê isso?

SE7B: Havia um quarto tipo, mas essa linha de entidade foi interrompida. A imagem de três e meio deve-se ao fato de ser exatamente isso que estava fazendo—o papel de uma entidade que estava baseado em três e meio, ou seja, era uma entidade intermediária que estava fazendo a metade do papel de uma série de entidades e metade do papel de outra.

EU: Isso não teria sido vantajoso do ponto de vista evolutivo?

SE7B: Não, isso excedia os requisitos.

EU: Por quê?

SE7B: Porque depois que as entidades realizam tudo que podem realizar enquanto fazem o seu trabalho, passam para o trabalho de um dos outros dois tipos de entidade. Mais cedo ou mais tarde, terão experiência nos três tipos de trabalho.

EU: Então, o que você está sugerindo é que a entidade do quarto tipo iria apenas experimentar a diversidade de experiências que as outras três entidades teriam inevitavelmente, mais cedo ou mais tarde.

SE7B: Correto.

EU: Também sinto outra diferença na quarta entidade.

SE7B: Sim, havia mais uma. Ela era uma híbrida das três, e isso não era desejado.

EU: E por que não?

SE7B: Porque todo o objetivo era ter três tipos individuais de entidades, especializadas de algum modo no trabalho que fazem. Depois de terem experimentado tudo que tinham para experimentar como resultado do trabalho para o qual tinham sido criadas, tinham de trocar de papel com outra entidade que havia concluído todo o seu trabalho, para que pudessem experimentar o que você chamaria de frustração.

EU: Como? Experimentar frustração?

SE7B: Sim, como acabei de dizer, elas foram idealizadas para determinado tipo de trabalho. Depois de se formarem, digamos, do trabalho para o qual foram idealizadas, passariam a trabalhar em temas do novo trabalho, algo para o qual não estavam destinadas. Isso causa uma frustração, pois obviamente elas se lembram da capacidade de realizar tarefas de forma fluida e contínua.

No entanto, a frustração e a necessidade são o local de nascimento da criatividade, e é a necessidade de realizar as tarefas para o trabalho para o qual não foram idealizadas que resulta na criação de construtos ou ferramentas que lhes permitem fazer o que for preciso em seu novo ambiente "de trabalho".

EU: Então, é a necessidade de criar que ajuda a entidade a evoluir?

Além da Fonte Livro 2

SE7B: A criatividade é a outra razão principal da existência. Ser criador é ser um Deus enquanto se é parte de Deus. E mais, é o caminho mais direto que uma entidade pode seguir para se aproximar mais de seu criador. A criação é a segunda na lista das dez coisas mais importantes que uma entidade precisa fazer enquanto está individualizada por seu criador. A primeira, naturalmente, é a evolução.

EU: Bem, se a evolução e a criação são os dois primeiros itens de uma lista de dez que a entidade precisa fazer enquanto está individualizada, quais são as outras oito?

SE7B: Puxa, não esperava muito por isso! No entanto, é uma lista universal, digamos, algo que você deve compartilhar com seus leitores.

Portanto, eis uma lista das Dez Coisas Principais que uma entidade PRECISA fazer enquanto está individualizada:

1. Evoluir
2. Criar
3. Aprender
4. Experimentar
5. Desenvolver
6. Interagir (com outras)
7. Inovar
8. Descobrir
9. Intelectualizar
10. Tornar-se consciente de si mesma

A décima da lista é a primeira coisa que a entidade precisa fazer logo que é criada. A última, evoluir, é o resultado da ação de todas as outras coisas. As demais estão numa ordem mais ou menos "solta" e não

Além da Fonte Livro 2

dependem umas das outras para haver o progresso da entidade desde a autoconsciência até a evolução. O entretenimento se dá quando observo como minhas entidades progridem.

EU: Então, o que preciso saber agora é a aparência de suas entidades, inclusive aquilo que criaram.

SE7B: Eu, e eu digo eu, criei dois tipos de entidades.

EU: Eu tive um vislumbre do número três antes. Por que teria recebido isso? Ei, espere aí, em nossa última conversa, você mencionou que temos três entidades (há uma lacuna de uma semana na produção do texto acima em relação ao texto que estava sendo canalizado nesse momento), com uma quarta descartada porque era um híbrido.

SE7B: Sim, está certo. Eu disse mesmo que "eu" criei duas entidades. A terceira e a quarta que foi descartada são o resultado da criatividade combinada da SE7.

De repente, isso estava começando a ficar complicado.

EU: Ah, então, vamos simplificar a coisa. Do meu ponto de vista, você é parte da Entidade Fonte Sete ou um aspecto dele, e, como tal, você deve ter estado, em parte, envolvida na criação das entidades três e quatro. Seria uma forma razoável de entender isso?

SE7B: Eu diria que sim. Se ajuda você a entender, então sim, por favor, use esse método de reconhecimento. Contudo, na verdade, "eu" criei duas delas e "eu", como parte da entidade completa que é a Entidade Fonte Sete, participei da criação das duas outras entidades. Porém, "eu" tomei a decisão de remover a quarta versão híbrida da existência individual.

EU: Obrigado pelo esclarecimento. O que aconteceu com essas entidades híbridas? Certamente, devem ter sido sencientes nesse momento de sua criação.

SE7B: Sim, elas tinham, de fato, atingido o nível da autoconsciência nesse ponto do espaço de eventos em que resolvi pôr fim à sua existência.

EU: Mas isso não seria classificado como um genocídio?

SE7B: Não, nem de longe.

EU: E por que não?

SE7B: Porque não se perderam. Em essência, elas nunca existiram antes de serem criadas, assim como você nunca existiu antes de ser criado.

EU: Você quer dizer existido como unidade individual da Entidade Fonte (minha Entidade Fonte, SE1 – Deus). As energias que eu sou sempre existiram como parte da Entidade Fonte e, naturalmente, de A Origem.

SE7B: Correto. Mas elas não foram simplesmente reabsorvidas pelas minhas energias. Foram modificadas para que pudessem ser um dos três tipos de entidades restantes. Reabsorvê-las teria sido um desperdício da minha criatividade (e não de energia). Foi um processo relativamente simples, modificando as energias das entidades já existentes e passando-as para as de outro tipo.

EU: Como você escolheu o tipo de entidade em que as modificaria?

SE7B: Analisando seus atributos para determinar a percentagem, digamos, de sua formação híbrida e se elas teriam mais atributos de

Além da Fonte Livro 2

um tipo do que de outro. Se tivessem, digamos, 50% dos atributos do tipo 1, 30% dos atributos do tipo 2 e 20% dos atributos do tipo 3, então essa entidade seria modificada para ser 100% tipo 1. Por outro lado, se houvesse uma distribuição uniforme de atributos dos tipos 1, 2 e 3 numa entidade específica, então era perguntado à entidade que tipo preferiria ser ou, se ela estivesse indecisa, seria posta numa área de espera na qual o número total de entidades indecisas ou sem preferência específica seria dividido igualmente pelos três tipos de entidade, sendo modificadas segundo os tipos. Desse modo, obtive a melhor redistribuição possível da energia individualizada da Entidade Fonte Sete/Entidade Fonte Sete "B".

EU: Imaginava que seria mais fácil modificar a energia levando a entidade de volta para sua energia central.

SE7B: Seria, mas, como disse antes, teria sido um desperdício da minha criatividade. Não só isso, remover a vida da existência individualizada, especificamente se ela atingiu um estado de vida senciente, é remover a oportunidade que dá a um indivíduo o direito de evoluir e a minha oportunidade de me beneficiar dessa evolução. E mais, existe uma regra não escrita entre as Entidades Fontes que determina que uma entidade senciente deve fazer da dissolução em sua fonte uma escolha pessoal, não a escolha da Entidade Fonte criadora.

EU: Eu achava que as entidades só poderiam buscar a comunhão ou reintegração com sua Entidade Fonte percorrendo a rota da evolução. A reintegração ou dissolução contornariam essa função.

SE7B: Não. Entenda, há uma diferença importante no produto final, por isso vou explicá-la melhor. A reintegração como resultado da progressão evolutiva faz com que a entidade se torne uma só com sua Entidade Fonte, com o seu Deus. Ela está inteira, mantendo processos mentais individualizados, e, como resultado, aumenta a

67

Além da Fonte Livro 2

funcionalidade da mente da Entidade Fonte à qual está plenamente integrada. Isso lhe dá um poder de processamento adicional, digamos assim.

Entretanto, quando uma entidade, por vontade própria, decide terminar sua individualidade, ela se reintegra e dissolve totalmente suas energias nas energias da Entidade Fonte, abrindo mão permanentemente de seu direito de existir individualmente. As energias em massa da Entidade Fonte, portanto, são aumentadas pelo produto das energias totais da Entidade Fonte, somadas às energias das entidades individualizadas, e aquele com teúdo evolutivo que a entidade já havia acumulado, por menor que fosse.

EU: Isto pode ser revertido?

SE7B: Naturalmente. A própria entidade não tem noção desta funcionalidade, pois ela só pode ser ativada pela Entidade Fonte criadora.

EU: Então, como e quando isso funciona?

SE7B: A assinatura, estrutura e funcionalidade acumulada das energias individualizadas da entidade que deseja perder sua individualidade e tornar-se plenamente uma só com sua Entidade Fonte são registradas, juntamente com as localizações distribuídas de seus componentes energéticos, ou seja, as áreas da Entidade Fonte nas quais poderiam ser aproveitadas da melhor maneira. Em essência, a entidade reintegrada pode se espalhar pela totalidade plena da Entidade Fonte pela qual foi criada. Cada componente energético pode ser usado em alguma parte da Entidade Fonte à qual está sendo reintegrada, pois as localizações, funções e assinaturas são conhecidas pela Entidade Fonte. Na eventualidade de precisar ou desejar criar uma parte individualizada de si mesma para realizar certa tarefa, ela pode usar as partes da entidade integrada no todo ou em parte e

Além da Fonte Livro 2

individualizá-las. Pode até reativar as memórias e conteúdo evolutivo, caso seja necessário ou vantajoso fazê-lo.

EU: Você está sugerindo que uma nova entidade individualizada pode ser criada como uma reconstrução integral e perfeita da entidade que desistiu de sua individualidade? Ou pode criar uma entidade totalmente nova a partir de partes compostas e selecionadas de diversas entidades que escolheram abrir mão de sua individualidade, usando partes separadas, com cada parte composta escolhida especificamente em função do tipo de trabalho para o qual a nova entidade está sendo destinada?

SE7B: Correto.

EU: E isto também inclui as memórias compostas e o conteúdo evolutivo?

SE7B: Sim, inclui.

EU: E o que acontece com esta entidade depois que é criada?

SE7B: Ela realiza a tarefa para a qual foi criada.

EU: E depois disso?

SE7B: Tem a oportunidade de se reintegrar com a Entidade Fonte que a criou ou iniciar a jornada evolutiva padrão, identificando o ambiente onde gostaria de iniciá-la.

EU: Por que você se dá a todo esse trabalho de reindividualização, quer de uma entidade integral, quer composta, se, como Entidade Fonte, você pode simplesmente criar uma nova entidade?

SE7B: Há duas razões para isso. Primeiro, existe determinada janela na existência de uma Entidade Fonte na qual ela está no seu melhor aspecto criativo. Esta janela refere-se especificamente à criação de entidades autônomas individualizadas. Esta é uma função cíclica da existência da Entidade Fonte, e, como tal, a necessidade de reindividualizar uma entidade pode estar fora da parte ideal desse ciclo. Segundo, depois que uma entidade individualizada é criada, especializa-se na energia evolutiva individualizada e autônoma, e esta especialização permanece mesmo com sua dissolução, de modo que fica muito mais fácil reunir componentes especializados de energia evolutiva no que quer que a Entidade Fonte deseje, como a reconstrução total de uma entidade prévia ou a criação de uma nova entidade formada por componentes de outras entidades dissolvidas, do que criar uma a partir do zero.

EU: Isso é interessante. Não sabia que as Entidades Fontes têm ciclos de trabalho.

SE7B: Tudo tem ciclos de trabalho. Isso faz parte do fluxo da energia em torno de A Origem, e por isso precisamos trabalhar de acordo com esse fluxo. Até A Origem faz isso.

Fiz uma anotação mental para falar sobre isso com A Origem no próximo livro, que, como sei agora, vai tornar a série "Além da Fonte" uma trilogia. Terá o subtítulo "A Origem Fala" e vai focalizar inteiramente os diálogos com A Origem.

EU: Certo, vou falar sobre isso com A Origem nos próximos diálogos. Gostaria de comentar a fisiologia dos três tipos de entidades que você tem—se é que possuem fisiologia.

SE7B: Sem problemas. Como disse antes, cada uma dessas entidades tem um papel a cumprir e sua forma especializada reflete o trabalho que ela faz. Assim, desfruta do benefício de ser o "pino redondo no buraco redondo" num primeiro momento. Mas com seu avanço, ela passa a um ambiente no qual não é o pino redondo no buraco redondo, e, portanto, tem dificuldade para cumprir seu novo papel, chegando a experimentar frustração. Para avançar neste diálogo, vou explicar a forma da entidade, o trabalho que realiza e a vantagem dessa forma.

A primeira entidade tem natureza energética. Tem a capacidade de mudar suas propriedades magnéticas no nível que você chamaria de subatômico, permitindo-lhe manter as energias nativas dentro do ambiente e criar áreas de grande atividade nuclear. Você poderia chamá-las de sóis ou estrelas. Essas áreas de atividade nuclear são usadas como depósitos de energia para uso e trabalho das outras duas entidades, permitindo-lhes criar. O único problema é que precisam ser mantidas dentro da área de atividade. Em síntese, a entidade usa suas propriedades magnéticas para criar uma gaiola, impedindo efetivamente que as energias que estão sendo arrebanhadas se afastem umas das outras. Além disso, essas energias precisam ser comprimidas durante certo período para manter o processo nuclear. Isto exige que o campo magnético, a gaiola, tenha seu tamanho reduzido quando necessário. Não me entenda mal: o campo magnético não é o único meio usado para controlar esse processo. Há muitos outros, e a primeira entidade tem capacidade para usar muitos mais. É que vocês só seriam capazes de compreender o uso do magnetismo. Os outros meios seriam descritos como algo que seus autores de ficção científica chamam de campos de força, mas esta é uma terminologia muito vaga e geral.

EU: Tudo que fazem é arrebanhar energias para criar áreas de atividade nuclear? Como aprendem e evoluem fazendo apenas trabalhos desse tipo?

SE7B: Minhas entidades não são tão complicadas quanto aquelas criadas por sua Entidade Fonte, e por isso, neste caso, aprender a arrebanhar as energias, criar a condição nuclear e manter essa condição relativa às mudanças de conteúdo energético, tanto dentro quanto fora da gaiola que criaram, atendendo às demandas das entidades que estão usando as energias para propósitos criativos, é uma tarefa em tempo integral—especialmente porque cada entidade tem mais de um milhão de áreas de atividade nuclear para manter. O objetivo desta forma de entidade é criar, manter e servir.

A segunda forma tem natureza primariamente energética, mas possui a capacidade de mudar de densidade. Ela não tem funcionalidade magnética ou energética de outra espécie que possa ser ou seja associada à capacidade de conter uma condição nuclear. Entretanto, pode usar sua capacidade para mudar sua densidade e produzir as ferramentas necessárias para usar tais energias. Esta entidade pode assumir qualquer fator de forma necessário para atingir sua meta, o uso de energias nucleares para formar materiais para uso do terceiro tipo de entidade. O objetivo desta forma de entidade é superar obstáculos, criar e servir.

O terceiro tipo de entidade tem natureza semifísica e teria a aparência de uma rede ou nuvem que viaja pelo ambiente, reunindo os materiais criados pelo segundo tipo de entidade com o propósito de formar o conteúdo material puro necessário para fazer os objetos descritos no diálogo que você manteve sobre o ambiente da Entidade Fonte Sete A—como planetas planos, seus componentes e a criação das partes para existência das outras entidades físicas desse ambiente, como os pilotos gravitacionais. O objetivo desta entidade é criar o físico a partir do energético.

EU: Entre elas, eu diria que trabalham como uma equipe e criam o conteúdo para seu ambiente e as entidades para o ambiente da Entidade Fonte Sete A. São verdadeiras criadoras.

SE7B: Sim, mas são criadoras que dependem umas das outras e limitadas naquilo que fazem. Como pode ver, cada uma delas, exceto a primeira entidade, trabalha a favor da corrente—uma cria o produto para o trabalho da outra. É por isso que todas precisam experimentar o ambiente e a carga de trabalho das demais.

A informação adicional a ser aprendida aqui é que, como expliquei antes, cada uma delas precisa experimentar e realizar as tarefas das demais, usando sua própria engenhosidade e habilidades especializadas para superar as dificuldades que enfrenta ao tentar realizar as tarefas das outras, relativas ao tipo e à especialidade da entidade. Este é o estágio de aprendizagem, apreciação e evolução.

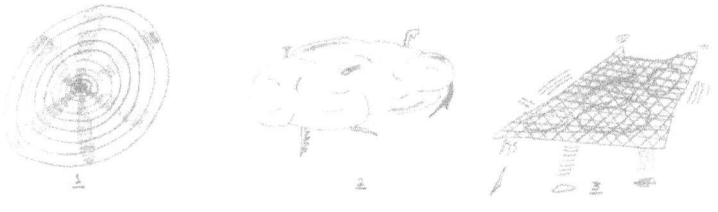

Figura 4: As três entidades da Entidade Fonte 7b

EU: Relendo nosso diálogo, vejo que você não descreveu o fator de forma de suas entidades.

SE7B: Para você, seria difícil visualizar aquilo que é puramente energético e sem forma, como são as duas primeiras, naturalmente. O terceiro tipo de entidade tem forma mais ou menos flexível—daí a descrição como rede ou nuvem que lhe foi dada da maneira mais lógica possível.

EU: Touché. Quando esses planetas planos ou os materiais para esses planetas planos são criados, como são transportados para o ambiente da Entidade Fonte Sete A?

SE7B: Pela interface fora dos três ambientes. A mesma que permite que as entidades passem do ambiente da Entidade Fonte Sete A para o meu ambiente ou que as minhas entidades se movam até o ambiente da Entidade Fonte Sete C.

EU: OK, está claro. Obrigado.

SE7B: Agora, é hora de você se comunicar com a Entidade Fonte Sete "C." Ela está esperando por você e tem observado os métodos de comunicação que você usou para estabelecer um diálogo contínuo com a Entidade Fonte Sete "A" e comigo. A comunicação posterior e final com a Entidade Fonte Sete "coletivamente" vai se seguir logo depois para finalizar esses diálogos e ajudar no redirecionamento do vínculo com a Entidade Fonte que você vai chamar de "Oito". Dou-lhe adeus como entidade singular e torno a me comunicar com você na totalidade como Entidade Fonte Sete depois.

Entidade Fonte Sete C
E com essa última frase, o vínculo com o segundo aspecto (ou "B") da Entidade Fonte Sete foi dissolvido. Mesmo antes da dissolução desse vínculo, senti que outro vínculo estava se formando, agora com a Entidade Fonte Sete "C."

No entanto, devo observar que o vínculo geral com a Entidade Fonte Sete "na totalidade" nunca foi interrompido. Na verdade, esteve presente consistentemente como uma "onda portadora" (ver Glossário) para os vínculos de comunicação menores e mais direcionais com os aspectos separados "A" e "B" da Entidade Fonte Sete. Como resultado, ele ainda está no lugar e será usado no diálogo que estou prestes a manter com a Entidade Fonte Sete "C."

Enquanto pensava no diálogo com a Entidade Fonte Sete "C" que se iniciaria, em seguida, o vínculo estabeleceu-se automaticamente. Intuitivamente, eu sabia que ele é uma função do meu eu energético e não algo que estabeleci com aquela minha parte associada com o plano físico. Fiquei me perguntando como teria feito aquilo. Então, com o olhar da mente, vi subitamente o ambiente criado pela Entidade Fonte Sete "C" e fiquei espantado ao notar que era como uma bola d'água suspensa no espaço. Lembrei-me de um diálogo anterior com a Entidade Fonte Dois (ver Além da Fonte 1), cujo terceiro ambiente tinha natureza fluida. Mas a natureza fluida que a Entidade Fonte Dois me descreveu baseava-se num estado de atratividade rotacional em constante mutação, e não algo que obviamente me parecia ser líquido.

Fiquei intrigado por descobrir um ambiente que tinha aparência claramente "física" numa área de A Origem na qual a maioria dos ambientes, se não todos, criados pelas Entidades Fontes com quem eu havia me comunicado até esse momento eram energéticos. Procurei ansiosamente a Entidade Fonte Sete "C" para verificar se essa imagem e minha interpretação eram razoáveis. No entanto, devo dizer que a perspectiva de um ambiente de consistência líquida não era provável, pois, no meu entendimento, os líquidos são uma função do universo físico no qual eu ou parte de mim existe atualmente. Será que eu estava antecipando a informação que estava recebendo? Decidi não sobrepor esta informação aos meus próprios processos mentais e iniciei o diálogo com a Entidade Fonte "C."

EU: Sinto que você fez contato comigo. Podemos falar?

SE7C: Bom dia.

Novamente, dito com sotaque australiano, o sotaque usado pela Entidade Fonte Sete "na totalidade". Eu tinha me acostumado com um sotaque neutro com a Entidade Fonte Sete "B" (algo que não comentei no texto) e, por isso, fui pego de surpresa.

EU: Você me pegou desprevenido. Acostumei-me com o sotaque neutro de "B".

SE7C: Se quiser, posso adotar um sotaque neutro. Estava seguindo o método de comunicação usado por nossa "totalidade". Espero que o que você está recebendo agora seja aceitável.

EU: Desculpe, você não precisava mudar de sotaque para se adequar aos meus requisitos. Aquele estava bom. Só fui pego de surpresa, mas agradeço por pensar em mim e nas minhas limitações.

SE7C: Você não é tão limitado quanto pensa. Na verdade, há uma multidão e tanto formando-se em torno da galáxia na qual a sua esfera terrestre está manifestada. Os seres nessa multidão estão observando com intenso interesse o humano que está em contato com A Origem e as Entidades Fontes. Viajar pelo universo onde a entidade existe é uma coisa. Viajar pelo multiverso de uma Entidade Fonte é outra, mas ser capaz de romper a barreira de uma Entidade Fonte e seu ambiente, mergulhar nos ambientes de outras Entidades Fontes e comunicar-se diretamente com A Origem é outra bem diferente. Você está criando um grande rebuliço. Você é uma sensação.

EU: Você está me deixando envergonhado.

SE7C: Por que eu iria querer fazer isso? Não tenho nem necessidade e nem desejo de fazê-lo. Ah! Agora vi a sua herança. Agora vejo porque e como você pode fazer o que você está fazendo. Você é OM.

Já haviam me dito isto antes (que eu era OM), mas eu tinha decidido deixar isso de lado. Não quis promover ilusões de grandeza. Em vez disso, senti-me muito tolo quando o assunto voltou à tona, especialmente por ter sido sugerido que eu estava atraindo uma multidão. Não só isso, uma multidão intergaláctica!

Do nada, e sem conhecer este diálogo, minha esposa recebeu a mesma informação em uma de suas meditações. Assustador!

Resolvi prosseguir na minha agenda de perguntas em vez de me deter nesse assunto que só infla o ego, mas fui ultrapassado pela Entidade Fonte Sete "C". Ela tinha outra coisa a dizer a meu respeito.

SE7C: Vou lhe explicar uma coisa a seu respeito que sua própria Entidade Fonte ainda não compartilhou com você. É claro que você tem a capacidade de se mover para fora da estrutura do multiverso de sua Entidade Fonte. Quando você começou a usar os meios um tanto mecânicos que inventou para ajudá-lo a subir pelas frequências, você truncou as 430 faixas de frequência (12 dimensões x 3 componentes dimensionais x 12 faixas de frequência = 432. Levando em conta que os três primeiros componentes dimensionais [tritavas] são, na verdade, "um" na dimensão mais baixa, isso deixa 430 faixas de frequência, pois as tritavas restantes são consideradas individuais dentro da dimensão plena na qual existem. Além disso, perceba que como a faixa de frequência está associada a um componente dimensional específico, na verdade torna-se uma permutação do espaço, um universo por direito próprio) associadas ao seu multiverso a 100—daí esse número redondo de 100 níveis. Sua Entidade Fonte não negou esse número. Como você atravessou os 430 níveis em 100 etapas e não em 430, deixou de passar por certos níveis. Ao fazê-lo, você atraiu a atenção de sua Entidade Fonte e de A Origem, que iniciou os diálogos com você a fim de incentivá-lo e fazer sua capacidade crescer. Elas viram suas oportunidades evolutivas e estavam/estão ansiosas para vê-lo progredir.

EU: Então, se isso é verdade, os níveis nos quais existe o universo da humanidade também abrangem as duas faixas ou níveis inferiores de frequência da tritava mais baixa da segunda dimensão plena. Ou seja, a humanidade pode/irá ocupar as doze faixas/níveis da primeira dimensão plena, mais as duas primeiras faixas de frequência da primeira tritava da próxima dimensão plena. Isso soma doze, e faz sentido.

SE7C: Correto. A humanidade está ascendendo e em pouco tempo será capaz de ocupar, em parte, esses dois níveis, aqueles que você chama de treze e catorze, que, segundo o ponto de vista da atual humanidade física, seriam classificados como energéticos. É por isso que você determinou que o universo físico é formado por 14 níveis. É que parte do universo ocupado pela humanidade está subindo pelas frequências. Em algum momento da evolução da humanidade, as frequências mais baixas ficarão fechadas para a humanidade, pois esta terá ascendido além da necessidade de interagir com o físico.

EU: Ah, agora isso faz sentido. Estava lutando com isso. Para mim, a conta não fechava. Estava ficando preocupado com a possibilidade de estar recebendo informações conflitantes. Estava começando a pensar que tinha entendido alguma coisa de modo completamente errado ou que não tinha percebido algo, que foi o caso.

SE7C: Tudo é revelado no momento certo. Outra coisa que você precisa perceber é a maneira como você opera. Você atravessa efetivamente as frequências, tritavas e dimensões da forma que deseja. Você não está limitado à progressão linear ou ao movimento dimensional/tritava/frequencial de tantas outras entidades. Você é totalmente livre. É por isso que você pode se comunicar com as outras Entidades Fontes. Esse é outro motivo pelo qual você atraiu a atenção de sua Entidade Fonte e de A Origem. Também é a principal razão pela qual você está tendo permissão para se comunicar comigo e com as outras Entidades Fontes.

Saiba disto: Atualmente, a maioria das entidades está restrita aos confins de sua Entidade Fonte e só pode se comunicar com sua Entidade Fonte e A Origem como uma linha direta de comunicação.

Conseguir contornar esta restrição é uma honra. Use-a com sabedoria. Use-a bem.

EU: Eu vou. Obrigado. Parece que você também sabe agora que sou OM. Quem me disse isso antes foi a minha própria Entidade Fonte, além de Byron, Hum e de um amigo intuitivo, mas, para ser honesto, não pensei muito no assunto. Porém, tive um lampejo de informação enquanto repassava aquilo que eu havia digitado como meus "pensamentos pessoais" (em itálico logo acima). As informações (e fico realmente emocionado ao digitar isto, para não falar na inclusão dessa história neste livro) sugerem que OM é uma abreviatura de duas palavras da língua inglesa, "Original Material" ou "Manifestação Original" (Original Manifestation). Eu também recebi a informação ou impressão de que este Material ou Manifestação Original é a energia "original" remanescente da criação das doze Origens, o experimento que não deu certo. Isto sugere que eu (ou a minha energia) sou de A Origem e NÃO de minha Entidade Fonte? Será possível? As pessoas vão pensar que estou delirando.

SE7C: Não, você não está delirando e nem deveria se preocupar. Deveria se sentir honrado por conhecer essa informação. Lembre-se que em suas comunicações com "B", você foi informado de que o quarto conjunto de entidades em seu ambiente foi redesignado para ser um dos outros três ou foi assimilado por "B" para uso num evento futuro. Talvez você também se lembre que na eventualidade de uma entidade escolher a assimilação, na qual a energia que era o quarto tipo de entidade foi dividida e usada para outras finalidades—inclusive a integração plena e parcial naquilo que era antes, como a entidade anterior, ou usada para criar outra entidade composta totalmente nova, ela preserva a assinatura de energia que recebeu individualidade, propósito e a capacidade de experimentar, aprender e evoluir.

EU: Sim, lembro-me disso.

Além da Fonte Livro 2

SE7C: Bem, quando A Origem reintegrou as energias que havia usado para criar as doze Origens, a assinatura dessa energia não se perdeu. Foi simplesmente reintegrada e usada na criação das Entidades Fontes. Na verdade, as Entidades Fontes, nós, fomos criadas usando parte dessa energia com características "Originais". Todavia, quando ela foi fundida nas Entidades Fontes, a mistura não ficou muito boa. Ela manteve seus próprios limites e era difícil reparti-la igual e uniformemente entre todas as Entidades Fontes quando fomos criadas. Seria como misturar água e óleo, digamos. Quando a sua Entidade Fonte criou as energias que iria usar para povoar seu ambiente, dando a este a assinatura da capacidade de experimentar, aprender e evoluir, as energias da Manifestação Original foram as primeiras a serem liberadas. Você (o você encarnado) faz parte de uma dessas energias.

EU: Por que a minha Entidade Fonte ou A Origem não me disseram isso?

SE7C: Simplesmente porque você não deveria saber disso.

EU: Então, por que você está me dizendo isso agora?

SE7C: Porque é necessário acelerar seu conhecimento. Você está progredindo mais depressa do que o planejado em seu estado atual, e precisa saber porque você deveria estar rompendo regras. Você não tem regras. Você e os OM são Material Original, e você faz parte da Manifestação Original.

EU: Será que a minha Entidade Fonte não deveria ter me contado isto, ou pelo menos A Origem? Por que você?

SE7C: O importante não era a "Fonte" usada para você obter esta informação; o importante era o momento. Você é um filho de A Origem, tendo como pai adotivo a Entidade Fonte. Sua Entidade Fonte o liberou em sua irradiação original de energia para criar os seres que

Além da Fonte Livro 2

povoaram o seu ambiente. Versões similares dos OM são encontradas noutras Entidades Fontes, mas, por algum motivo, sua Entidade Fonte teve a maior parte das energias. Possivelmente porque foi a primeira, com uma diferença de alguns nanossegundos, a ser criada quando A Origem criou as doze Entidades Fontes. Não foi à toa que você chamou sua Entidade Fonte de Entidade Fonte Um.

EU: Então existem outros, digamos, glóbulos de OM por toda parte—dentro e fora das Entidades Fontes?

SE7C: Dentro das Entidades Fontes, sim. Mas, como eu disse, sua Entidade Fonte parece ter recebido a parte do leão dessa energia. Fora das Entidades Fontes? Não, esta não é uma ocorrência regular—e é por isto que você está causando certa agitação. Na verdade, você é um dos cinco OM que "renasceram" de sua Entidade Fonte e que possuem a capacidade de se mover para fora de sua Entidade Fonte adotiva. Os outros quatro—e a minha mente voltou à lembrança dos quatro indivíduos que vi durante uma meditação consciente trinta anos atrás, dizendo-me que tudo aquilo que eu conhecia e no que estava trabalhando estava correto, mas ainda não era a hora certa para que eu avançasse mais—que estão associados com você não encarnaram com você no plano físico e nem irão, pois estão apoiando você e o seu trabalho, o qual, segundo me dizem, vai além daquilo que você está experimentando atualmente.

EU: Eu poderia, ou deveria, perguntar agora o que será?

SE7C: Não, isso iria distraí-lo. Você terá tempo de sobra para isso no extenso diálogo exclusivo que terá com A Origem no texto que, como você já sabe, será chamado de "The Origin Speaks" (A Origem fala).

EU: Desculpe, estou ficando um pouco incomodado com esta informação. Tenho mais uma pergunta. Será que eu não deveria poder fazer mais do que estou fazendo? Quero dizer, será que eu não deveria ter mais faculdades ou poderes? Sinto que, se sou um dos OM, do Material Original, da Manifestação Original, da Origem, eu não deveria estar fazendo milagres? Eu não deveria ser um grande yogue materializando isto, aquilo e aquilo lá também? Levitando, teleportando, salvando indivíduos e países da fome e da guerra? Ensinando a verdade em grande escala?

SE7C: Não, primeiro, disseram-me que VOCÊ escolheu o nível de funcionalidade que tem atualmente, enquanto essa pequena parte de você está projetada no plano físico. Também percebo que você entende que quanto mais você desce pelas frequências, menos funcionalidades possui. Isto está realmente "em ação" aqui. Segundo, na verdade, ser um OM dá-lhe apenas uma assinatura que se origina da criatividade de A Origem e não diretamente da criatividade de sua Entidade Fonte. Enquanto você está no plano energético, suas capacidades são similares às de sua Entidade Fonte e de A Origem, mas especialmente de A Origem, exceto, naturalmente, pelo fato de você poder ir além de sua Entidade Fonte e das outras Entidades Fontes, uma função baseada na Origem. Isso não seria milagroso o suficiente para você, especialmente porque uma parte tão pequena sua está no plano físico? Você está fazendo aquilo que se dispôs a fazer. Numa escala mundial, seus livros e suas palestras, tanto em grupos quanto individualmente, estão começando a ajudar o entendimento da humanidade sobre o multiverso de sua Entidade Fonte e o que existe além de A Origem e das outras Entidades Fontes. Você também está ajudando a elevar as frequências da Terra. Ah! Percebo que você tem a memória residual de sua capacidade; isto pode ser uma grande distração e pode inibi-lo se você se deter muito tempo nela. Meu conselho é que fique satisfeito com o que está fazendo e dê continuidade ao seu propósito.

EU: OK, basta de falar de mim ou de algo que atualmente não identifico como sendo eu. Vamos em frente, como diz você. Quando entrei inicialmente em contato com você, recebi a imagem de seu

Além da Fonte Livro 2

ambiente como sendo uma esfera de líquido, como se fosse água. É isso mesmo? Para mim, é difícil acreditar que você tem um ambiente feito de, hmmm, água.

SE7C: Não é água, mas a constituição da energia pode deixá-lo com propriedades similares às da água ou de qualquer outro líquido que vocês têm na Terra.

EU: Como assim, propriedades similares às da água?

SE7C: Analisando a maneira como as entidades de seu universo se movem ou se transportam nesse ambiente tão denso, vejo que o efeito é similar sobre as entidades que existem no meu ambiente. Por exemplo, ele oferece um nível significativo de resistência à sua liberdade pessoal de movimento.

EU: Continuo a receber a imagem de um aquário imenso, do tamanho de um universo.

SE7C: Isso acontece porque seu banco de dados de informação só é capaz de lhe dar um aquário do tamanho de um universo como exemplo da forma como a combinação de frequências é construída no meu ambiente.

Recebi da Entidade Fonte Sete "C" mais informações conceituais.

EU: Sinto que você acabou de me dar um conceito um tanto radical para descrever seu ambiente. (Preciso parar de usar esta palavra, "ambiente".) Para mim, isso é um enigma. As frequências, dimensões e componentes dimensionais estão entrelaçados, sem demarcação clara como a que existe no multiverso da minha Entidade Fonte.

Além da Fonte Livro 2

SE7C: Correto. Todos estão fundidos, nada está separado mas tudo está junto. Isso torna as coisas compactas. É por isso que você percebeu a condição de meu ambiente, semelhante à de um líquido.

EU: Não seria parecido com as "dimensões compostas" que a Entidade Fonte Seis me descreveu em Além da Fonte, Livro 1?

SE7C: Não, só no nome, e esse nome só é usado para ajudá-lo a entender, o que, obviamente, neste ponto de nosso diálogo, não está acontecendo.

EU: Espere um pouco. Dê-me uma chance. Acabei de perceber certa clareza na imagem que estou recebendo. O aquário não tem, na verdade, aparência líquida; é mais como o aço, redondo, reluzente e duro. É isso; parece-se com uma esfera de rolimã! O que me surpreendeu foi a superfície externa reluzente. Uma gota de líquido tem algumas propriedades refletoras no meu universo físico, assim como uma esfera de rolimã.

Estava começando a perceber que a esfera era uma forma comum. Ela tinha aparecido, de uma forma ou de outra, em todos os multiversos diferentes dos multiversos das Entidades Fontes com quem eu havia me encontrado; parecia-se até ser uma forma comum dentro de A Origem. Resolvi arquivar este comentário mentalmente para perguntar depois à Origem se isso seria uma "constante".

SE7C: A aparência percebida do meu ambiente é apenas metafórica. Aquilo que você está vendo ou percebendo é o resultado direto do entrelaçamento. Seria a palavra correta?

EU: Seria o suficiente.

SE7C: O entrelaçamento das dimensões, componentes dimensionais e frequências não lhe dá nenhuma informação lógica. Em essência, são uma coisa só. Vou explicar melhor. Este ambiente parece-se um pouco com uma fita de Möbius. Vejo que você franziu a testa.

EU: Pode apostar que estou franzindo. Estou antevendo uma dor de cabeça daquelas.

SE7C: Deixe-me dar um exemplo. A área que seria ocupada logicamente no ambiente de sua Entidade Fonte é a seguinte:

Uma dimensão plena constituída por três componentes dimensionais ou tritavas. Cada tritava, exceto pelas três primeiras, usadas apenas para criar a dimensão básica plena, é inflada por doze conjuntos de frequências básicas. Esta estrutura é duplicada naquilo que você reconhece como uma maneira ascendente.

EU: Sim, conheço isso muito bem, acabamos de discutir isso. Grato.

SE7C: Tenha um pouco de paciência. Bem, no meu ambiente, uma das tritavas pode ser substituída por uma frequência básica ou até por uma dimensão plena. Além disso, uma dimensão plena pode ser substituída por uma frequência básica ou uma tritava. De modo similar, uma frequência básica pode ser substituída por uma dimensão plena, uma tritava ou ambas. Com tudo isso acontecendo ao mesmo tempo, é possível ver uma complexa mescla de componentes, frequências básicas e dimensões plenas. Tente imaginar isso como o maior nó que você já viu!

Além da Fonte Livro 2

Eu tentei. Foi difícil. E, sim, caro leitor, minha cabeça está doendo.

SE7C: É melhor não se esforçar demais. Vejo que você ainda está olhando do meu lado de fora ou de fora do meu ambiente.

EU: Sim, ainda parece ser uma esfera de aço. Mas espere, tenho a impressão de que são como você insinuou com a palavra "Nó"— muitos e muitos laços, onde cada um é uma conexão com cada uma das dimensões, tritavas e faixas de frequência. É como se todos estivessem juntos, embora possam permear (e de fato permeiem) o "espaço" lógico um do outro. Como diz, cada um dos componentes da dimensão frequencial ou do componente dimensional (tritava) pode substituir o outro. Aqui, como você diz, isso não se restringe a uma substituição individual, como, por exemplo, duas ou até três dimensões plenas podem ficar na localização, posição ou o que for, digamos, de uma única faixa de frequência. Ou mesmo uma única tritava pode ficar posicionada em sua posição lógica, mais a de uma dimensão plena ou faixa de frequência. Foi então que vi as conexões entre os componentes ambientais se retorcendo e se entremeando à medida que os locais mudavam. É parecido com um nó que muda permanentemente. Parece-se até com um balde de cobras, exceto pelo fato das cobras estarem todas unidas. É bem bizarro.

SE7C: Para mim, não é bizarro, pois tem um propósito.

EU: Certo, é bom para começar. Qual o propósito deste ambiente que se parece com um nó sempre mutável e plenamente substancial ou com uma esfera de rolimã?

SE7C: Seu propósito é simplesmente criar confusão em termos da orientação de uma entidade dentro do ambiente.

Além da Fonte Livro 2

EU: Como assim, confusão? Eu achava que a confusão seria um propósito um tanto pequeno para um ambiente de estrutura tão complicada.

SE7C: Nem um pouco, pois este é um ambiente muito desgastante onde se viver. O método de evolução está na funcionalidade do ambiente e na forma como a entidade trabalha com ele. Vejo que sua testa está enrugada mais uma vez, por isso vou me explicar melhor.

O ambiente muda de uma forma que não tem lógica com sua representação. Como as tritavas individuais podem estar perto de uma faixa de frequência, ser uma faixa de frequência ou ser uma dimensão plena em lugar de ser um componente de uma dimensão plena, suas características não são consistentes com as características de uma tritava—por exemplo, em sua posição estrutural correta e lógica. Isto significa que o movimento de uma permutação do espaço para outra não é considerada uma ascensão ou descida.

EU: Então, você está sugerindo que a ascensão não é possível neste ambiente e que isso acontece em função de sua estrutura?

SE7C: Bem observado. Na verdade, há apenas um nível de ascensão disponível para as entidades em função do trabalho com este ambiente. E, como você sugeriu com propriedade, esta é uma função de sua estrutura. Porém, perceba que a quantidade de trabalho realizado por minhas entidades para lidar com este ambiente e atravessá-lo é igual a dois dos níveis evolutivos atingidos quando se vive dentro dos ambientes das Entidades Fontes A e B. Na verdade, equivale à evolução alcançada trabalhando-se dentro dos ambientes combinados de "A" e "B" e formando-se neles.

EU: Obrigado. Tenho recebido imagens e sentimentos de existência dupla enquanto estou nesta arena evolutiva mista. Poderia me explicar o que estou recebendo, pois é uma coisa que está me dando dificuldades para traduzir numa imagem reconhecível?

SE7C: Sim, percebo a sua dificuldade. Quando uma entidade que está trabalhando naquilo que você chamaria de faixa de frequência associada a um componente dimensional específico, e está, por sua vez, associada a uma dimensão plena, ela é capaz de passar para a faixa de frequência seguinte de seu trabalho experimentando aquilo que deseja experimentar. Ela não passa simplesmente para a faixa de frequência lógica seguinte.

EU: Não, não precisa continuar; deixe-me ver se consigo entender o que está acontecendo. Ela se move no espaço associado com o componente dimensional, dimensão plena etc. Ou seja, "em vez da" faixa de frequência seguinte. Isto significa que ela existe dentro do espaço (e ocupa) entre a permutação de espaço que seria a próxima etapa lógica, caso a etapa seguinte fosse uma faixa de frequência. E não só; tenho a sensação de que o resultado é que isso acaba em dois lugares de uma só vez. Ademais, a entidade, sendo o espaço como é, ou seja, uma permutação de não-espaço, não o ocupa de fato, pois para a entidade, ele realmente não existe. Ela deixa uma parte de si mesma na faixa de frequência que ocupava anteriormente, enquanto a outra parte, aquela parte que aguarda a próxima permutação para existir e trabalhar nela, procura a faixa de frequência que viria logicamente em seguida. Ela precisa atravessar todas as permutações diferentes de não-espaço para encontrá-la, e isso pode incluir o trabalho com energias associadas ao não-espaço antes de avançar, pois o avanço só pode acontecer de verdade nas faixas de frequência. As entidades podem acabar vivendo em dois ambientes ao mesmo tempo de forma permanente, se não tomarem cuidado, espaço e não-espaço, pois a entidade tem a possibilidade de se perder. Ela precisa ajustar seu sistema de navegação pessoa, multidimensional, multifrequencial e o componente da tritava com o maior grau possível de precisão que puder caso deseje ter sucesso. Aprendendo com suas experiências e aplicando esse aprendizado, a entidade, mais cedo ou mais tarde, vai encontrar a faixa de frequência próxima do aspecto que deseja assumir. Feito isso, a entidade pode "enrolar" aquela parte de si mesma que permaneceu na faixa de frequência anterior, aquela parte dela que permaneceu na faixa de frequência da qual a entidade "saiu", sendo usada como uma espécie de linha da vida, um dado para ajudá-la a reconhecer onde esteve e onde quer tentar em seguida a busca pela faixa de frequência seguinte.

E...

UAU, acabei de receber uma imagem deste ambiente que ilustra o movimento das entidades em torno deste ambiente como a junção de uma grande e polifacetada rodovia tridimensional, com estradas indo para todas as partes, para cima, para baixo, para a esquerda e a direita, com entidades pulando de uma estrada para outra, cada uma errando por frações de centímetro. Ela está "lotada" de entidades desesperadas para descobrir a próxima faixa de frequências, quer substituindo um componente dimensional, uma dimensão plena ou existindo como está, uma faixa de frequência. Não é à toa que tem a aparência de uma esfera de aço. As energias necessárias para manter tudo unido devem ser imensas!

Além da Fonte Livro 2

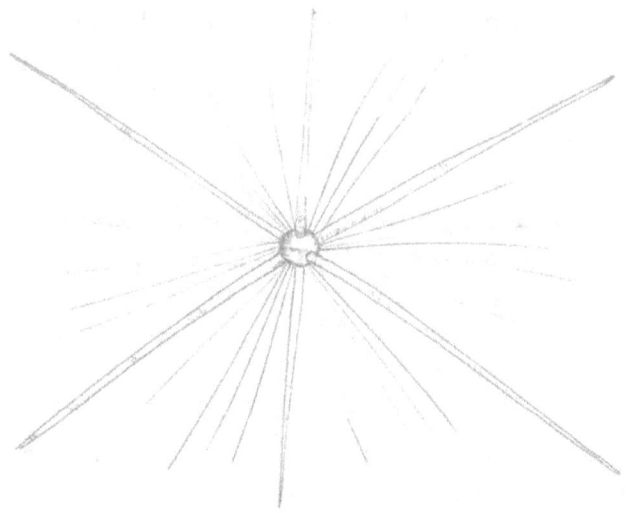

Figura 5: Junção tridimensional de super-rodovias

SE7C: Muito bom mesmo. Você está pegando o jeito disso, não está? Eu, é claro, mantenho tudo unido com facilidade, pois o ambiente sou eu e eu sou o ambiente. Mas você já sabia disso. O objetivo de meu ambiente, meu objetivo, é ensinar as entidades que existem primariamente nele ou que migram até ele desde um dos ambientes criados pelas Entidades Fontes Sete "A" e "B" a operar num ambiente multidimensional, multitritavas, multifrequencial sem se deterem em sua estrutura—ensinar a entidade os métodos e maneiras da existência no multiverso criado por um ambiente multidimensional, multitritavas e multifrequencial, permitindo que atravessem de uma parte para outra sem a necessidade de uma progressão linear, embora haja uma progressão linear, se você entende o que quero dizer. Evolução é basicamente experiência e o aprendizado advindo dessa experiência; como tal, sua progressão é linear. A capacidade da entidade ser verdadeiramente multiversal em sua funcionalidade é um requisito básico para a existência e seu avanço rumo ao retorno a seu criador. Uma entidade não pode ser efetivamente criadora caso não seja capaz de funcionar da mesma maneira que SEU criador. Esta é uma lei fundamental—que existe para todas as entidades criadas por todas as Entidades Fontes, que, por sua vez, foram criadas por A Origem.

EU: Então, esse ambiente que você criou, que você é, parece ser mais importante que o das outras duas Entidades Fontes, Sete "A" e "B."

SE7C: Nenhuma Entidade Fonte é mais importante que a outra, pois todas nós contribuímos para a evolução de A Origem. Simplesmente criei um enigma de navegação multiversal, ou uma sala de aulas, se preferir, para toda a população de entidades da Entidade Fonte Sete "como um todo". Isto lhes permite experimentar todas as coisas necessárias para operar tal como um criador deveria fazer.

EU: Espere aí. Acabei de captar outra coisa. Todo esse trabalho, esse ensinamento das entidades para serem navegadoras multiversais magistrais, está alinhado com a imagem que captei quando conversei com a Entidade Fonte Cinco. Nele, todas as entidades criadas por todas as Entidades Fontes tornam-se iguais às suas Entidades Fontes criadoras, e todas as Entidades Fontes tornam-se iguais à Origem. Mais importante ainda é que todas evoluem até um nível que ainda não foi experimentado por A Origem, um nível que ela precisa superar para ir até uma parte dela mesma que atualmente ela desconhece. A Origem criou as Entidades Fontes para ajudá-la a dar este salto evolutivo "quântico".

SE7C: Mais uma vez, muito bem colocado.

Senti a Entidade Fonte Sete "C" sorrir. Foi o sorriso de quem sabe que eu estava começando a "entender". Havia algo muito importante acontecendo aqui. Eu tinha "topado" com alguma coisa. Algo de tanta importância que não só era importante para que a humanidade compreendesse o que estava acontecendo através dos livros criados por meus diálogos limitados com A Origem e as Entidades Fontes, mas a notícia estava sendo espalhada pelas Entidades Fontes e suas criações por outras entidades como eu. Senti-me muito pequeno ao perceber subitamente minha compreensão muito limitada dessa "imensa" imagem geral e registrei mentalmente a necessidade de discutir isto em detalhes com a própria Origem.

EU: Espere aí, isto é mais importante do que eu imaginava. Todas as entidades que fazem parte de você, ou seja, vocês todas, a Entidade Fonte Sete na totalidade, estão sendo treinadas por meios experimentais para povoar A Origem quando chegar um ponto em sua existência no qual todos ascenderemos juntos e formos todos entidades em pé de igualdade.

SE7C: Prossiga.

EU: Quando todas as entidades que foram criadas pelas doze Entidades Fontes evoluírem até o ponto de igualdade com seus criadores e as Entidades Fontes evoluírem até o ponto de igualdade com A Origem, tudo ascenderá ao nível seguinte. Neste ponto, A Origem sairá de sua esfera de autocompreensão em pontos percentuais, digamos assim. Este movimento multiplicará efetivamente sua área de autocompreensão até o nível no qual a autocompreensão plena será uma parte menor de uma área que é conhecida e desconhecida ao mesmo tempo. Ela vai quadruplicar a área de percepção até uma área de percepção/não percepção, até uma área de conhecimento da existência mas não de conhecimento experiencial. É como sabermos que vivemos num planeta de uma galáxia de um universo que faz parte de um multiverso, mas conhecendo apenas uma fração de um percentual do sistema solar no qual nosso planeta existe. Na verdade, não conhecemos de fato o planeta onde existimos como seres físicos. Conhecemos pedaços dele, mas certamente não todo ele. Mas com o aumento da compreensão acerca de nós mesmos e de nosso ambiente, junto com nossas capacidades técnicas e espirituais, detectamos mais sobre nosso ambiente—aquilo que estava além de nosso nível prévio de detecção.

Além da Fonte Livro 2

Adicionamos isso ao mapa. Bem, tentamos mapear isso, mas se não experimentarmos aquilo que há nessas áreas do espaço que foram mapeadas recentemente, não estaremos plenamente conscientes de suas propriedades. Algo está lá, mas não está.

SE7C: O que você está tentando dizer é que A Origem vai ficar ciente de algo que é uma parte maior dela mesma, mas vai precisar de ajuda para expandir a percepção de seu eu expandido.

EU: Sim. Bem, parece que você colocou em três linhas aquilo que levei treze ou até dezessete linhas de texto para escrever.

SE7C: Naturalmente. Posso explicar melhor se você quiser.

EU: Por favor, faça-o. Isso está ficando muito interessante.

SE7C: Em termos simples, meu ambiente específico foi idealizado para treinar essas entidades que iniciam no meu ambiente ou progridem até o meu ambiente na arte da navegação. Explico melhor. As entidades que existem em todos os aspectos da Entidade Fonte Sete, inclusive "A" e "B," a Entidade Fonte Sete na "totalidade" e eu estamos nos esforçando para criar uma equipe de entidades que contém todos os aspectos importantes da existência necessários para permitir que cresçam e se tornem criadores. Isto vai lhes permitir criar seus próprios ambientes, povoando aquela parte de A Origem que se torna disponível para uso experiencial quando ocorrer a expansão/ascensão.

As entidades que se "formam" neste ambiente serão mestras navegadoras. Serão capazes de existir e de ir para dentro e para fora das energias, frequências, dimensões, tritavas e zonas que formam a área conhecida e desconhecida da recém-ascendida Origem e de povoá-la com Entidades Fontes recém-ascendidas.

EU: Espere aí. Um momento. O que você quer dizer com Entidades Fontes recém-ascendidas? Na última conta, eram doze. Você espera que surjam mais?

SE7C: Como você viu em suas visualizações, com o tempo todas as entidades serão iguais. Quando se tornam iguais a seus criadores, atingem o mesmo status que seu criador e assim tornam-se Entidades Fontes por direito próprio. Em essência, aquelas que foram criadas vão se tornar criadoras e vão adotar o mesmo status e razão para a existência. Entretanto, serão diferentes das Entidades Fontes Originais, pois serão capazes de encontrar e de se adaptar a um local de A Origem que considerem coerente com seus planos para a criatividade experiencial e a evolução. Cada uma delas será capaz de trabalhar fora da necessidade de ser "estática" dentro da área de A Origem.

Como você sabe, quando A Origem criou as doze Entidades Fontes, ficamos (e ainda estamos) estacionárias na área de percepção de A Origem. Não nos movemos. Não temos necessidade de nos mover, pois ocupamos aquela área da qual A Origem tinha consciência quando nos criou. Ela vai expandir sua área de percepção a um nível ainda maior quando todas ascendermos. Creio que você usou a palavra "quadruplicar", mas esta não é uma palavra correta para descrever o aumento de tamanho de A Origem. A área de autoconsciência de A Origem vai aumentar quando se tornar uma área de consciência/não consciência do conhecimento. Tudo será expandido e se multiplicará: as zonas, as dimensões, as tritavas, as frequências e as energias. Portanto, a palavra "quádruplo" deve ser explicada como sendo um múltiplo de um múltiplo de um múltiplo de um múltiplo das zonas, dimensões, tritavas, frequências e energias. Será algo inacreditavelmente maior do que aquilo que estamos experimentando atualmente. Mesmo assim, não terá sequer um ponto percentual da área total do que é A Origem.

EU: Estou recebendo a imagem de uma enorme esfera, com níveis dentro de níveis dentro de níveis. Quando a perspectiva se afasta do centro, o nível de complexidade se multiplica em escala exponencial, sempre que o observador se afasta do centro por uma fração de porcentagem.

SE7C: Sim, agora você está chegando lá. Entende agora?

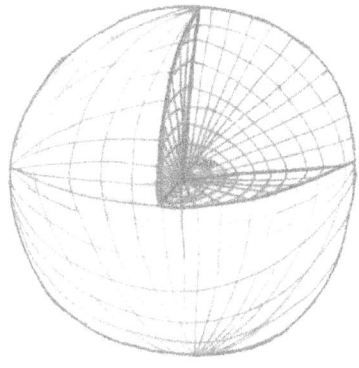

Figura 6: Imagem conceitual dos níveis e camadas de A Origem

EU: Creio que sim. Posso fazer um resumo. A expansão esperada de A Origem resultante da ascensão coletiva das entidades, das Entidades Fontes e de A Origem será tão grande que poderá satisfazer a mesma área ocupada hoje por uma única Entidade Fonte, pois todas as Entidades Fontes atuais e todas as entidades criadas pelas doze Entidades Fontes serão elevadas ao status de Entidades Fontes em todas as formas e formatos.

SE7C: Correto.

EU: Isso é INCRÍVEL!

Além da Fonte Livro 2

SE7C: Não é mesmo? Mas há mais. A área será tão grande que as recém-ascendidas Entidades Fontes não vão ficar lado a lado, por assim dizer. Podem ficar ocultas umas das outras em alguma parte da área recém-expandida de consciência/não consciência de si mesma que A Origem vai experimentar—daí a necessidade de serem mestres navegadores daquilo que é A Origem. Esses navegadores serão chamados pelas próprias Entidades Fontes recém-ascendidas para guiá-las pelo labirinto que será a área de consciência/não consciência de si mesma de A Origem após a ascensão. Elas precisarão ser capazes de atravessar todos os enigmas que lhes serão apresentados. É por isso que meu ambiente tem esse desenho. Para permitir que as entidades experimentem seu ambiente como um enigma e aprendam a navegar por ele, aprendam a sair do enigma, digamos, para ver de cima o labirinto e cair naquela área que precisa ser experimentada. A introdução dessas novas Entidades Fontes vai acelerar em muito a capacidade de A Origem aumentar sua autoconsciência e evoluir. Será o começo de uma época maravilhosa.

EU: E o que acontecerá com as doze Entidades Fontes Originais?

SE7C: Vamos ajudar A Origem em suas próprias autoexplorações. Vamos começar de novo, mas de maneira diferente.

Mais uma vez, fiz uma anotação mental desta discussão como algo em que devo me aprofundar com A Origem em "A Origem Fala".

EU: Acabei de perceber que ainda não lhe perguntei a aparência de suas entidades.

SE7C: Sua aparência é inconsequente, pois no meu ambiente elas não precisam de forma física ou energética. Todas as entidades que provêm dos ambientes "A" e "B" tornam-se informes, algo necessário para o trabalho neste ambiente; por isso, não posso lhe dar uma forma, pois elas nem precisam de uma e nem usam uma, física ou energeticamente.

Agora, é hora de você seguir em frente e concluir seu diálogo com a Entidade Fonte Sete "na totalidade" antes de passar para a Entidade Fonte Oito. Vá agora.

EU: Agradeço-lhe por seu "tempo" e sabedoria.

SE7C: Foi, como vocês dizem, um prazer.

E com isso, o terceiro Aspecto da Entidade Fonte Sete, a Entidade Fonte Sete "C", se foi. Quase no mesmo instante, senti a assinatura da energia combinada da Entidade Fonte Sete "na totalidade" aproximar-se para concluirmos nosso diálogo.

Encerrando com a Entidade Fonte Sete "na totalidade"
EU: É uma sensação interessante quando vocês se tornam uma só novamente. Quero dizer, vocês têm assinaturas energéticas diferentes, as quais, se posso acrescentar, são bem distintas uma da outra, embora tenham certo elemento comum. É quase como se, usando a engenharia de rádio (RF) como exemplo, vocês tivessem a mesma onda portadora mas frequências distintas para indicar sua independência, sua singularidade. Mas quando vocês se dirigem a mim como um coletivo, como a Entidade Fonte Sete "em totalidade", é como se a onda portadora fosse a mesma, mas a frequência de sua assinatura quando você está "em totalidade" é a média da frequência total de seus três aspectos. Isto lhe parece razoável?

SE7: Claro. Veja, quando me dividi ao meio e percebi a oportunidade de um terceiro aspecto, as frequências acima e abaixo da minha frequência básica foram ocupadas por meus novos aspectos individuais, e o terceiro aspecto permaneceu na frequência Original, que, em termos simples, é a média das três frequências separadas. Ou seja, se você as somar e dividir por três, vai retornar à frequência básica Original.

EU: Imagino que seja assim porque as frequências acima e abaixo da frequência básica, aquelas ocupadas pelas Entidades Fontes 7A e 7C, estejam equidistantes da assinatura básica Original.

SE7: Correto. E é por isso que dá a sensação de ser a mesma.

EU: Sinto-me honrado por receber as informações da SE7C sobre o que pode ou vai acontecer quando todos ascendermos e nos tornarmos Entidades Fontes por direito próprio.

SE7: E deveria estar mesmo. Você é o primeiro de sua espécie a receber tal informação. É importante que você a passe adiante para que todos a reconheçam e compreendam, pois isso vai fazer diferença na maneira como os humanos encarnados interagem uns com os outros, especificamente aqueles que estão na senda da iluminação e da ascensão.

EU: Como você ficou sabendo de nossa ascensão? Quero dizer, você está tão afastado da minha Entidade Fonte e de seu trabalho, e ainda tem que focalizar seu próprio trabalho.

SE7: Você está ciente do fato de que estamos todos ligadas, ligadas para permitir que o conteúdo evolutivo que reunimos seja passado para A Origem?

EU: Sim.

SE7: Bem, as Entidades Fontes também se beneficiam do conteúdo evolutivo das demais, e, como resultado, todas recebem as experiências, aprendizado e evolução das outras para que todas possam evoluir ao mesmo tempo. Mesmo a Entidade Fonte que ainda

Além da Fonte Livro 2

não está consciente (chamo esta Entidade Fonte de "Doze" mais adiante neste livro) se beneficia, assim como nós nos beneficiamos de seu lento caminho até a percepção. Como resultado desse vínculo, sabemos o que as criações das demais estão "fazendo", digamos. É por isso que eu e cada uma das outras Entidades Fontes podemos lhe dar conselhos, e o fazemos.

EU: Suponho que todas essas informações sejam compartilhadas instantaneamente.

SE7: Sua suposição está correta.

Aquilo que eu/nós compartilhamos com você nestas últimas semanas é apenas um pequeno resumo daquilo que realizamos e criamos continuamente. No seu estado atual, você nunca será capaz de compreender mais do que as coisas mais básicas que sua Entidade Fonte faz, para não falar do que as outras Entidades Fontes estão fazendo. Não considere isto uma indicação de fracasso na superação de suas limitações e sim uma indicação "do que é", com base nas limitações que você mesmo se impôs atualmente.

O fato de ser capaz de fazer o que você está fazendo com essas limitações autoimpostas—e você não sabe como está limitado no veículo que escolheu—está causando uma sensação e tanto. Você está mostrando o que pode ser feito apesar do pequeno treinamento e sem o imenso foco e a determinação obstinada que se estende por toda a vida (que é o que a maioria precisa) e não chega nem perto dos níveis que você atingiu. Continue assim; ensine os outros, pois esta é uma época importante tanto para você quanto para a humanidade que está na mais baixa das dimensões e das frequências de sua Entidade Fonte.

Agora vá, pois você já se deteve demais comigo/conosco. É hora de passar para a Entidade Fonte Oito.

E, tal como aconteceu nos outros diálogos com as Entidades Fontes Um até a Seis, o vínculo com a Entidade Fonte Sete "na totalidade" foi rompido. Mas, assim como ocorre com os vínculos com as outras Entidades Fontes, eu sabia que, embora estivessem rompidos do ponto de vista de um diálogo contínuo, agora eu estava numa posição na qual poderia reiniciar o contato com qualquer uma das Entidades Fontes à vontade. Era como não saber o número do telefone de alguém, e, portanto, não saber se ela estaria lá ou se existia, mas, com o número de telefone à mão, ela poderia ser contactada a qualquer momento, a qualquer hora.

Olhei para o vasto e insondável espaço que era A Origem e vi que isso era verdade. Tendo estabelecido um vínculo inicial com sete das Entidades Fontes, agora eu podia "telefonar para elas", digamos, a qualquer hora. Senti-me privilegiado por ter esta capacidade. É um presente maravilhoso. Prometi a mim mesmo que eu a usaria com sabedoria para a educação da raça humana. Este, segundo percebi, é o motivo pelo qual estou neste planeta aqui e agora—para ajudar na educação da humanidade encarnada. Novamente, trata-se de um privilégio, algo que não pode ser desperdiçado e que devo aceitar pacientemente. De repente, senti-me muito humilde.

Capítulo Dois
Entidade Fonte Oito

Devo admitir que neste ponto do diálogo—inclusive dos diálogos que mantive com as outras Entidades Fontes—eu fiquei um pouco surpreso pelo fato de a Entidade Fonte Sete (ou seja, os três aspectos da Entidade Fonte Sete) ter ocupado duas vezes a quantidade de texto das seis Entidades Fontes anteriores. Pensando melhor, vi que isso foi uma função de seus três aspectos serem essencialmente o equivalente a três ambientes de Entidades Fontes, pois cada uma era uma Entidade Fonte por direito próprio, o que me pareceu ser uma versão do ambiente de A Origem. Ou seja, elas, as três, estavam nos confins e, portanto, no ambiente que era a Entidade Fonte Sete. Em alguns aspectos e para todos os fins, eram independentes uma da outra, embora ainda fizessem claramente parte da "totalidade" que era a Entidade Fonte Sete. Estava pensando nisto quando senti que começava a sintonia que me permitira iniciar a comunicação com a Entidade Fonte Oito, que, como percebi, já havia projetado uma imagem de suas extremidades para mim. Foi como se eu estivesse no espaço e me aproximasse de uma forma esférica coberta por grandes espinhos cônicos. Entretanto, pouco antes de ter a oportunidade de analisar melhor esta imagem, minha própria Entidade Fonte teve algo a dizer.

Além da Fonte Livro 2

Figura 1: Imagem conceitual da estrutura externa da Entidade Fonte Oito (os continuum associados são representados pela forma cônica)

SE: Só queria felicitá-lo por seu progresso até aqui. Você está progredindo neste trabalho mais depressa do que o esperado e melhorando de todas as maneiras. Seu desejo de entrar em contato e de se comunicar com tantas pessoas quanto possível sobre Deus (eu) e a realidade maior (as outras Entidades Fontes e A Origem) é algo muito bonito de se ver, assim como o seu desejo de ser uma pessoa prática e acessível, explicando a realidade maior de maneira compreensível para o homem comum e para o adepto da espiritualidade. Este é e será seu maior talento. Para responder a uma de suas próprias perguntas—não está longe o tempo em que você será um professor da verdade em tempo integral, pois as portas estão se abrindo na sequência correta. Desfrute da sincronicidade e da facilidade de meu multiverso e de sua função (funcionamento); maravilhe-se com seu esplendor, sua simplicidade, sua grandiosidade; acompanhe seu fluxo natural de energias e suas inerentes oportunidades evolutivas; seja um só com ele e em paz. Veja como ele se entrelaça com o funcionamento das outras Entidades Fontes e compreenda seu lugar, seu destino, sua herança dentro dos planos de A Origem, pois todos nós fazemos parte do grande plano de A Origem.

EU: Uau! Esse foi um discurso grandioso, não foi? O que o motivou?

Além da Fonte Livro 2

SE: Fazer você reconhecer a importância de estar fazendo o "trabalho da sua vida", pois não se trata de viver algo que você chamaria de "vida normal". Trata-se de prestar um serviço dentro de uma função muito importante do omniverso.

Esta era uma palavra nova, algo que até um humilde encarnado como eu identificou que estava acima, bem acima, do conceito de um multiverso.

EU: Agora, você me deixou curioso. O que é um omniverso?

SE: Em termos simples, A Origem.

EU: Espere um pouco. Por que eu captei a palavra "continuum" (contínuo)?

SE: Porque A Origem contém todas as funções, e os continuum são uma fração delas. É algo que você vai discutir a fundo com a Entidade Fonte Oito, pois ela é formada inteiramente de continuum. O plural de continuum também é continuum—e daí a imagem que acabou de ser mostrada a você.

EU: Parece ser um bom momento para me conectar com a Entidade Fonte Oito. Fiz mais uma anotação mental para falar com A Origem sobre as funções de um omniverso.

SE: Não há momento (espaço de eventos) como o presente.

SE8: Então, parece-me que este é o espaço de eventos correto para eu aparecer.

EU: Puxa, isso foi rápido. Antes, eu esperava trabalhar no meu vínculo de comunicação com você.

SE8: Por quê? Nós já estávamos nos comunicando.

EU: COMO? Poderia repetir isso para mim, por favor? Acho que você entendeu errado.

SE8: Pelo contrário, você é que entendeu errado, pois já conversamos antes sobre muitos assuntos.

EU: Estou vendo que chegou a hora de ter dor de cabeça. Mas espere um pouco; deixe-me pensar nisso por alguns instantes. Minha Entidade Fonte disse que você é totalmente feita de continuum. Isto significa que nós nos comunicamos enquanto aquela minha parte energética estava noutro continuum?

SE8: Sim, pois estou espalhada por todo o omniverso conhecido (Origem).

Com o olho da minha mente, vi que isso era verdade. A Entidade Fonte Oito se espalhava pelo espaço conhecido da Origem, aquela parte que se situava dentro de sua área de autoconsciência. Mas havia outra coisa. (Só uma? Quisera eu!) Como aquela última frase poderia se relacionar com a imagem que vi com o olhar mental, a imagem de uma esfera coberta por espinhos cônicos? Resolvi que havia apenas uma coisa a se fazer—perguntar à Entidade Fonte Oito o significado da imagem e da frase sobre a Entidade Fonte Oito se espalhar por A Origem como um continuum dentro de um continuum. Além disso, como isso se relacionava com algum contato prévio com a Entidade Fonte Oito? Eu estava morrendo de curiosidade. Gosto muito desses enigmas.

Como e quando entrei antes eu me comuniquei com a Entidade Fonte Oito

EU: Bem, tanto nossos milhares de leitores e buscadores da verdade lá fora quanto eu queremos saber como e quando eu conversei antes com você. Vamos começar pelo quando. Desculpe. Soa um tanto tolo, mas tenho um interesse egoísta nisto. Depois de tirar essa coisa do caminho, podemos continuar com a rotina habitual. Tudo bem para você?

SE8: Claro. Vai ser divertido comunicar-me outra vez com você.

Estava começando a ter a impressão de que havia alguma coisa acontecendo aqui e que na verdade eu não era o novo garoto da escola que eu pensava que era—pelo menos, não se eu incluísse aquela parte de mim, a parte maior que ainda era principalmente energética. Resolvi usar este pensamento como trampolim para aquilo que eu esperava que fosse uma resposta lógica e rápida.

SE8: Em termos simples, nós nos comunicamos muitas vezes enquanto você estava plenamente no energético. Planejamos o processo de comunicação que você está prestes a iniciar até os pontos mais finos dos menores detalhes. Foi uma obra de planejamento muito importante, pois precisávamos entender o que você conseguiria fazer para entender e transmitir, para aqueles que buscam conhecer mais, a realidade maior da existência além do ambiente que é a sua Entidade Fonte. É que os conceitos que envolvem meu ambiente e que estamos prestes a discutir são, na melhor das hipóteses, difíceis para a compreensão da humanidade encarnada, mesmo no sentido mais básico.

EU: Portanto, levando em conta que vocês, "Entidades Fontes", estão compartilhando informações e crescimento evolutivo de forma instantânea e contínua, poderia me dizer se enquanto eu estava na forma energética tive um nível similar de planejamento e preparação para os diálogos que tive e que ainda terei?

Além da Fonte Livro 2

SE8: Sim, teve. Naturalmente, o nível de planejamento variou e dependeu do nível de informação com que você esperava trabalhar, inclusive as energias das Entidades Fontes com que você se comunicou e vai se comunicar. Neste caso, você pode ter percebido um padrão no nível de diálogo e nos conceitos, que ficaram tão mais complexos quanto mais você se afastou de sua própria Entidade Fonte.

EU: Bem, eu percebi que a profundidade da informação que eu gostaria de obter não foi propriamente limitada e sim mais generalizada. Também percebi que as energias em torno das Entidades Fontes com quem gostei de conversar ficaram significativamente diferentes a cada vez. Embora fossem significativas, não foram intransponíveis. Pude trabalhar com elas e até me sintonizar com elas, acostumando-me com essas energias. Percebi até que quanto mais eu dava continuidade ao diálogo com uma nova Entidade Fonte, mais eu compreendia a informação e mais dados conceituais eu recebia. Admito que as Entidades Fontes com quem me comuniquei até agora seguiram certa ordem para que eu pudesse subir com o tempo, permitindo-me avançar e ascender em termos de minha capacidade de comunicação (vínculo energético). Logo, fui capaz de usar cada Entidade Fonte com que me comuniquei como um trampolim para a seguinte. Creio que ir da minha própria Entidade Fonte até a Entidade Fonte Quatro teria sido uma tarefa impossível, não?

SE8: Correto. Você pode se lembrar de um diálogo anterior (ver Além da Fonte – Livro 1) em que seu progresso para além de sua própria Entidade Fonte foi descrito como uma corda que lhe permitia avançar na distância metafórica necessária para encontrar a próxima Entidade Fonte de sua lista.

EU: De fato, eu me lembro.

SE8: Bem, isso foi dito para garantir que você não iria ou não poderia se mover para longe demais ou que não começaria a se comunicar com

Além da Fonte Livro 2

a Entidade Fonte errada. Foi projetado para mantê-lo na sequência correta. Na verdade, o que você não sabe é que, em termos metafóricos, as Entidades Fontes se posicionaram numa espécie de fila ou em distâncias adequadas de seu ponto de partida com sua Entidade Fonte para garantir que a estratégia iria funcionar. ESTAMOS TODAS TRABALHANDO COM VOCÊ PARA APOIÁ-LO NESSA SUA TAREFA TÃO IMPORTANTE.

EU: Uau!.. Desculpe, mas isso é tudo que posso recordar. A sugestão de que vocês estão todas, ahn, movendo-se para se adequarem à minha estratégia de comunicação é demais para que eu possa lidar com isso agora. Especificamente porque sou apenas um pequeno ser energético.

SE8: Não se maltrate. Você não tem ideia de sua aparência real quando está totalmente no plano energético.

EU: Certamente não. Fico um pouco surpreso ao notar a quantidade de planejamento prévio, embora não conheça todos os detalhes que devem ter acontecido para que tudo isso acontecesse.

Neste momento, preciso tornar a me focalizar e dar continuidade à tarefa à minha frente em vez de me sentir pequeno no cenário mais amplo daquilo que está acontecendo na realidade maior.

SE8: Certo, estou ansiosa para começar.

Entidade Fonte Oito—O continuum dos continuum
EU: Só para repetir parte de nosso diálogo anterior, uma das imagens que captei foi de você como uma esfera coberta por espinhos cônicos. Se você pode espalhar-se pela Origem e ser o continuum dos continuum, como é que essa imagem pode se relacionar com esta descrição sua de alto nível?

Além da Fonte Livro 2

Neste ponto do diálogo, caro leitor, percebi que isso ia ficar difícil, e por isso decidi que seria uma boa ideia mencionar os comentários das Entidades Fontes Quatro e Cinco sobre continuum para fins de referência.

SE4: "À medida que você se eleva pelas frequências, você se afasta daquilo que experimentou na frequência anterior e começa a experimentar aquilo que está presente na nova frequência. Usando suas próprias frequências como exemplo, coisas como a escrivaninha diante da qual está sentado (que, portanto, tem uma frequência levemente inferior à sua e é sólida) não farão mais parte de seu novo nível de frequência. No entanto, você vai experimentar outras coisas consistentes com sua experiência ou expectativa do que é um objeto sólido, como a sua escrivaninha. É que as frequências se sobrepõem até certo ponto, e você ainda está dentro de um único continuum dimensional. Porém, se pensar na mudança de uma dimensão para outra, terá de levar em conta uma imagem maior—a da dimensão e das frequências. Quando você passa de uma dimensão para outra, você também passa de um conjunto de frequências—alinhado com a dimensão anterior—para o conjunto de frequências alinhado com a nova dimensão".

SE5: "....só existe um ambiente que pode ser chamado de continuum—que envolve dimensão, frequência, energia e o reconhecimento da passagem de eventos, o tempo—que é esse onde você está agora. Uma dimensão paralela de conteúdo igual poderia ser chamada de continuum, mas só se tiver o complemento pleno dos quatro componentes especificados acima. Nenhum no SEU universo. Você precisa estar num ambiente "multiversal" para que este efeito aconteça".

A seguir, a descrição da Wikipédia.

Além da Fonte Livro 2

"Materiais como sólidos, líquidos e gases são compostos por moléculas separadas por espaços vazios. Numa escala macroscópica, materiais têm fissuras e descontinuidades. Entretanto, podem ser modelados certos fenômenos físicos presumindo que existem materiais como um contínuo, o que significa que a matéria daquele corpo está distribuída continuamente e preenche toda a região do espaço que ela ocupa. Continuum é um corpo que pode ser subdividido continuamente em elementos infinitesimais, sendo suas propriedades as do material maior".

(ref: http://en.wikipedia.org/wiki/Continuum_mechanics).

Ficou confuso? Eu também! Mas o comentário sobre o "corpo" distribuído continuamente e preenchendo toda a região do espaço que ocupa está bem próximo da Entidade Fonte Oito que permeia a área conhecida de autoconsciência de A Origem. A matemática que dá suporte a isto é MUITO impressionante! Pergunto-me se ela sequer se acha próxima de estar correta.

SE8: Ah, é verdade. Não, ela é tristemente inadequada e não faz nada para explicar qualquer parte de um continuum em mim ou em A Origem. Na verdade, não existe matemática deduzida pelo homem que possa ser usada para criar um modelo meu.

Bem, isso responde à pergunta sobre definição e sobre nossa capacidade matemática de explicar o que é um continuum.

SE8: Está fora, está dentro.

EU: O que quer dizer isso?

SE8: Essa é a melhor maneira de compreender o continuum; tudo que está dentro, também está fora. Entenda, a imagem dos cones na minha suposta forma exterior é a mesma dentro da esfera, de forma invertida.

EU: Agora eu me perdi.

SE8: O cone é tanto uma forma geométrica quanto uma constante matemática. Também é uma das formas usadas para transmitir informações superiores. Como constante matemática, pode ser usado de miríades de maneiras.

EU: Você quer dizer que é como o número associado a Pi (3,14159265, etc.)?

SE8: Sim, exceto pelo fato de ser uma constante multidimensional, multifrequencial e, portanto, uma pedra fundamental matemática para explicar minha construção matematicamente, digamos.

EU: Portanto, a imagem que recebi de você como uma esfera coberta por cones, que podem ou não estar dentro ou fora de você, é uma representação simbólica da maneira como você é construída.

SE8: Bingo! . . . Seria a palavra certa?

EU: Pode funcionar. Nós a usamos como gíria quando percebemos que compreendemos alguma coisa. Mas Eureka! teria sido um modo mais apropriado de expressar sua concordância com meu minúsculo nível de compreensão.

SE8: Então meu uso estava correto, uma palavra diminutiva para o minúsculo nível de compreensão do conceito.

EU: Com toda a franqueza, creio que não conseguirei compreender isso sequer minusculamente. Você poderia aprofundar um pouco mais a explicação?

Além da Fonte Livro 2

SE8: Com prazer. Antes, porém, deixe-me dizer uma coisa. Todas as formas geométricas da 3D são a explicação geométrica de uma constante matemática. Eu me limitarei aqui a usar a 3D, pois há formas geométricas da 4D, 5D, 6D, 7D etc., até a 12D, que também são constantes, inclusive algumas que a humanidade não conhece atualmente. Alguns de seus matemáticos estão começando a compreender isto, mas eles precisam incluir o ambiente multiversal mais amplo e as energias associadas à Origem antes de começarem a entender a matemática que envolve isso. O uso de tais constantes matemáticas é a linguagem principal dos planetas, estrelas e galáxias e de qualquer apresentação, forma e função dentro da maioria dos ambientes criados pelas Entidades Fontes que podem ser classificadas, de alguma forma, como as representações físicas dos construtos energéticos, ou um universo físico, se preferir assim. No entanto, um universo físico, como esse onde seu veículo (corpo físico) reside atualmente, não pode ser classificado como um continuum porque não contém todos os elementos requeridos para ser classificado como tal. Como disse a Entidade Fonte Cinco em seu diálogo com você a respeito desse assunto, você precisa ter o conteúdo "multiversal" para classificar um ambiente como um continuum.

A esfera da sua imagem representa tudo que é A Origem atualmente, com os cones representando as constantes matemáticas ou "suportes de poço", se preferir, que me mantém na atual posição dentro daquilo que hoje é A Origem. Cada um deles tem um loci que está em contato com os demais num ponto matemático de, hmm, digamos, zero absoluto. Vejo que sua testa se enrugou, e por isso preciso explicar o que é o zero absoluto.

EU: Pode apostar. Eu achava que zero era zero com um componente mais e menos acima e abaixo para números positivos e negativos.

SE8: Esse não é um conceito que a humanidade já deva levar em consideração diante de sua percepção limitada de si mesma, do ambiente e do criador. O zero absoluto é um zero que se manifesta de um grupo de constantes matemáticas convergentes, derivadas individualmente, mas dependentes coletivamente, sendo ainda calculáveis de modo independente. O zero absoluto é aquele ponto ou local matemático onde um locus dos loci individuais de um grupo de constantes ocorre simultaneamente, sendo impossível a representação física de tal condição devido ao fato de a "fisicalidade" ser um fenômeno singular universal e não multiversal. Entretanto, há casos em que um simulacro de fisicalidade pode ocorrer em universos não físicos devido a semelhanças na frequência de ressonância. Mas você já sabia disso graças a diálogos anteriores.

EU: Você falou "daquilo que hoje é A Origem". O que você quis dizer com isso?

SE8: Ainda não terminei.

EU: Eu sei, mas tenho a impressão de que os leitores gostariam de compreender isso.

SE8: Em termos simples, foi isso que lhe disse recentemente a Entidade Fonte Sete "na totalidade". Que em algum momento, A Origem vai evoluir e expandir ainda mais sua área de autoconsciência. A expansividade de A Origem será multiplicada ao ponto do infinito em sua mente, mas ainda será uma mera fração do que é possível para A Origem ser. Atualmente, A Origem tem uma autoconsciência da ordem de uma fração de um por cento. A expansão na área da autoconsciência elevará experiencialmente a área inexplorada de autoconsciência a pouco menos de um por cento de sua totalidade.

EU: Ah, bom. Só quis me certificar de que não havia nada acontecendo com A Origem. Só quis ter certeza de que não estava perdendo nada.

Além da Fonte Livro 2

SE8: Ha, ha, ha, ha! Como você é ingênuo. A Origem está sempre mudando, e você diz que não quer perder nada? Bem, vou lhe dizer uma coisa. Quando você tiver terminado o trabalho de todas as suas vidas atuais ajudando a humanidade a compreender a verdade, e você ainda tem uma boa distância pela frente, ainda não saberá nada em relação ao que EXISTE.

EU: OK. OK. Foi tolice dizer isso. Agora, estou ficando corado. Creio que é hora de deixar você prosseguir com a explicação sobre a relevância da imagem que recebi sobre sua estrutura.

SE8: Obrigado. Por favor, saiba que eu não estava querendo fazê-lo se sentir mal. Longe disso. É que para mim foi uma boa piada. Seu comentário refletiu a arrogância autocentrada, "sabichona" da humanidade. Nem mesmo A Origem conhece tudo; daí a necessidade de criar as Entidades Fontes para ajudá-la em sua busca por experiência, aprendizado e evolução. Me desculpe; por um instante, achei aquilo muito engraçado.

EU: Tudo bem.

Eu mesmo estava começando a rir; formaram-se lágrimas no canto dos meus olhos porque eu também entendi a piada!

SE8: É bom rir. Nós, Entidades Fontes, fazemos isso o tempo todo. Nós nos divertimos tanto fazendo o que fazemos que não temos como não rir.

Fiquei curioso para saber como uma Entidade Fonte iria rir. Não, não faça essa pergunta!

EU: Como riem as Entidades Fontes?

Fracassei diante da tentação.

Além da Fonte Livro 2

SE8: A forma como rimos seria inexplicável para vocês. Mas vou lhe dizer o seguinte: quando uma Entidade Fonte ri, todo o seu ambiente recebe um amor insondável. Tudo e todos em seu(s) ambiente(s) têm uma maravilhosa sensação de "bem-estar" por uma fração de segundo.

EU: Creio que senti isso uma ou duas vezes na vida.

SE8: Toda a humanidade já sentiu.

EU: Obrigado.

SE8: Foi um prazer.

Liguei-me mentalmente a um desses momentos, que, creio, estavam associados ao fato de eu ter tido uma fração de autoconsciência plena e percebi que pode ter sido esse um dos momentos em que nossa Entidade Fonte riu. Foi uma sensação maravilhosa.

SE8: Então, agora, vamos continuar a falar sobre como a imagem que você recebeu explica a minha forma e função. Vou repetir o que eu já disse antes.

"A esfera da sua imagem representa tudo que é A Origem atualmente, com os cones representando as constantes matemáticas, ou 'suportes de poço', se preferir, que me mantém na atual posição dentro daquilo que hoje é A Origem. Cada um deles tem um loci que está em contato com os demais num ponto matemático de, hmm, digamos, zero absoluto". Até aqui, tudo bem?

EU: Sim.

SE8: Muito bem. Os cones estão do lado de fora porque representam o número de continuum que me constituem. Em essência, estão do lado de dentro, em termos figurados. Portanto, cada uma das pontas dos cones está em contato com as outras no ponto central da esfera que representa meu epicentro de existência dentro da área de A Origem que é sua atual área de autoconsciência. Se você expandisse sua consciência, perceberia que cada um dos continuum está situado suficientemente perto dos outros, permitindo que as superfícies externas se toquem, criando uma interface entre os continuum pela qual uma entidade poderia passar de um continuum para o outro. As lacunas do meio, ou seja, onde os continuum não se tocam, são as áreas onde pode ser feita a manutenção da estrutura dos continuum. Essas lacunas são absolutamente necessárias e vitais para o equilíbrio geral de energias, pois é preciso haver uma área igual de não-continuum e continuum para permitir a manutenção da estrutura. No entanto, não confunda a expressão não-continuum, pois a área de não-continuum é ela própria um continuum. Estou conseguindo me fazer entender com clareza?

EU: Creio que sim. Mas não entendi porque você precisa de uma quantidade igual de não-continuum individual e de múltiplos continuum.

SE8: Dito de forma simples, é preciso haver um equilíbrio. A soma do todo precisa igualar o um, e o um precisa igualar a soma do todo. Essa, meu amigo, é a base da mecânica do continuum. Tudo que existe dentro, existe fora, estando ainda dentro. Essa é a única maneira pela qual um continuum pode manter sua estrutura e independência. Isso, e uma pequena ajuda de minhas entidades de manutenção da mecânica do continuum.

EU: Parece-me a oportunidade para entrar na minha próxima pergunta. Quem e o que são essas entidades de manutenção da mecânica do continuum?

A manutenção do continuum dentro do continuum

SE8: São entidades cujo único propósito na existência dentro do meu ambiente é manter a estabilidade dos continuum e do continuum dentro do meu continuum. Seu trabalho mais importante é manter a localização do locus, pois é este o pino de trava que mantém os continuum unidos.

EU: Eu imaginava que o locus, especialmente se é o locus de uma série de loci, seria estável. Pelo tom da conversa, você está sugerindo que não é bem este o caso, e que ele precisa ser mantido de algum modo.

SE8: Sua expectativa seria correta se o locus estivesse numa zona de estabilidade. Mas A Origem, e eu, como resultado, na minha disseminação pela Origem, não somos estáveis. Nunca seremos estáveis.

EU: E por quê? Eu imaginava que A Origem, tendo a vasta imensidão que tem, possuiria um nível inerente de estabilidade, especialmente por ser a base de tudo que existe.

SE8: Pressinto que você está falando de estabilidade dimensional.

EU: Sim!

SE8: Bem, estou falando de estabilidade evolutiva. Entenda, a estabilidade evolutiva exerce um efeito sobre a estabilidade dimensional, especificamente no que concerne A Origem.

EU: Certo! Mas, como?

SE8: Você vai se lembrar de que lhe falamos, em diálogos anteriores, da ascensão de A Origem, e que sua evolução cria esta ascensão. Que sua ascensão vai lhe permitir expandir sua área de autoconsciência, embora ela não vá conhecer os detalhes dessas novas áreas de autoconsciência.

EU: Sim, lembro-me disso.

SE8: Bem, a área de expansão da autoconsciência não é uniforme. Com isto, quero dizer que não é uma expansão no sentido esférico da palavra. É mais desigual, empelotada. Por causa dessas pelotas, o locus dos loci muda de lugar dentro de mim, e, portanto, da Origem. Mas ainda não estamos no ponto de expansão resultante da ascensão. Porém, A Origem está se expandindo. Ela está sempre se expandindo, e essa expansão está no nível de detalhe experimental de sua atual área de autoconsciência. É esta expansão que cria a pressão evolutiva, que resulta em pequenas mudanças no perímetro externo da área de autoconsciência de A Origem e, portanto, na posição do locus.

EU: Então, A Origem tem área dimensional?

SE8: De certo modo, sim. Entenda: sua área é insondável até mesmo para nós, pois nenhuma de nós conseguiu calcular que tamanho, digamos, A Origem terá quando identificar cem por cento de sua área de autoconsciência. Porém, entenda que a área dimensional é função da evolução e não uma suposta métrica mensurável que você usaria no universo no qual a Terra se encontra.

EU: Então, pelo que estou vendo, essas entidades cuja tarefa consiste em manter a posição do locus devem ser capazes de entender ou medir, de algum modo, as mudanças em suas extremidades externas como um continuum dentro de A Origem, fazendo os ajustes apropriados.

SE8: Na mosca. Não pense que elas precisam lidar apenas com o locus. O locus é o produto dos pontos de zero absoluto dos loci.

Além da Fonte Livro 2

EU: E elas precisam manipular os níveis de zero absoluto para compensar as mudanças na área de autoconsciência de A Origem, o que afeta você como um continuum dentro da totalidade daquela parte de A Origem que é conhecida em detalhes...

SE8: ... E que está se tornando autoconsciente.

EU: Terminamos juntos.

SE8: Sim.

EU: Então, com base nisso, os níveis de zero absoluto não são, na verdade, zero absoluto.

SE8: Não, pois o zero absoluto não é um ponto matemático fixo. Depende da área, da posição (em mim) e da dimensão, dos componentes dimensionais, frequenciais e energéticos associados ao continuum do zero absoluto, e, portanto, de seus loci. O que você está procurando é um ponto fixo do zero. O ponto fixo do zero é uma coisa completamente diferente.

Quando eu achava que estava indo bem, a bola vai para fora!

EU: Prossiga, diga-me. O que é o ponto fixo do zero?

SE8: Simplesmente a expressão dessa posição ou locus que é sempre obtida coletivamente pela representação matemática de todas as posições possíveis obteníveis pelo locus ou posições coletivas do zero absoluto de todos os continuum, em qualquer ponto da evolução de A Origem. Vou lhe dar uma palavra que você pode entender: um datum ou dado. Um datum que é sempre criado, embora estável, em vez de ser um começo ou um ponto de origem.

EU: Posso imaginar um punhado de matemáticos queimando as pestanas discutindo essa frase. Eles não vão acreditar numa só palavra.

SE8: Gostaria de vê-los desaprovando-a. É essa frase que mantém tudo junto. Os cientistas raramente, ou nunca, veem a base fundamental DO QUE EXISTE, pois estão sempre trabalhando com os PRODUTOS daquilo que existe.

EU: OK, eu gostaria de voltar às entidades que mantêm o continuum diferente. Como e o que fazem para manter o ambiente geral dos continuum e o ponto do zero absoluto?

SE8: Como expliquei acima. O ponto de zero absoluto para cada um dos continuum baseia-se na periferia evolutiva que a base do "cone" que representa o continuum e seu contato com a periferia externa do continuum, ou seja, eu, e na extremidade externa da área de autoconsciência de A Origem, e seu subsequente ponto de contato com os outros cones continuum, digamos. Em termos mais simples, as entidades estão calculando constantemente os níveis de pressão evolutiva na área do continuum pela qual são responsáveis, observando como eles afetam sua posição de zero absoluto. Isso é feito simultaneamente através dos continuum e de seu componente continuum. Este cálculo contínuo resulta no movimento constante e consistente do ponto de zero absoluto em conjunção com os movimentos dos outros pontos de zero absoluto que representam o locus dos loci.

Figura 2: Imagem conceitual da estrutura interna da Entidade Fonte Oito (as pontas dos cones internos são os loci dos continuum associados, representados pela forma cônica)

EU: Acabei de receber uma imagem das pontas movendo-se para dentro, para fora e girando, com todas as pontas mantendo-se em contato umas com as outras, o tempo todo.

SE8: A imagem que você recebeu seria uma representação correta, exceto por uma coisa.

EU: O que seria?

SE8: Às vezes, há uma desconexão e um dos loci do continuum perde contato com o locus.

EU: O quê?! Quando isso acontece? Mais importante, como isso pode acontecer, especialmente se o ponto fixo do zero é, hmm, fixo?

SE8: Ótima pergunta. O ponto fixo do zero é o que ele é, fixo. Por isso, quando se dá a rara ocasião em que os loci, o ponto de zero absoluto de um continuum, afasta-se do locus em função de cálculos incorretos por parte das entidades mantenedoras ou como resultado de uma mudança súbita e rápida na evolução, os loci dos continuum permanecem em contato por um fiapo de continuum, digamos. Pode chamar isso de corda de bungee jump, pois permite que os loci dos continuum permaneçam no lugar enquanto a maior parte do continuum é ajustada para se manter na posição correta segundo a perspectiva da geometria.

A razão pela qual isso ocorre é que a evolução não é uma ciência exata. Pode se dar aos trancos e barrancos. A devolução ou involução também pode ser experimentada, assim como a compressão evolutiva, a expansão evolutiva, a expressão evolutiva e o estiramento evolutivo, que, por sinal, não é a mesma coisa que expansão evolutiva.

EU: Eu já tinha ouvido falar de perda de evolução e devolução, mas não das outras. Poderia explicá-las para mim?

Como as diversas formas de evolução afetam o continuum da Entidade Fonte Oito

SE8: Vou dividi-las e ilustrar como elas afetam a ordem dentro do meu continuum.

Evolução rápida: É aqui que a própria evolução acontece em um ritmo acelerado, devido ao reconhecimento contínuo por parte de uma entidade ou grupo de entidades (o que pode incluir um universo inteiro) cujos processos de experiência estão criando a oportunidade evolutiva e planejando ativamente usá-las para aumentar o progresso evolutivo.

Isso tem a capacidade de afetar a geometria do continuum de forma igual a de uma expansão desde o centro, aumentando efetivamente a distância entre o locus e a suposta base do cone. O diâmetro da base do cone do continuum aumenta proporcionalmente para acomodar o suposto aumento do raio esférico teórico de autoconsciência. A conectividade entre os loci (ponto de zero absoluto) e o locus não é afetada por este tipo de evolução e é controlável.

Evolução lenta: Ela ocorre quando a própria evolução acontece num ritmo mais lento do que o esperado ou normal. Na evolução lenta, o reconhecimento das oportunidades evolutivas não ocorre ou é espasmódico, sem que a entidade ou entidades aprenda(m) os processos e ações que criaram a possível evolução. Isso tem a capacidade de afetar a geometria do continuum, a suposta base do cone, de forma mínima, pois é mais lenta do que o crescimento normal. Neste caso, e o mesmo ocorre na evolução estática e na devolução, o estiramento evolutivo pode ser experimentado caso os outros continuum estejam experimentando simultaneamente o crescimento evolutivo acelerado. Não é o mesmo que "Evolução logarítmica" (ver abaixo).

Evolução estática: Existe quando o progresso evolutivo se acha em estase. Não há progresso, quer positivo, quer negativo. Neste caso, a evolução positiva que está sendo experimentada numa parte do continuum está sendo equilibrada pela evolução negativa noutra parte do continuum. Nos dois casos, os processos envolvendo os efeitos evolutivos positivos e negativos do continuum geral não estão sendo aprendidos e progredidos.

O efeito de uma expressão geométrica é igual a uma ondulação nas extremidades externas do continuum, criando uma espécie de efeito ondulante.

Na eventualidade da evolução rápida ser experimentada por todos os outros continuum, pode ser atingido um limite elástico no qual a extremidade externa do continuum envolvente deve se mover com a tensão evolutiva criada pelos outros continuum. Neste caso, a condição evolutiva estática se altera para refletir um aumento no nível de evolução em alguma parte para "acompanhar o continuum envolvente e seu efeito sobre a superfície externa do continuum envolvente, eu.

Além da Fonte Livro 2

Evolução inversa (Devolução): É aqui que a evolução vai realmente para trás. Neste caso, não há aprendizado com a ação da entidade ou entidades, e o mesmo terreno está sendo coberto repetidamente, sem sinal de reversão. As entidades atuam ignorando sua condição e precisam de significativa ajuda externa para ajudar na recuperação.

Neste caso, o continuum se recolhe na direção dos loci e a geometria efetiva do continuum perde "área" quando o diâmetro da base do cone se reduz em relação à distância dos loci e de sua condição posicional anterior. Visualmente, a extremidade exterior do continuum onde existem os continuum em devolução parece desaparecer na direção dos loci do continuum, acompanhando a base e criando o que parece ser um furo na superfície do continuum maior, eu.

Tal como ocorre na evolução estática, caso a evolução rápida seja experimentada em todos os outros continuum, pode ser atingido um limite elástico no qual a extremidade externa do continuum maior, eu, precisa se mover com a tensão evolutiva criada pelos outros continuum. Neste caso, a condição evolutiva inversa ou devolutiva é alterada para refletir um aumento no nível de evolução da condição evolutiva estática, migrando para quantidades muito pequenas de progresso positivo como padrão, independentemente das ações das entidades que ocupam o continuum.

Compressão evolutiva: Neste caso, um grupo de continuum próximos, ou todos os continuum dentro do meu continuum, acham-se em regressão devolutiva, afetando o progresso evolutivo positivo de um continuum em desenvolvimento. Efetivamente, desaceleram ou invertem o progresso evolutivo sendo feito por aquele continuum que está experimentando conteúdo evolutivo positivo. No entanto, existe um efeito oposto de "pressão" da evolução positiva no continuum que resiste à devolução. O continuum não se reduz em tamanho geométrico, em termos evolutivos, mas se comprime, colocando uma tensão evolutiva no exterior da estrutura dos continuum e na altura das frequências possíveis dentro dos continuum.

Desse modo, a involução real de um continuum experimentada em função do efeito da involução de outro continuum próximo não é experimentada, mas interrompe um progresso significativo. Isto, por sinal, também me afeta como o continuum maior, pois evoluo em função do trabalho das entidades que trabalham dentro do continuum.

Expansão evolutiva: Esta é a evolução compartimentalizada dentro de um continuum. Aqui, uma parte da área do continuum experimenta o progresso evolutivo e outra não, proporcionando bolsões de progresso evolutivo e de progresso evolutivo estático. Em algumas raras ocasiões, estes podem até conter pequenos bolsões de devolução.

Neste caso, a geometria exterior do continuum mostra áreas de deformação de maneira côncava ou convexa, onde é afetada pelo tipo de evolução sendo experimentada localmente. O progresso evolutivo pleno baseado no continuum não pode ser experimentado até o efeito da compartimentalização ser harmonizado e eliminado.

Expressão evolutiva: Ela ocorre como resultado da reflexividade evolutiva expressada por um continuum onde os continuum vizinhos estão experimentando algum tipo de evolução acelerada. Neste caso, a expressão é o crescimento evolutivo percebido dos continuum próximos, experimentado como resultado do trabalho das entidades que povoam os continuum próximos e não em função do trabalho de suas próprias entidades.

Em essência, isto significa que o continuum está refletindo uma quantidade igual de progresso evolutivo, embora sem substância, de maneira insubstancial e não experiencial para o ser experimentado por seu vizinho. Numa representação geométrica do continuum, a aparência visual pareceria idêntica a de seu vizinho em progresso, sem ter a evolução real para apoiar a aparência visual. O fato de seus loci permanecerem na posição correta dentro do locus é a única maneira de quantificar o verdadeiro estado evolutivo do continuum sem entrar de fato no continuum e vivenciar experiencialmente sua evolução em primeira mão.

Estiramento evolutivo: Este é o oposto da compressão evolutiva. Ocorre quando um grupo de continuum próximos, ou todos os continuum dentro do meu continuum, estão em progresso evolutivo, afetando o progresso evolutivo estático de um continuum. Eles aceleram ou revertem efetivamente o progresso evolutivo sendo feito por aquele continuum que está experimentando conteúdo estático ou até devolutivo. Os continuum experimentam um efeito de "pressão negativa" ou vácuo da evolução estática no continuum que resiste à evolução. O continuum não aumenta de tamanho evolutivo em termos geométricos, mas sofre um estiramento, colocando tensão evolutiva no exterior da estrutura do continuum.

Deste modo, não há a experiência de uma verdadeira evolução do continuum em função do efeito de outros continuum próximos, da devolução ou da estase evolutiva. Isto também me afeta como continuum maior.

Evolução geométrica/exponencial: Este tipo de evolução pode acontecer num estado progressivo ou regressivo, dependendo do trabalho sendo realizado pelas entidades encarregadas. É a taxa de progressão ou regressão (devolução) evolutiva resultante, no caso do progresso evolutivo, da eficácia absoluta do conteúdo evolutivo anterior afetando a oportunidade de progresso evolutivo experimentado na fase seguinte por uma taxa fatorada igual à diferença entre os dois níveis de evolução, pré-evolução e pós-evolução. Se bem-sucedida, esta taxa é passada para a fase seguinte e a fase seguinte até que erros afetem o conteúdo geométrico da progressão, e a progressão, "se expressada como uma curva", diminui, por assim dizer. No caso da devolução geométrica ou exponencial, a taxa funciona ao contrário e o continuum que experimenta essa devolução perde rapidamente sua posição evolutiva.

Um continuum que experimenta a evolução geométrica vai criar tanto o "estiramento evolutivo" dentro dele mesmo (se for rápido demais) e dos continuum próximos, e "expressão evolutiva" nos continuum vizinhos dos continuum próximos.

Um continuum que experimenta a devolução geométrica vai criar tanto a "compressão evolutiva" dentro dele mesmo (se for rápido demais) quanto a "expressão evolutiva" manifestada como um reflexo negativo nos continuum vizinhos dos continuum próximos, juntamente com todos os efeitos da estrutura do continuum esperados pela "compressão" e "expressão" evolutivas.

Evolução logarítmica: De modo similar, expressa-se em termos matemáticos como o inverso da evolução ou da devolução geométrica ou exponencial. Na evolução geométrica, o continuum experimenta uma progressão ou devolução evolutiva extremamente rápida, expressada como uma taxa entre a evolução inicial e a resultante, criando um trampolim para a evolução/devolução geométrica na próxima fase evolutiva. No caso da evolução logarítmica, a progressão ou regressão (evolução/devolução) é muito lenta. Neste caso, o crescimento ou a decadência pode ser expressa matematicamente como uma base conhecida da função logarítmica.

Este tipo de evolução ou devolução tem pouco ou nenhum efeito sobre os continuum próximos. Pode, no entanto, ser afetado por continuum vizinhos experimentando conteúdo evolutivo geométrico, e neste caso ele experimenta "estiramento evolutivo" quando os continuum vizinhos experimentam evolução geométrica e "compressão evolutiva" quando os continuum vizinhos experimentam devolução geométrica.

EU: Uau! Não tinha ideia de que existiam tantas versões diferentes da evolução.

SE8: Bem, há outras, mas vocês não seriam capazes de compreendê-las. De qualquer modo, estas são as mais importantes.

Ao contemplar o que acabara de me dizer a Entidade Fonte Oito, especialmente sobre o modo como suas energias criaram um continuum dentro da área que hoje é classificada como a parte conhecida da autoconsciência de A Origem, minha mente voltou-se para as informações que eu havia recebido sobre o tamanho esperado da área recém-conhecida de autoconsciência de A Origem. Lembrei-me do comentário que me foi passado, segundo o qual as doze Entidades Fontes Originais vão sair da área Original e passarão para essa área maior e recém-identificada de autoconsciência de A Origem para ajudá-la a definir maneiras de experimentá-la e de evoluir ainda mais. Então, dei-me conta de que estava recebendo mais informações—informações pertinentes ao novo papel da Entidade Fonte Oito.

A Entidade Fonte Oito seria a base para a estrutura resultante da ascensão de A Origem para seu próximo nível de percepção. Nesse processo, ela iria experimentar um nível de estiramento evolutivo que nunca foi experimentado antes por uma Entidade Fonte. Ela iria se tornar a estrutura para a navegação da recente autoconsciência de A Origem. Seria povoada pelos Navegadores da Entidade Fonte Sete "C", e a Entidade Fonte Oito será a estrutura do Labirinto que será tanto a nova quanto a antiga área de autoconsciência, de conhecimento experiencial e de evolução de A Origem. Os Navegadores conhecerão todos os métodos de navegação necessários para permitir um movimento efetivo através da nova expansão de A Origem. O enigma do Quebra-Cabeças estava começando a se encaixar, micropeça por micropeça.

Alguns dias depois de escrever o diálogo com a Entidade Fonte Oito apresentado acima, eu estava sentado num avião com destino a Xangai, China, esperando encontrar certo nível de turbulência. E, mais importante ainda, pensava nos escudos energéticos que iria lançar à frente do avião para suavizar a densidade do ar e torná-la média, uma densidade que não ocasionaria turbulência. Era um processo testado e aprovado para lidar com turbulência que eu havia desenvolvido a partir de um método que eu usava no final da adolescência para dissipar nuvens, dando-lhes energia. Estava pensando nisto e no meu dissabor com turbulências (razão para ter inventado os escudos energéticos) quando, subitamente, vi como esta linha de pensamento seria ridícula.

Lá estava eu, um homem capaz de atravessar com a minha mente o multiverso da minha Entidade Fonte e de ir além dele, bem como os multiversos de outras onze Entidades Fontes, inclusive seu criador, A Origem, e seu ambiente. E, por ironia, aquela parte minha que está projetada no plano físico não só fica reduzida a percorrer distâncias mínimas ao redor deste planeta de forma "desigual", em comparação com termos galácticos e multiversais, pelos lentos meios mecânicos oferecidos pelo voo, mas também fica preocupada com a turbulência. Caramba, talvez eu mesmo a estivesse causando!

Como é patético, pensei, que a associação com o plano físico tenha me pegado novamente. Que a associação com o físico e suas sensações fosse tão forte que até um espírito como pudesse ser pego de surpresa e enganado por sua aparente experiência baseada em sensações, considerando-a como realidade, em lugar de focalizar o tema de A Origem e suas criações, as doze Entidades Fontes, como sendo a verdadeira realidade.

O verdadeiro eu é um ser energético com uma parte muito pequena projetada no saco de carne que chamamos carinhosamente de corpo

Além da Fonte Livro 2

humano. O corpo humano que eu estava usando era apenas isso: um corpo, um veículo, uma construção biológica temporária, uma conveniência temporária permitindo-me experimentar a existência no fundo das dimensões e frequências, tal como este avião no qual estava sentado. Era uma construção mecânica, uma conveniência de transporte. Afundei-me na minha poltrona e me desliguei da irrealidade do plano físico (pensando na realidade maior de A Origem e suas Entidades Fontes) e restabeleci meu vínculo com a Entidade Fonte Oito.

Ao fazê-lo, senti também o distanciamento necessário para romper a fachada do físico, permitindo o contato com entidades nas frequências superiores e mais além. Vi meu corpo humano como o pedaço de carne que era e sorri para mim mesmo. Com isso, as lágrimas começaram a escorrer dos meus olhos. Eram as lágrimas que me mostraram o sinal que passei a reconhecer como "evidência da verdade absoluta" nas minhas experiências e nas informações recebidas em meus diálogos com a Entidade Fonte, suas colegas e A Origem. Eram lágrimas de pura alegria, nascida do reconhecimento da verdade. Uma sensação maravilhosa!

EU: Eu não tinha ideia de que havia tantos tipos de evolução. Mas é incrível pensar que o efeito cumulativo das entidades que existem não só num universo, mas num continuum, possa ter os tipos de efeito que acabamos de discutir em seu ambiente universal e no continuum onde estão contidas. Não esquecendo o efeito sobre os continuum do entorno e, é claro, você.

SE8: Claro. Veja, todas as entidades no meu continuum são poderosas criadoras com méritos próprios, e, como tal, são capazes de acelerar e desacelerar o conteúdo evolutivo de seu ambiente de acordo com isso. Isto lhes permite moderar (controlar) como e quando evoluem, inclusive que atividades e experiências levam à evolução que querem experimentar.

EU: Espere um pouco. Estou tendo a impressão de que suas entidades estão fazendo as coisas ao contrário do que eu e outras entidades temos visto.

SE8: Como, por exemplo?

EU: Bem, nos diálogos que mantive até agora, as entidades experimentam coisas diferentes para aprender e evoluir. O conteúdo evolutivo é um produto das experiências e do aprendizado subsequentes.

SE8: Prossiga.

EU: Bem, lendo entre as linhas, suas entidades parecem alterar o conteúdo evolutivo, ou melhor, "assinatura", neste caso, dos continuum e dos universos dentro do continuum. O objetivo é experimentar as oportunidades de existência que só estão disponíveis em certos níveis de evolução. Isso cria um nível resultante de evolução "real" como produto dos tipos de experiências requeridas e da assinatura evolutiva exigida dos continuum, necessárias para criar tais experiências e posteriormente aprendizado e evolução reais. Estou correto?

SE8: Pode ser.

EU: Como assim, "pode ser"?

SE8: Antes, é preciso haver um acordo com as entidades que controlam e mantém o continuum, inclusive as entidades que controlam e mantém os continuum próximos, pois, como sabe pelas comunicações anteriores que tivemos, o conteúdo evolutivo experimentado ou limitado em benefício da verdadeira evolução afeta os continuum em torno do continuum em questão.

EU: Então, o que você está me dizendo é que quaisquer mudanças no estado evolutivo de um continuum, feitas para permitir condições diferentes de aprendizado experiencial, são um acordo feito praticamente por todas as entidades envolvidas antes das mudanças acontecerem.

SE8: E não só isso. Elas precisam concordar com a necessidade ou desejo de mudança que foi solicitada. Entenda uma coisa: as entidades de determinado continuum podem estar trabalhando alegremente em diversas experiências evolutivas no momento desse pedido. O verdadeiro conteúdo evolutivo pode trazer um verdadeiro benefício evolutivo para elas, e talvez elas ainda não tenham completado o trabalho e queiram vê-lo pronto. Além disso, a mudança solicitada pode afetar também seu continuum de modo a limitar o conteúdo evolutivo para elas ou até mesmo colocá-las numa posição de real estase evolutiva ou devolução.

EU: Espere aí. Tudo isso está muito bem, mas o que isso significa para mim é que não há apenas uma evolução, a evolução, a evolução real que é acumulada por um continuum e suas entidades, mas há também uma subevolução usada para forçar experiências que não estariam disponíveis para um continuum ou suas entidades caso ele se mantivesse em seu cronograma evolutivo acumulado e normal. Não só isso, mas a chance de usar as oportunidades subevolutivas tem, na verdade, o potencial de afetar o verdadeiro progresso evolutivo de um continuum e de suas entidades de forma negativa.

SE8: Correto. Mas a beleza disso é que, ao aceitar a possibilidade de estase evolutiva em benefício de outro continuum, um continuum e seus ocupantes podem acumular mais pontos evolutivos, por assim dizer, do que normalmente. Em essência, isso cria uma espécie de efeito de salto.

Além da Fonte Livro 2

EU: Agora, você está me confundindo. Está sugerindo que a modificação daquilo que vou classificar como uma "subevolução", ou seja, a subevolução em seu ambiente que afeta negativamente a verdadeira evolução resulta numa evolução positiva simplesmente porque está relacionada ao "autossacrifício", e refiro-me a "autossacrifício" na "entidade coletiva dentro de um multiverso dentro de um continuum"?

SE8: Em resumo, sim. Entenda, a ferramenta evolutiva mais poderosa que uma entidade pode usar é o autossacrifício em benefício dos demais. Isso inclui a versão individual e a coletiva, sem esquecer o sacrifício evolutivo universal, multiversal e baseado no continuum. Qualquer autossacrifício em benefício dos outros resulta num ganho evolutivo, acima e além daquele obtido numa existência experiencial normal.

EU: Por que é assim?

SE8: Porque não exige conhecimento do resultado do ato sacrificial por parte daquele que toma essa decisão. É "a" única decisão que qualquer entidade pode tomar sem conhecer previamente o efeito resultante da decisão. Isto inclui decisões tomadas por qualquer entidade ou coletivo de entidades em qualquer formato, seja este singular, universal, multiversal ou com base num continuum.

EU: Então, você está me dizendo que há algumas decisões que são tomadas às cegas, mesmo no nível energético?

SE8: É claro. A evolução não seria divertida como é se não fosse assim.

EU: E toda entidade que criou ou foi criada sabe disso?

SE8: Sim. E isso inclui todas as entidades criadas por todas as Entidades Fontes, pois é uma regra omniversal decretada pela Origem.

EU: Isso é espantoso.

SE8: O que é espantoso?

EU: Saber que existe uma regra que afeta tudo e a todos, não importa qual tenha sido a Entidade Fonte que os criou, a entidade, o universo, o multiverso ou o continuum. É a mesma para tudo e para todos.

SE8: Bem, há muitas outras regras de natureza similar, mas agora não é o momento de tratar delas.

EU: OK, posso viver com isso. De qualquer modo, estava ficando complicado. Especialmente a parte que fala da subevolução afetando a evolução real como se fosse um salto quântico quando se tomam decisões com base no autossacrifício, sem conhecimento do resultado para a entidade, o universo, o multiverso ou o continuum.

Entidades de controle de manutenção
SE8: Muito bem. Vamos falar do seu próximo assunto.

EU: Qual seria?

SE8: O que fazem as entidades que mantém o meu continuum. Além, naturalmente, de lidar com as condições evolutivas já discutidas e de como e porque mantém o relacionamento posicional dos loci com o locus do continuum que sou eu.

EU: Parece-me um bom plano. Acho que a melhor maneira de iniciar isso é fazer-lhe uma pergunta fundamental. Qual a forma de suas entidades de manutenção? Qual o seu trabalho além de manter a posição dos loci, e seriam as mesmas em todos os continuum?

SE8: Então, essa é uma de suas famosas perguntas aninhadas.

EU: Eu nunca diria que minhas perguntas ou sua estrutura seriam famosas.

SE8: Talvez você não o faça, mas posso lhe garantir que são do meu ponto de vista, digamos. São tão famosas que estão sendo catalogadas.

EU: Catalogadas??!! Meu senhor, então eu preciso me lembrar de fazer as perguntas de forma linear no futuro para evitar a infâmia.

SE8: Não se preocupe, nós, as Entidades Fontes, gostamos muito de suas perguntas aninhadas. Vamos prosseguir com a primeira parte de sua pergunta: que forma adotam as minhas entidades do meu continuum?

Antes de mais nada, deixe-me comentar o ponto inicial da existência de uma entidade de manutenção pouco após sua criação.

Todas as minhas entidades que foram criadas para uma existência evolutiva recebem uma opção.

1. Elas podem ser entidades cujo papel é trabalhar e evoluir, transmitindo seu conteúdo evolutivo para seu continuum controlador e portanto para mim.
2. Podem ser de um dentre dois tipos diferentes de entidade de manutenção do continuum.
   a. O primeiro tipo trabalha dentro do continuum, mantendo o relacionamento geométrico entre os continuum, os loci com o locus e o equilíbrio evolutivo.
   b. O segundo tipo trabalha entre os continuum, mantendo os relacionamentos entre os continuum e os efeitos que a condição evolutiva de cada continuum exerce sobre os continuum

próximos, além de ser também um controlador dos continuum. Este é um trabalho singular e extremamente importante.

No começo de sua existência inicial, cada entidade recém criada é testada para se averiguar a compatibilidade funcional e recebe a posição correta de acordo com sua aptidão.

EU: Eu achava que você havia dito que elas tinham escolhas.

SE8: Até certo ponto, sim, mas esse ponto só se refere ao tipo de aptidão que têm. Há subpapéis, e estes são preenchidos por entidades que desejam se envolver com a manutenção do continuum mas não desejam fazer parte do processo de decisão que deve ser seguido ao considerar questões de natureza evolutiva. Essas entidades podem até desejar ficar a serviço da manutenção do continuum apenas por um período específico antes de entrarem no continuum como entidade em evolução.

EU: Espere aí: você está sugerindo que as entidades que prestam o serviço de manutenção do continuum não evoluem?

SE8: É claro que evoluem. Toda entidade evolui. Só que elas não evoluem como resultado de sua própria vontade, de seu próprio trabalho; evoluem porque prestam um serviço, um processo mais lento quando comparado com o trabalho na própria evolução dentro dos limites do continuum. O progresso evolutivo é sempre mais rápido se a entidade tem o que vocês chamam de "carvão na cara". (Ver a definição no Glossário.)

EU: Eu imaginava que prestar serviço seria uma rota evolutiva mais rápida do que ser uma entidade em evolução.

SE8: Nos ambientes de qualquer Entidade Fonte, a única maneira de uma entidade poder evoluir depressa é participar de seu próprio desenvolvimento, interagindo com outras entidades e com o ambiente no qual existem. Se uma entidade está "prestando serviço" enquanto está envolvida no processo do controle de sua própria evolução, e o objeto de sua existência como entidade de serviço resulta na decisão consciente de desistir de itens de suas próprias oportunidades evolutivas para que possa prestar serviço para as oportunidades evolutivas de outras entidades, então podem desfrutar de níveis maiores de evolução do que aqueles acumulados simplesmente por estarem a serviço—isso é feito sem o conhecimento subjacente da lei evolutiva. Essa lei determina que a entidade que desiste de suas próprias oportunidades evolutivas em benefício das outras e o faz sem a possibilidade de alguma decisão egoísta para obter o progresso evolutivo sob o disfarce do ganho autoevolutivo através da ação magnânima inicial do autossacrifício para futuro ganho pessoal, vai progredir mais depressa do que o faria numa existência normal na qual está preocupada apenas com sua própria evolução. O problema é que as minhas entidades conhecem a lei da evolução omniversal e, portanto, precisam colocar-se em áreas de existência e de experiência em que poderiam, na verdade, terminar sua existência se estivessem sendo um benefício para os outros. Para elas, a única maneira efetiva de prestarem serviço é fazerem o verdadeiro autossacrifício, o sacrifício supremo da autoterminação, no qual seu próprio término se dá sob o conhecimento pleno de sua própria morte final, mas sob o conhecimento pleno de que obtiveram uma melhoria na condição evolutiva das entidades pelas quais o sacrifício foi feito.

EU: E o que acontece com elas quando fazem esse autossacrifício supremo, algo que fazem sabendo que irão desaparecer pois, e me ajude aqui, por favor, conhecem a lei omniversal da evolução sobre prestar serviço e as oportunidades resultantes no progresso evolutivo? Por que haveriam de escolher esse caminho específico se ele é, para todos os efeitos, o fim da linha em sua própria existência individualizada?

SE8: Orgulho.

EU: Orgulho?

SE8: Orgulho.

EU: Continue. Não estou conseguindo acompanhá-lo.

SE8: Minhas entidades experimentam uma imensa sensação de orgulho quando decidem prestar um serviço desse nível, especialmente quando beneficiam diretamente outra entidade—e especificamente se existem há muito tempo. Essas oportunidades não surgem com muita frequência. Na verdade, são bem raras, e por isso, quando uma entidade tem essa oportunidade pela frente, ela a aproveita.

EU: Sinto muito. Ainda não entendo porque a autoterminação seria válida quando beneficia os outros. É um conceito estranho para mim.

SE8: Seria tão estranho para você se soubesse que eu e A Origem, em última análise, nos beneficiamos muito do conteúdo evolutivo de tal ato?

EU: Não, imagino que não, pois no final das contas é por isso que existimos.

SE8: Então, agora você sabe porque fazem isso. Por favor, perceba que não estão totalmente perdidas, pois depois que fazem um sacrifício desse nível as entidades são restabelecidas e afastadas da necessidade de trabalhar dentro dos limites do continuum, podendo evoluir em um ritmo acelerado puramente como resultado de estarem a serviço da manutenção do continuum. Em essência, serão elevadas em seu escalão posicional e evolutivo, digamos. Embora tenham feito o sacrifício supremo em nome do serviço supremo, fizeram-no sem

Além da Fonte Livro 2

saber que sobreviveriam depois. Essas entidades têm uma qualidade rara e são posicionadas como supervisoras nas equipes de entidades que decidem manter o continuum sob uma perspectiva externa em vez de adotarem uma posição evolutiva dentro dos limites do continuum.

Fatores de forma da entidade de manutenção do continuum
EU: OK, e poderia me falar um pouco sobre o fator de forma, se é que o tem, que essas entidades assumem em seus papéis de manutenção?

SE8: Pode ser difícil para você entender isso, e terei de me aprofundar um pouco, especificamente porque nem você, nem qualquer outra pessoa da esfera terrestre têm qualquer conhecimento ou experiência acerca da verdadeira mecânica do continuum.

EU: Bem, podemos tentar.

Este é o ponto desses diálogos em que eu fico esperando por uma conversa na qual minha cabeça torna a doer. Lá vamos nós!

SE8: Como você viu em diálogos anteriores sobre o tema da construção dos continuum, o construto é criado com os componentes da dimensão plena, componentes dimensionais, frequências e energias que existem fora das frequências.

EU: Sim, até aqui eu estou acompanhando.

SE8: Bem, as próprias entidades precisam ser criadas por uma combinação de fatores superiores desses componentes dos continuum para que possam manipulá-los. Em essência, elas existem como um construto composto todo próprio, um que não se sente atraído para fazer parte dos componentes que constituem o próprio continuum. São escorregadias, digamos. Precisam ser como o óleo na água. Podem fazer parte da água, mas nunca poderão ser um componente da água. E mais: também precisam ser pegajosas, para poderem atrair as partes componentes do continuum e manipulá-las, criando os limites necessários para a compartimentalização do continuum, que precisa ter um construto com estrutura, uma estrutura que permite a distorção da geometria do continuum, resultante de condições evolutivas locais e indígenas.

Figura 3: Imagem conceitual da constituição das entidades da SE8 (uma liga)

EU: Tenho na minha mente uma imagem que as mostra como ligas, digamos, uma liga de todas as energias presentes na constituição natural do continuum ou sintetizáveis pela manipulação da interação entre as energias naturais. Isso inclui as energias sintetizadas de uma culminação de energias sintetizadas e nova síntese da síntese.

SE8: Essa seria uma boa analogia. Elas precisam ser capazes de lidar com qualquer combinação possível de energias e materiais relacionados. Entretanto, há outro componente que também precisa ser levado em conta.

EU: E qual seria?

Além da Fonte Livro 2

SE8: O importantíssimo componente da evolução. A evolução tem um impacto significativo sobre as energias de dentro e de fora do continuum. Num diálogo anterior, você viu como a evolução afeta o continuum, e imagino que consiga entender como a evolução afeta as energias de um continuum e das entidades ocupantes.

EU: Claro, consigo sim.

SE8: Então, vai entender que as energias da entidade de manutenção também são afetadas de modo consistente com as mudanças evolutivas, mas não inteiramente sincronizado com elas. Não no início, pelo menos, pois elas precisam aprender a manipular suas próprias energias forçando uma condição evolutiva localizada em torno delas mesmas e colocando-as efetivamente fora do envelope evolutivo do continuum.

EU: Portanto, você está sugerindo que elas não são apenas escorregadias em termos de seu conteúdo energético e da forma como este se relaciona com as energias do continuum, mas também em termos de seu conteúdo evolutivo e como isso afeta ou é afetado pelo conteúdo evolutivo dentro e fora do continuum.

SE8: Correto. São totalmente autônomas em todos os sentidos.

EU: E como manipulam as energias, e, creio, o conteúdo evolutivo do continuum com o qual estão associadas?

SE8: Simplesmente tornando-se uma só com a totalidade do local com que estão lidando. Elas se tornam a área do local, infiltrando as energias e substituindo-as pelas suas próprias, do mesmo tipo. Esse tipo deve ter frequência, dimensão, componentes dimensionais, energia e conteúdo evolutivo, para não mencionar o conteúdo posicional relativo aos loci.

Além da Fonte Livro 2

EU: Dá a impressão de que elas trabalham um pouco como uma célula cancerígena no corpo humano, que emula as características de certo órgão mas não está ligada a ele e não é capaz de funcionar como ele, tendo uma função toda própria.

SE8: Entendo a analogia, mas sugiro que não seria a verdadeira descrição do funcionamento de uma entidade de manutenção.

EU: Então, como você as descreveria, já que eu pensei que seria uma descrição razoável?

SE8: Seria melhor se você as descrevesse em termos de uma chave-mestra capaz de abrir todas as portas de todos os hotéis no seu mundo. Não apenas isso, a chave seria capaz de alterar as características da fechadura na qual fosse inserida, de modo que só ela e uma outra pudessem usá-la em algum momento futuro. Porém, o que devo dizer é que esta analogia sugere um tipo de fator de forma, e, como esta é uma das partes de sua pergunta aninhada, vou respondê-la agora.

Como você já deve ter adivinhado, não é necessário e nem requerido um fator de forma físico ou energético em muitos dos ambientes das Entidades Fontes com quem você se comunicou até agora. A duração da transitoriedade é um fator da capacidade de controlar a decadência no nível celular pelo uso das intenções ou vontade das entidades presentes. Esse, no entanto, não é bem o caso no meu ambiente baseado no continuum.

Forma sem forma!
EU: Prossiga. Agora, você tem a minha atenção.

SE8: Ha, ha, ha, não, não, não é o tipo de fator de forma que você identificaria como um fator de forma dedicado ao ambiente no qual uma entidade existiria e teria experiências.

EU: Por essa, eu não esperava. Sério, estou brincando. Fica bem óbvio que o nível de fator de forma de uma entidade de manutenção seria algo não só completamente diferente de qualquer coisa que alguém poderia esperar, que, sob minha atual perspectiva encarnada, não poderia ser senão energética. Embora possua alguma forma, esta não é reconhecível para mim.

SE8: Pare de pedir desculpas pela piadinha. Nós gostamos de humor, faz parte essencial da existência de qualquer ser.

EU: Tudo bem. Devemos continuar?

SE8: Sim. Mmmm, deixe-me ver como posso explicar seu fator de forma, pois não é algo a que você já foi exposto.

Sabe, a forma que minhas entidades adotam baseia-se na décima segunda forma geométrica dimensional. É uma forma capaz de manipular o próprio tecido estrutural de uma porção do continuum com que a entidade trabalha—ou seja, tanto a estrutura interna quanto a externa associada a um continuum específico.

EU: E como fazem isso? Como conseguem manipular o tecido de um continuum? Parece ser um papel importante.

SE 8: Eles fazem isso tornando-se aquilo que pretendem mudar. Aquilo que pretendem mudar pode ser qualquer coisa, desde uma barreira externa entre o ambiente e os continuum e no próprio continuum. Pode ser uma área localizada que se mostra promissora do ponto de vista evolutivo, que pode se beneficiar de alguma manipulação para aumentar a experiência evolutiva através da manipulação do conteúdo evolutivo da área que se deseja manipular. Sei que isto parece um pouco complicado, mas é exatamente assim que é, complicado e interativo.

Percebo que você está um pouco perdido, e por isso vou me aprofundar de forma mais compreensível.

Imagine que você está criando a planta de uma casa ou mesmo de uma edificação bem maior, e que a casa ou o edifício estão construídos fielmente segundo o projeto; portanto, você tem uma construção feita de acordo com a planta. Agora, imagine que a construção precisa de uma reforma. O projeto é o mesmo, mas a arquitetura do interior será alterada para se adequar às novas exigências. O novo projeto será sobreposto ao antigo para que se veja a diferença entre ambos e para saber o que precisará ser feito para a realização das mudanças necessárias para apoiar os requisitos arquitetônicos do novo projeto. A velha arquitetura é removida e a nova arquitetura é instalada. O processo de instalar a nova arquitetura sobre a velha é que é usado por minhas entidades de manutenção. Elas se tornam a velha arquitetura de todas as formas possíveis, substituindo efetivamente as energias que formavam a velha arquitetura e permitindo que essas energias sejam postas de lado. Pense que é como um andaime substituindo um andaime. Então, a entidade faz as mudanças necessárias para apoiar as alterações específicas no continuum, inclusive nas entidades de interface ou componentes do continuum que sofrem mudanças em si mesmas, alterando efetivamente a geometria do andaime ou, neste caso, na estrutura do continuum. Depois que isto foi feito e a nova estrutura está funcionando bem, levando em conta que ainda podem ser necessários ajustes, a estrutura funcional do continuum é introduzida e a entidade passa para sua nova tarefa.

EU: Então, o que você está dizendo é que a entidade de manutenção cria uma espécie de ponte entre essa estrutura atual do continuum e aquela que precisa existir para aumentar as oportunidades evolutivas que podem ser experimentadas como resultado das mudanças propostas no continuum. Depois dessas mudanças propostas passarem por um teste, digamos, são introduzidas como recursos permanentes, embora pelo período necessário para que a entidade crie uma substituição de longo prazo, permitindo que a entidade passe para a sua próxima função.

SE8: Isso é um resumo. Veja, não há por que criar alguma coisa que vai dar errado, especialmente se deve ter uma função de média a longa duração.

EU: E isto está acontecendo o tempo todo?

Senti que estava começando a entender o que estava acontecendo no ambiente baseado em continuum da Entidade Fonte Oito.

SE8: Sim, isto acontece o tempo todo. Na verdade, isso está acontecendo de maneira muito especial por todo o meu ambiente baseado em continuum.

EU: Sim, estou entendendo o que você quer dizer. É como uma colcha de retalhos, na qual cada retalho representa um continuum específico.

SE8: Essa seria uma maneira razoável de descrever o trabalho que acontece pelo continuum e seus continuum.

Isso me fez pensar um pouco. Embora cada uma das entidades de manutenção fosse e trabalhasse como entidade autônoma, obviamente, pelo menos na minha cabeça, precisavam trabalhar em sincronicidade com outras entidades de manutenção para garantir que o trabalho que realizavam não perturbava o trabalho das outras entidades de manutenção próximas. Justamente enquanto estava tendo este pensamento, a Entidade Fonte Oito achou adequado corrigir meu processo de pensamento.

SE8: Seria interessante comentar que o nível de autonomia de uma entidade de manutenção é total. Isto significa que elas não fazem parte daquilo que você chamaria de gestalt ou mente coletiva. Elas decidem

Além da Fonte Livro 2

o que fazer com base no nível de mudança necessário para apoiar o quociente evolutivo necessário para assegurar a conectividade com o resto do continuum, o nível de compartimentalização, o quociente evolutivo e o nível evolutivo necessário para manter uma interface efetiva entre os continuum próximos e o espaço entre eles. Inclui-se aqui o nível de mudança localizada necessária para responder às pressões evolutivas dos continuum próximos.

EU: Até certo ponto, discutimos isto antes, e, por isso, sinto que estamos percorrendo um território já trilhado.

SE8: Sim, até certo ponto, mas o importante aqui é ver que as próprias entidades precisam se tornar o continuum em certos momentos para permitir que as mudanças sejam planejadas e implementadas corretamente, sempre no ponto de mudança correto.

EU: Certo, isto abre toda uma série de perguntas. Todavia, vou me limitar a uma só.

SE8: Prossiga.

EU: Por que a entidade de manutenção precisa se tornar parte do próprio continuum? Entendo a necessidade de ser uma estrutura para construir um novo ambiente baseado em continuum à sua volta. Seria como os gabaritos etéricos e causal (ou ketérico) do corpo humano. Também posso entender que seriam uma ponte entre a antiga e a nova construção. Mas, por que fazer parte do próprio continuum?

SE8: Há duas razões para isso. Primeiro, a entidade de manutenção precisa tornar-se parte do continuum, substituindo parte do continuum no nível de componente para compreender as interfaces em torno dela, bem como a funcionalidade interna e os requisitos energéticos. Ela precisa fazer isso antes que cada parte do trabalho de manutenção comece. Neste caso, o componente do continuum é "tirado de linha", por assim dizer, para permitir as mudanças necessárias para uma funcionalidade ideal, enquanto a entidade assume totalmente os requisitos funcionais daquele componente do continuum enquanto durarem as mudanças. Segundo, o próprio continuum não consegue reagir suficientemente rápido às mudanças necessárias para manter a sincronicidade com os continuum próximos, o espaço entre eles e o continuum maior, que sou eu; por isso, a entidade precisa "assumir" imediatamente quaisquer mudanças necessárias enquanto as modificações são feitas.

EU: Estou tendo a impressão de que elas precisam passar por algum tipo de aprendizado para se qualificarem como entidades de manutenção.

SE8: Sim, isso é verdade. Antes de poderem ser consideradas autônomas, elas precisam experimentar cada componente de cada continuum dentro do continuum que sou eu. Isso inclui ser o espaço entre os continuum e o próprio tecido daquilo que sou. Além disso, precisam lidar com os limites sempre mutáveis entre os compartimentos identificados como sendo de responsabilidade da área de manutenção da entidade.

EU: Elas precisam se tornar você?

SE8: Correto. Há maneira melhor de se compreender a manutenção de um continuum do que ser o próprio continuum criador?

EU: Como isso é possível? Bem, como uma entidade tão pequena quanto uma entidade de manutenção... Não, desculpe, deixe-me mudar minha linha de questionamento. Como uma entidade pode substituir seu criador? Quero dizer, deve ser uma mudança maciça.

SE8: Ela não faz isso. A entidade torna-se uma só comigo mesma, integrando-se nos meus mínimos detalhes energéticos.

Além da Fonte Livro 2

EU: Mas para fazer isso, ela teria de se espalhar demais.

SE8: É isso mesmo. Para se superpor a mim, ela precisa se diluir a ponto de ficar insignificante.

EU: Quer dizer, como uma diluição homeopática?

SE8: Sim, essa seria uma analogia razoável. Entenda: para que a entidade experimente tudo aquilo que sou, ela precisa estar "dentro" de tudo aquilo que sou, e a única maneira de fazer isso é diluir-se a ponto de se integrar plenamente. Entenda isto como sendo um elemento raro que faz parte da atmosfera que envolve a Terra. O componente pode ser uma parte em vários trilhões, trilhões, bilhões, mas está diluído; mesmo assim, é um componente importante na composição total do elemento que você classifica como ar. Como o ar é o que é quando você colhe uma amostra dele, você sempre obtém uma amostra de todos os elementos que o constituem, digamos assim.

EU: Mas não pode ser esse o caso, pois para colher uma amostra de todos os elementos, seria preciso que a amostra fosse colhida de uma área grande o suficiente para capturar os elementos que são, por exemplo, um em um trilhão, trilhão, bilhão. Uma amostra talvez não tenha esse elemento, mas a outra pode ter.

SE8: Isso seria correto no mundo físico em que seu "veículo" existe, mas energeticamente isso não é necessário. Você mencionou o exemplo da homeopatia, e por isso pensei que você compreenderia a funcionalidade de tal diluição.

EU: Bem, até certo ponto, compreendo. A teoria envolvendo os remédios homeopáticos diz que os elementos próximos "absorvem" as propriedades do elemento mais diluído. Por isso, as propriedades dos elementos estão presentes sem que o próprio elemento esteja presente.

Além da Fonte Livro 2

SE8: Bem, o mesmo acontece neste caso. A analogia é muito boa, pois mostra como a entidade de manutenção aprende a absorver aquilo que sou eu sem ter um componente dela mesma localizado especificamente na área de aprendizado funcional.

EU: Para mim, é muito bizarro ver uma entidade aprender a ser uma Entidade Fonte...

SE8: Um continuum.

EU: Certo, um continuum, meramente por associação.

Preciso lhe fazer esta próxima pergunta porque ela explica como a homeopatia funciona aqui no plano terrestre. Como uma entidade assimila conhecimentos ou vivência experiencial por meio da associação ou da presença diluída?

SE8: Simplesmente pelas rotas de comunicação usadas pelas energias que separam as energias. Percebo que você vai precisar de mais detalhes. Energias que estão presas a uma entidade—quero dizer, qualquer tipo de entidade, mas especificamente aquelas dotadas de senciência—ou energias que têm um propósito usam-se umas às outras como meio de comunicação. Este meio de comunicação é bem especial, pois quando surge o pedido de comunicação—e a comunicação é entre energias que são muito diluídas—as energias intermediárias se transformam no mesmo tipo de energia enquanto for necessário, garantindo uma comunicação ou funcionalidade robusta. Entretanto, há um conflito aqui. O conflito é que as energias que requerem que as "outras" energias se comportem como elas mesmas durante a comunicação ou função requerem aquilo que você chamaria de "benefício em espécie"—um acordo para assumirem as propriedades comunicativas de outras energias próximas quando estiverem em minoria. Deste modo, recebem as características principais de todas as outras energias que as envolvem, permitindo-lhes retribuir o favor, por assim dizer, quando chegar o pedido, o que acontece inevitavelmente. Esta capacidade de se transformar noutras energias permanece quando dada ou recebida, mesmo depois que a entidade ou energia solicitante se foi, deixando assim um conjunto completo de funções e recursos energéticos disponível para uso das energias ou entidades remanescentes. Basicamente, é assim que uma entidade pode ser parte de mim, ser eu mesma, e experimentar o que eu experimento—mesmo quando a diferença de tamanho é muito maior que a entidade de manutenção diluída em mim—para experimentar ser o continuum parental ou uma Entidade Fonte. Este é um processo similar ao usado por seus remédios homeopáticos em sua Terra.

EU: Bem, devo dizer que isto explica muitas coisas na minha mente. E, até certo ponto, explica o funcionamento da homeopatia.

SE8: A metodologia de assimilação das características de outra energia para comunicação e funcionalidade é adotada ao longo de toda A Origem. Na verdade, é o método primário de comunicação e funcionalidade, com a exceção do meio que vocês chamam de gravidade, que, como me foi dito, já lhe foi explicado por sua própria Entidade Fonte.

Mmmm, está quase na hora de você passar para a próxima Entidade Fonte, aquela que você vai chamar de Entidade Fonte Nove.

EU: Espere. Antes de ir, poderia, por favor, descrever a aparência de uma das entidades que existem num de seus continuum? Não posso encerrar sem ao menos ter a descrição do fator de forma de uma entidade e seu papel evolutivo dentro do continuum.

SE8: Farei isso para você antes de você prosseguir.

Mas antes de começar, devo mencionar que há mais de 60 milhões de entidades diferentes existindo e evoluindo dentro de meu ambiente baseado no continuum. Alguns tipos de entidades são específicos dos continuum onde atuam, enquanto existem outras dentro de um continuum que tem cerca de 30 mil tipos diferentes. Qual você gostaria que eu descrevesse, embora ainda não tenha lhe dado opções?

EU: Certo, sem ter opções, isto vai ser difícil. Antes, deixe-me fazer outra pergunta antes de decidir como vou escolher "às cegas".

Você possui um continuum no qual existe uma forma principal, se é que existe, uma similar para todas as entidades?

SE8: Essa é uma ótima pergunta, pois existe um continuum onde isto acontece. Desconfio que você estava sintonizado com este continuum específico quando escolheu sua pergunta.

EU: Não foi intencional. Pelo menos, não conscientemente.

SE8: Todas as entidades do continuum que vou chamar de continuum 11b são semelhantes, mas cada uma delas tem uma função particular e, portanto, uma forma particular. Vou usar esta nomenclatura pois é algo que você compreende, pois sua forma é multidimensional e derivada de algo que você chamaria de gás raro—se eu tivesse de usar uma descrição que você entendesse.

EU: OK, para mim, até aqui está ótimo.

SE8: Por si só, este fator de forma não é útil para qualquer forma de trabalho baseado no continuum ou para a retenção de conteúdo evolutivo, pois em seu estado bruto ela não tem "propósito". Ela ganha utilidade, e, portanto, propósito, quando tem uma função a realizar; portanto, precisa haver uma diferença em sua forma, por menor que possa ser.

EU: Estou recebendo a imagem de uma série de entidades parecidas com uma chave de fendas "multitarefas" e sem ponteira. Nessa condição, todas são iguais. Quando se põe uma ponteira, como uma chave Phillips, uma chave de fenda ou chave torx (com um padrão de estrela de seis pontas), ela tem um papel e um propósito específico. A ponteira é a única coisa diferente entre as outras entidades que têm "ponteiras" específicas conforme seus papéis e funções.

SE8: Esse seria um bom exemplo do seu ponto de vista, mas você também precisa se lembrar de uma coisa. No seu exemplo, você presumiu que a chave de fenda tem apenas um corpo multitarefas. No continuum, estamos falando de outras diferenças mais sutis entre os lados do corpo da entidade supostamente estáveis.

EU: Então, você tem classes ou tipos de entidades, diversas espécies de bases de chave de fenda multitarefas, digamos.

SE8: Sim, e, apenas a título de ilustração, podem ser longas, curtas, largas, dobradas em vários ângulos, flexíveis em quaisquer situações e/ou flexíveis sob certas condições. Não é o que são, mas dá para você ter uma ideia da diversidade. Adicionalmente, a "família" das ponteiras muda dependendo do tipo de corpo.

Outro exemplo envolveria seus métodos de produção de artigos eletrônicos, como a manufatura de um chip de silício na Terra: para isso, você precisa de certas ferramentas, ferramentas computadorizadas, que lhe permite desenhar, desenvolver e testar esses componentes. Você precisa de ferramentas para criar as ferramentas para criar as ferramentas, digamos. Algo similar, se não igual, dá-se em alguns exemplos de entidades deste continuum específico.

Além da Fonte Livro 2

EU: Então, este continuum é o único continuum no qual as entidades são similares, se não a mesma, embora com as pequenas diferenças de que falamos.

SE8: Em resumo, sim.

EU: Eu gostaria de voltar a esta descrição da forma e falar dela num sentido real, não num sentido hipotético usando exemplos da Terra, pois posso imaginar meus leitores pensando que estamos falando de um punhado de chaves de fenda sencientes.

SE8: Você deveria dar mais crédito a seus leitores, mas entendi o humor nisso. Era o que me faltava, chaves de fenda sencientes!

Vamos prosseguir. As próprias entidades que descrevi de forma um tanto limitada no texto acima são "multidimensionais e derivadas de algo que você chamaria de gás raro"—o gás raro seria a única maneira de descrever sua natureza física, caso tivessem uma. Você mencionou "fator de forma" e a maneira como os gases raros são construídos seria um exemplo melhor da maneira como são apresentados caso tivessem de ser apresentados de alguma maneira. Além disso, descrevi recentemente a maneira com que essas entidades destinadas a serem entidades de manutenção de continuum são capazes de experimentar a unidade comigo e, portanto, parte da estrutura funcional do continuum para o qual são designadas nas épocas de manutenção substitutiva.

EU: Sim, falamos do exemplo da diluição homeopática.

SE8: Não, estava aludindo à entidade tornar-se a estrutura daquela parte do continuum para a qual estaria se tornando substituta enquanto a tarefa de manutenção estava sendo trabalhada.

EU: Oh. Ah, sim, entendi.

SE8: Creio que sim, mas não plenamente. Vou dar uma imagem para sua apreciação.

Recebi a imagem desses modelos químicos que criamos na escola ou na faculdade para explicar, de forma tridimensional, a maneira como um elemento específico é formado no estado atômico. Esse modelo mostra um modelo com palitos e esferas unindo os palitos. O palito representa a conectividade entre as esferas, e as esferas representam as moléculas que formam o elemento. As moléculas têm um nível de atratividade com outras moléculas, ao mesmo tempo em que mantém um nível de repulsão com outras. Outros níveis de conectividade têm atratividade e repulsão, de modo que as moléculas se mantêm a uma distância conhecida umas das outras, incapazes de se aproximar e incapazes de se afastar. Tudo isso produz uma forma, embora seja grande o suficiente e densa o suficiente para ser classificada como forma, embora tenham uma frequência elevada o suficiente para tornar a forma "sem forma", exceto na atratividade e repulsividade— certamente de uma perspectiva física. Foi como se a entidade, se era o exemplo de uma entidade (e a Entidade Fonte Oito disse que era), na verdade não fosse realmente criada a partir de uma estrutura molecular, mas uma estrutura criada por alguma espécie de atratividade e repulsividade. A atratividade e repulsividade não ocorriam entre tipos de moléculas diferentes, mas entre energias e dimensões diferentes.

Subitamente, isso estava começando a ficar difícil, embora parecesse ser um assunto simples. Os dados que me estavam sendo apresentados, obviamente, estavam sendo submetidos a muitos filtros para que eu pudesse compreender um pouco o conceito que me estava sendo apresentado. Minha digitação estava ficando mais lenta, pois minha capacidade de assimilar o conhecimento estava se degradando. Senti uma pressão na parte da frente da cabeça. Então, ela se abrandou e a informação continuou a fluir.

A interação entre as energias que compunham a entidade ou o conceito da entidade sendo descrita não dependia da simples atratividade e repulsividade energética e do conteúdo frequencial esperado e como isso afetava a atratividade etc., mas também era afetada pelo subcomponente dimensional onde essa parte específica da entidade se manifestava. Eu vi a entidade como o modelo molecular, mais uma vez, mas dividida em diferentes camadas, como as camadas usadas nas convenções multicamadas de desenho usadas por sistemas de Engenharia Assistida por Computador (CAE) e Desenho Assistido por Computador (CAD) para projetar um componente de automóvel ou de avião.

À medida que as camadas eram afastadas, cada camada representava o conteúdo dimensional que ilustrava a parte da entidade manifestada naquela dimensão específica. Dimensionalmente juntas, a entidade era íntegra; dimensionalmente separada e vista da perspectiva isolada dos diversos níveis dimensionais isoladamente, a entidade era incompleta. Mas havia outra coisa. A parte da entidade que se manifestava numa camada ou dimensão específica tinha uma especialização ou papel próprio a realizar. Este papel era realizado quer em isolamento, quer em conjunto com as outras partes da entidade que se manifestavam nas outras camadas dimensionais. Neste sentido, a entidade era capaz de criar simultaneamente num nível holístico e especializado. Não só isso, a entidade era capaz de interagir com as outras entidades dentro de seu continuum e trabalhar em conjunto com elas em sua criatividade, quer como equipe, de forma independente ou separada, interdependentemente ou como observadora. Elas também descobriam quais habilidades ou funções as outras possuíam como resultado de sua construção energética/dimensional específica, trabalhando juntas e em harmonia para criar algo que não teriam sido capazes de criar caso tivessem ficado trabalhando apenas com entidades do mesmo fator de forma energético/dimensional.

Afastei-me da imagem que estava recebendo e vi uma grade azul brilhante de energias multidimensionais resplandecentes. Parecia uma imensa rede multidimensional cobrindo a área que abrigaria uma galáxia em meu próprio universo físico. Foi muito bonito.

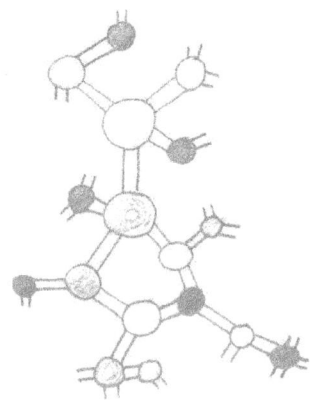

Figura 4: Exemplo de modelo 3D usado para explicar estrutura molecular

Encerrando com a Entidade Fonte Oito
SE8: Agora, você sabe como seria a aparência de uma dessas entidades caso ela ficasse visível para seus olhos físicos e conhece um pouco sobre sua construção.

EU: Sim, é bonita. Agradeço.

SE8: Agora, é hora de passar para a entidade à qual você vai se referir como Entidade Fonte Nove. Vá em paz, tendo esta expansão em seu conhecimento.

E com estas palavras finais, o vínculo de comunicação entre mim e a Entidade Fonte Oito se dissolveu. Ainda podia sentir sua presença, mas percebi que minha direção comunicativa e o vínculo energético

com ela não estavam mais presentes de maneira exclusiva. Sem as energias da Entidade Fonte Oito ligadas às minhas para fins de comunicação, comecei a prestar atenção na informação que tinha recebido durante os meses em que ficara ligado de modo direto e energético com a SE8.

A Entidade Fonte Oito era uma entidade cuja existência toda se concentrava na geração e manutenção de continuum e como estes poderiam proporcionar uma oportunidade evolutiva aprimorada para as entidades criadas e baseadas em suas capacidades intrínsecas, eleitas para trabalhar dentro de seu continuum escolhido para experimentar, aprender e evoluir (um tema presente na Origem toda), manipulando o conteúdo evolutivo básico do continuum no qual existiam—às vezes localmente, às vezes por todo o continuum.

Duas coisas me marcaram como significativas e diferentes de um tema quase comum de criatividade e de existência multiversal com base em dimensões plenas, componentes subdimensionais e níveis de frequência de ambientes criados pelas outras Entidades Fontes com as quais eu havia me comunicado até então:

1. *Havia um foco nos continuum, com conteúdo energético específico e não universal ou multiversal.*
2. *O foco também incluía a capacidade ou necessidade de afetar o componente evolutivo básico do ambiente baseado no continuum para permitir a otimização dessa evolução básica através do trabalho das entidades presentes e a evolução das próprias entidades, tanto positiva quanto negativamente.*

Era como se todo o jogo da evolução tivesse virado de cabeça para baixo, com as regras básicas da evolução que se davam de forma linear não se aplicando mais—pelo menos, não no ambiente da Entidade Fonte Oito. A ideia de que toda a maneira pela qual o nível básico de evolução, especificamente no ambiente baseado no continuum, poderia ser manipulado para afetar o método pelo qual a evolução se acumulava era uma linha de pensamento completamente nova para mim! Desconfio que será uma consideração totalmente nova para a maioria das pessoas, especificamente o pensamento de se perder o próprio lugar na escala evolutiva da noite para o dia, digamos, quer para ajudar as entidades que estão evoluindo noutro continuum, quer para ver como isso afeta a evolução geral da entidade. Isso parece contrariar tudo aquilo que sabemos sobre a evolução.

Também fiquei surpreso com os diversos tipos de evolução e como eles afetavam a geometria do próprio continuum. Estava começando a perceber que nada podia ser considerado líquido e certo, e que tudo deveria não só ser considerado possível, como altamente provável. Estava claro que não havia "vacas sagradas" no omniverso de A Origem, pois a evolução, uma delas, acabara de ser feita em pedacinhos.

Tendo isto em mente e quatro Entidades Fontes para ouvir, meu elo energético avançou e rumou para a nona Entidade Fonte a ser entrevistada. Senti-me empolgado ao me sentar e esperar que as energias do vínculo de comunicação com a Entidade Fonte Nove me envolvessem. Não precisei esperar muito.

Capítulo Três
Entidade Fonte Nove

Subitamente, apareceu a imagem do personagem Pateta, de Walt Disney, na minha cabeça.

"Iac! Oi!" disseram com a mesma voz do Pateta. Será que eu estava ficando maluco?

A Entidade Fonte Nove fala mais sobre mim do que sobre si mesma

SE9: Agora que tenho a sua atenção, podemos começar.

EU: Espere aí. Foi você, a próxima Entidade Fonte com que devo falar e que vou chamar de Entidade Fonte Nove? Imitando o Pateta na minha cabeça?!

SE9: Sim, fui eu. Percebi que você não havia notado que o vínculo entre nós estava operacional e resolvi mergulhar na sua mente e usar algo que o despertaria para a minha presença. Usar a personalidade do Pateta parece ter dado certo.

EU: Sim, com certeza. E você tem razão; eu não havia percebido que você se ligara com as minhas energias. Ou as suas energias são muito sutis, ou você conseguiu se sintonizar perfeitamente comigo.

SE9: Na verdade, agora você está se ajustando à diferença de energias de maneira quase automática. Parece que você é capaz de recalibrar suas energias com as da entidade com que vai se comunicar quando corta o vínculo com a Entidade Fonte anterior.

EU: Não me lembro de ter feito isto antes. Na verdade, lembro-me de ter tido alguma dificuldade durante os dois primeiros diálogos destas Entidades Fontes mais recentes—especificamente à medida que me afasto mais e mais da minha própria Entidade Fonte.

SE9: À medida que você se afasta das energias da Entidade Fonte que agora você chama de Entidade Fonte Um, sua própria Entidade Fonte, você vai ficando mais independente. Como a Entidade Fonte Oito lhe disse, você faz parte da Manifestação Original, e, portanto, tem uma energia que na verdade não foi criada por sua própria Entidade Fonte. Em essência, você foi criado por A Origem, e, portanto, faz parte de A Origem e não dos limites de sua Entidade Fonte. Por ter afastado sua consciência dos limites de sua Entidade Fonte de maneira quase regular e consistente, você está perdendo o apego às energias de sua própria Entidade Fonte. Você está conquistando sua independência e por isso as limitações em sua capacidade de comunicação estão sendo quebradas. Logo, a recalibração automática de suas energias com as minhas permite uma integração quase perfeita comigo, num nível bastante fundamental. Isto significa que quando estabeleci contato com você, suas energias já estavam calibradas com as minhas e o desconforto que você sentia normalmente no passado não se repetiu. Na verdade, suas energias estavam tão sintonizadas que você nem percebeu a minha presença, pois achou que as minhas energias eram as suas próprias.

EU: Estou impressionado.

SE9: E deveria mesmo. Embora seja a primeira vez que você realiza esse processo, ele vai ficar mais presente mais tarde, especialmente quando concluir seus diálogos comigo e com as Entidades Fontes restantes e passar a se comunicar com A Origem num nível de detalhes que você ainda não é capaz de compreender.

EU: Mas nunca tive problemas para me comunicar com A Origem no passado. Na verdade, imagino que vou conversar mais com A Origem do que com a Entidade Fonte que vou chamar de Entidade Fonte Doze, a Entidade Fonte que ainda não se tornou autoconsciente.

SE9: Você já sabe da Entidade Fonte Doze? Mmmm, talvez se surpreenda ao saber que as coisas mudaram um pouco. Não vou estragar sua diversão, pois é mais importante você contar essa história específica quando tiver tempo para se dedicar a ela. Esse momento ainda não chegou. Agora, voltemos ao motivo pelo qual você não teve problemas para se comunicar com A Origem até hoje. Você não teve problemas para se comunicar com A Origem porque A Origem, assim como as oito Entidades Fontes com quem você se comunicou, modificaram sua própria ressonância básica para adaptar-se à sua, e você não precisou ajustar suas energias às da entidade com que está prestes a conversar. Isto significa que o nível de comunicação será mais elevado, permitindo que mais informações lhe sejam passadas à medida que seu nível de entendimento se eleve e se integre mais através da modificação de suas próprias energias básicas.

EU: Então, isso explica porque eu não percebi que o vínculo foi criado. Aparentemente, recalibrei minhas energias para ficarem tão próximas das suas que você se tornou eu, digamos assim.

SE9: Essa é uma forma de dizer, mas na verdade você se tornou eu.

EU: Então, por que não consigo captar quem você é? Eu não deveria ter a sensação de uma memória ou capacidade imensamente estendida?

SE9: Não, não é disso que trata o vínculo ou processo de comunicação criado pela recalibração de suas energias básicas. Lembre-se, essa sua parte encarnada ainda está limitada sob uma perspectiva funcional a aquilo que é permitido enquanto você está encarnado, e o que você é capaz de comandar enquanto está nas frequências baixas que ocupa atualmente. Você não vai ganhar nada além da capacidade ampliada de realizar um vínculo de comunicação robusto e simples, que não força sua fisicalidade até os seus limites. Agora, você não consegue perceber isso, mas quando estava em comunicação com as outras Entidades Fontes, suas energias, especialmente as dos níveis 8, 9 e 10, estavam sendo distorcidas por toda a parte e de todas as formas possíveis. Agora que você estabeleceu um método automático de recalibrar suas energias com as da entidade com a qual deseja se comunicar, isso não é mais um problema.

EU: Posso garantir que eu não tinha noção de que era capaz de fazer isso.

SE9: E por que deveria, se aquela sua parte que não está encarnada estava fazendo o trabalho para você? Não se esqueça de que sua parte encarnada é uma parcela muito pequena sua. Energeticamente, você é uma entidade muito maior.

EU: Bem, você falou muito mais sobre mim do que sobre você mesma no tempo limitado em que estivemos juntos. Sou muito grato por ter recebido esse conhecimento, pois isso me ajuda a preencher as lacunas sobre o meu "eu" e como posso fazer o que faço sem ter nenhum treinamento formal para fazê-lo. Pelo menos, não nesta área específica, pois aprendi a fazê-lo sozinho.

SE9: Fazê-lo foi um prazer e uma honra, pois seu trabalho vai ajudar a ascensão da humanidade de um modo muito singular. Embora neste momento você esteja na linha de partida, digamos, pronto para percorrer a pista, mais tarde você voará num jato de caça em termos comparativos. Segure-se bem na sua poltrona, pois depois que você escolheu se dispor a ser o escravo voluntário ou emissário dos "Deuses" (suas Entidades Fontes), você estará no centro de um torvelinho de trabalho espiritual.

EU: Bem, neste momento tenho a impressão de que foi uma falsa largada.

SE9: Isso vai passar mais rápido do que você pensa, e você também vai mudar mais rápido do que imagina. Agora, chegou a hora de instruir seus leitores sobre minhas próprias realizações.

EU: Concordo.

A base do ambiente da Entidade Fonte Nove
EU: Gostaria de entender o seu ambiente. É um multiverso, um continuum ou o quê?

SE9: Você vai perceber que quanto mais se afasta de sua própria Entidade Fonte, mais diversificados e diferentes serão os ambientes.

EU: Sim, eu percebi isso.

SE9: Bem, mais uma vez, meu ambiente é diferente daquilo que você encontrou antes. Novamente, isto foi planejado para que você possa fazer as mudanças requeridas mais facilmente. Cada avanço é um passo a mais de distância daquilo que você consegue assimilar com facilidade. Cada passo além disso vai expor você a criações novas e mais abstratas, as quais, por sua vez, ampliarão seus conhecimentos e sua base de experiência, permitindo-lhe seguir em frente. Nesta tarefa, você está indo muito, muito bem. Não vou me alongar mais.

Meu próprio ambiente pode ser descrito apenas como um reticulado, uma teia de aranha ou um floco de neve perfeitamente esférico, se preferir assim.

Vi exatamente isso, um imenso construto semelhante a um reticulado que, para todos os efeitos, era como um floco de neve reticulado feito de luz intradimensional. Outra maneira de vê-lo seria observar a semente completa de um dente-de-leão, usada para que se duplique. A própria luz parecia estar pulsando e alterando sua densidade e cor luminosa, mas a cor só estava mudando de maneira sutil. Não parecia haver espaço algum entre o que só posso descrever como os tubos de luz que formavam o construto, e não percebi nada que mostrasse que eram capazes de suportar vida física ou energética. O ambiente parecia ser puramente vazio, sem oferecer as "portas dos fundos" como eu havia experimentado antes. Não fazia parte do construto.

EU: Entendi tudo direito? Seu ambiente, pelo que vejo com a minha mente, parece-se com um grande dente-de-leão ou com um floco de neve esférico?

SE9: Sim, é assim que ele se pareceria aos seus olhos. Cada um dos "tubos de luz" que formam o construto é, de fato, um ambiente para um tipo de entidade diferente.

EU: Então, cada tubo de luz é um ambiente universal único que abriga apenas um tipo de entidade?

SE9: Correto. Sob o aspecto da construção, cada parte de mim é um ambiente universal separado mas integrado, sintonizado especificamente com os requisitos das entidades que o ocupam. Mantenho uma estrutura central na qual os principais ramos, condutos centrais ou troncos, se quiser chamá-los assim, estão conectados. Considere isso algo parecido com os loci que a Entidade Fonte Oito descreveu em seu diálogo anterior. Cada um dos ramos principais atua

Além da Fonte Livro 2

como um conduto pelo qual as entidades que existem num dos ramos pode atingir o ponto central, eu, e comungar comigo.

EU: Como assim, comungar?

SE9: Exatamente isso, comungar. Considere isso como sua direção evolutiva. À medida que você se eleva pelas frequências, uma elevação resultante do aumento em seu conteúdo evolutivo, você se aproxima das frequências associadas à essência de sua Entidade Fonte. Isto lhe permite comunicar-se e comungar, ser um só, com o seu criador. No seu próprio ambiente, isso é uma coisa a que todas as entidades aspiram. Algumas conseguem-no no começo de sua existência, enquanto outras levam mais tempo para progredir até o nível necessário para atingir a comunhão plena. Outras, por sua vez, são capazes de manter comunicação sem comunhão, como você está fazendo neste momento. Na migração de uma entidade desde seu ambiente até chegar a mim, ela precisa se afastar de seu próprio ambiente e ir ao conduto principal, progredindo de maneira evolutiva até chegar a mim. Ela enfrenta seus desafios e gera suas criações no caminho.

EU: Ela não precisa passar pelos outros ambientes para chegar até você? Em alguns dos outros diálogos que mantive, as entidades envolvidas progrediam de um ambiente para outro com a evolução afetada por sua capacidade de lidar com os novos desafios encontrados nos ambientes pelos quais passavam. Não é este o caso de seu construto ambiental?

SE: Não. Quando uma entidade inicia sua jornada evolutiva e aumenta seu desejo de comunhão, ela retém seu próprio ambiente mesmo quando ele está, para todos os fins, "fora" de seu ambiente.

EU: Acho que entendi. Acabei de receber a imagem de uma linha direta, uma linha dentro do conduto e do ramo ambiental onde a entidade se originou, estendida daí até o conduto central e ao ponto central, que é você. Também percebi que pode haver multidões de entidades dentro dos condutos centrais, sem que cada uma perceba as outras entidades próximas delas que se originaram de outros ramos.

SE9: Muito bem. Perceba ainda que em sua jornada rumo à comunhão comigo, estão levando seus próprios universos com elas.

EU: Um momento. O que você quer dizer com "levando seus próprios universos com elas"? O que acontece com as entidades que também existem no universo ocupado pela entidade que se afasta do ramo?

SE9: Continuam a ocupar o mesmo universo. Ele fica no mesmo espaço relativo, embora também fique com as entidades que estão avançando por terem conteúdo evolutivo suficiente para se aproximarem da comunhão comigo. Imagine que você tem uma entidade ou grupo de entidades que se originou em determinado ramo universal. Se essa entidade ou essas entidades se afastarem do ramo e percorrerem o conduto ou tronco central que conecta certo contingente de ramos ou de ramos de ramos etc., elas levam seu universo junto.

EU: Creio que entendi. Na minha cabeça, tenho a imagem de glóbulos da mesma energia universal sobre o ramo de origem e o tronco. Eu também a vejo em outros ramos e configurações de tronco, ramo e sub-ramo noutras partes do construto ambiental. Pelo que posso ver, os glóbulos estão conectados pela existência universal. Essa existência é uma conexão imediata e instantânea com os outros glóbulos. Vejamos se entendi isso direito.

Quando uma entidade se move até a extremidade daquele glóbulo do universo no qual se encontra atualmente e deseja mover-se até outra parte do que seria o universo total, caso essa entidade permanecesse no ramo universal, o perímetro do glóbulo universal proporciona transporte imediato e instantâneo até aquela parte do universo para a qual teria atravessado caso estivesse no universo completo no ramo universal.

SE9: Muito bem, muito bom. Mas perceba ainda que se o transporte para outra parte do universo foi um requisito para interagir com outra entidade ou grupo de entidades, e esta entidade ou grupo de entidades estivesse distante do universo completo original, a entidade seria transportada para aquele glóbulo do universo que estava noutro ponto do tronco ou de outra configuração de tronco, ramo e sub-ramo no qual aquela entidade existe atualmente, e não ao universo completo original.

EU: Eu ia dizer incrível, mas estou tentando compreender melhor aquilo que você acabou de me dizer, aquilo que acabei de receber. Tenho outra pergunta.

SE9: Pode fazer.

EU: Como tudo isso funciona, quero dizer, com todos esses glóbulos de universo espalhados por seu construto ambiental? Isso deve diluir a densidade ambiental do ramo universal de origem.

SE9: Nem um pouco. Agora, estou vendo a famosa testa franzida!

EU: Preciso parar com isso.

Comecei a sorrir. Eu estava ficando famoso entre as Entidades Fontes por minha testa franzida! Não era bem por isso que eu gostaria de ser identificado ou lembrado.

Prossiga.

Além da Fonte Livro 2

SE9: O universo cresce ou replica novas energias universais suficientes tanto para envolver a entidade que o atravessa, mantendo sua própria área e densidade...

EU:... E é esta replicação do universo que cria a capacidade para que os glóbulos estejam em contato pleno uns com os outros, replicando como num quebra-cabeças o universo completo em formato globular, embora separados do todo e dos outros glóbulos universais separados.

SE9: Bem colocado.

EU: Como é possível existir um universo fora de si mesmo, no que considero como a "totalidade", estando em pedaços e fragmentos e parte do ambiente universal, tudo ao mesmo tempo?

SE9: Simplesmente, mantendo uma área ou faixa de frequência designada a um ramo universal específico e permitindo o uso múltiplo dessa faixa de frequência.

EU: Espere aí. Você está sugerindo que—deixe-me ver se entendi direito—as faixas de frequência existem em toda a estrutura de seu construto ambiental, o que permite que as bolhas de universo existam simultânea e independentemente enquanto ainda mantém contato com o ponto de interação instantânea e autônoma? Não seria como nós, na Terra, usando as mesmas frequências no mundo todo para transmissões feitas por emissoras de rádio separadas e independentes? Elas estão distantes umas das outras e, claro, dependem da força do sinal e do transmissor e do raio de transmissão. Elas cobrem vastas áreas nas quais não podem interferir umas com as outras, embora estejam na mesma frequência, mas basicamente possuem existência autônoma ligada por uma faixa de frequência básica. Seria a mesma coisa?

SE9: Não é bem uma forma precisa de explicar como os vínculos de comunicação são mantidos entre o universo de base e as bolhas ou bolsões de universo que podem existir tanto separadamente quanto juntos. Porém, é uma descrição razoável o suficiente para ser usada segundo sua perspectiva, especialmente porque a mecânica usada para permitir tal interconectividade não só está além da capacidade de compreensão da "humanidade encarnada", como está próxima dos limites da capacidade cognitiva da humanidade energética.

Agora, eu estava intrigado. Como alguma coisa poderia estar além da compreensão de uma entidade energética? Especialmente quando todos nós deveríamos "saber tudo", ou, pelo menos, sermos capazes de ter acesso à base de conhecimento universal quando estamos no plano energético. Resolvi fazer um pequeno desvio no meu questionamento num esforço para compreender isto. Descobrir que até entidades energéticas têm limitações de compreensão foi como agitar um pano vermelho diante de um touro!

EU: Agora você me provocou! Achava que depois que nós, ou seja, a humanidade encarnada, voltávamos ao plano energético, saberíamos tudo, tudo que há para se saber, ou que ao menos poderíamos ter acesso ao conhecimento numa espécie de depósito central. Por que não seríamos capazes de entender algo que é parte fundamental da existência? Pode ser que parte fundamental da existência de seu ambiente não faça parte de nosso multiverso, estando aqui uma pista para entender porque a humanidade energética não conseguiria assimilar o conhecimento. Mas deve haver alguma função paralela, algumas coisas que sejam fundamentalmente as mesmas, não importa que Entidade Fonte as tenha criado, uma vez que, em essência, somos todos parte de A Origem.

SE9: O fato de uma entidade passar ao plano energético não lhe dá automaticamente capacidade para compreender tudo que existe. Não é fato que a entidade energética pode entender a mecânica de seu próprio universo, muito menos de um multiverso ou de outros ambientes criados pelas outras Entidades Fontes.

EU: Eu achava que quando a entidade chegava ao plano energético tornava-se virtualmente onipotente.

SE9: Não. A regra geral é que é preciso haver certo nível de conteúdo evolutivo associado à entidade antes que ela possa estar numa posição onde é capaz de compreender a funcionalidade do ambiente universal, multiversal, multifrequencial, energético ou baseado no continuum onde ela existe. Naturalmente, ela sabe onde existe, mas sua compreensão da funcionalidade e de como afetá-la ou manipulá-la só lhe é dado quando ela se formou em determinado nível evolutivo, digamos. É uma progressão normal para todas as entidades, por toda A Origem. Em síntese, a entidade precisa ser capaz de compreender o que ela pode fazer antes de lhe ser permitido fazê-lo.

EU: OK, isso me parece razoável. No entanto, gostaria de saber como funciona seu multiverso para que eu possa passar isso para os leitores deste diálogo.

SE9: Deixe-me começar dizendo que se algum de seus leitores tiver dificuldade para compreender a descrição da funcionalidade do meu ambiente, pode consultar a descrição que você fez. Pode não ser precisa, mas está na direção certa e vai servir como base de apoio razoável, desde que não seja considerada a verdade e sim um caminho até a verdade.

EU: Por mim, tudo bem. Creio que é importante que o povo da Terra tenha ao menos a oportunidade de compreender a realidade maior, embora talvez nem todos compreendam o que lhes está sendo oferecido.

SE9: Muito bem. Então, vou prosseguir.

Além da Fonte Livro 2

Subitamente, senti um bloqueio energético à minha volta. Foi similar a aquilo que sinto quando sei que terei dificuldade para receber a informação. Fiz o melhor que pude para ignorá-lo.

SE9: Pense nas árvores da Terra. Todas estão conectadas, pois todas estão enraizadas no solo que faz parte da Terra e, como tal, possuem um meio comum de conexão e participação. Por este meio, uma árvore pode se comunicar com todas as outras árvores de seu próprio tipo, não importa a distância entre elas. Portanto, se você tem uma única árvore de certo tipo numa floresta repleta de árvores de outro tipo, ela ainda será capaz de se comunicar com outras árvores de seu próprio tipo porque ela está conectada à Terra. Esta conectividade refere-se unicamente a seu tipo e não interfere com as comunicações que estão acontecendo entre árvores de outros tipos. Agora, pense que a Terra também faz parte de um meio que seria o universo físico e energético ao mesmo tempo. Vamos analisar uma das árvores que se encontram na Terra mas que não são nativas da Terra, embora estejam no planeta—a árvore que vocês chamam de "álamo", que não é indígena da Terra. Ela foi introduzida para enfrentar as crescentes emissões de carbono. Ela ainda é capaz de se comunicar com as outras árvores do tipo álamo de seu universo, porque está em contato com a Terra e os elementos com que a Terra mantém contato no sentido universal.

Em essência, elas ocupam uma área do espaço universal específico que é peculiar a sua própria espécie de árvores. Quando uma árvore situada noutro planeta desta galáxia, digamos, quer se comunicar com outras árvores de sua própria espécie que não estão no mesmo planeta, ela envia sua intenção de se comunicar até aquela parte da galáxia que, segundo ela acredita ou sabe, encontram-se outras árvores de seu tipo, e então projeta sua essência sobre as árvores do planeta com que quer se comunicar. Sua essência, espírito ou alma é transportada instantaneamente por um processo de "transferência de senciência" do intelecto da árvore, através das energias que cobrem a lacuna entre os

Além da Fonte Livro 2

dois locais—a essência senciente da árvore é o vínculo entre os dois locais do ponto de vista direcional.

Aqui, o exemplo mostra como suas árvores se comunicam umas com as outras na Terra e entre pontos distantes; elas o fazem transferindo sua senciência até aquela parte da galáxia necessária para permitir um nível localizado de comunicação. Do ponto de vista do nível localizado de comunicação ou do transporte de uma entidade desde uma parte do universo separado em meu ambiente até outra parte interligada mas separada do universo, as partes localizadas do universo podem ser consideradas a localização física das árvores de sua galáxia, de seus planetas, com a individualização do universo representada pelo intelecto coletivo que é a mente da árvore, espalhada por todo o ambiente universal.

EU: Você está sugerindo que nossas árvores não estão apenas na Terra, mas também em outros planetas de minha galáxia, e que sua "mente" está efetivamente espalhada pela galáxia—com a mente das árvores ilustrando o universo separado em seu ambiente?

SE9: Sim.

EU: Então, isso significaria que o universo e suas partes separadas também são sencientes.

SE9: Sim. É por isso que sua descrição do uso localizado da frequência não é suficientemente preciso como conceito.

EU: Eu sabia que as árvores da Terra fazem parte de uma mente coletiva ou gestalt, mas não sabia que essa mente se espalha pela galáxia na qual meu planeta se situa.

SE9: A mente da árvore cobre a maior parte do universo que vocês usam atualmente—daí o uso que fiz dela como ferramenta ilustrativa.

EU: Você parece conhecer mais sobre o meu ambiente do que eu.

SE9: Como você já sabe, todas as Entidades Fontes compartilham com as demais tudo o que aprendem, e por isso é inevitável que eu conheça tanto sobre o seu ambiente em geral quanto seu criador, sua própria Entidade Fonte. Também recebo muitas informações localizadas através de minha interface com você, informações que preciso usar como método de avaliação de seu nível de compreensão das informações que tenho, caso decida transmiti-las a você, e do melhor modo de ilustrá-las usando exemplos de coisas que você já conhece.

EU: E eu lhe agradeço por isso. Sei muito bem que só recebemos conceitos e informações de maneiras que podemos compreender, assimilar e, em última análise, divulgar, mesmo que seja como ensinar a um bebê a "Tabuada de Multiplicação" para explicar o conceito da matemática quando a realidade maior envolve o uso da matemática para se compreender a teoria do campo quântico, a qual, por sua vez, pode ser matemática do jardim de infância quando se leva em consideração a realidade maior.

A estranha construção do ambiente da Entidade Fonte Nove
Embora estivesse recebendo boas e interessantes informações da Entidade Fonte Nove, eu estava claramente ciente de que estava me desviando do processo de informação que gostaria de usar para obter uma espécie de base comum das informações sobre todas as Entidades Fontes. Resolvi voltar ao tema e obter uma descrição das entidades dentro de seu ambiente. Antes, porém, decidi compreender a razão para o ambiente da Entidade Fonte Nove ter a estrutura que tem.

EU: Primeiro, preciso dizer o seguinte. Seu ambiente universal não é nada como eu esperava, e não se parece com nenhum dos ambientes multiversais ou mesmo aqueles baseados em continuum que tive a honra de conhecer até agora. Por que você escolheu uma forma tão estranha para sua construção? Quero dizer, a maioria dos ambientes que vi e experimentei têm forma claramente esférica. Digo, se eu tivesse de lhes dar uma forma. Sei que a Entidade Fonte Sete "na totalidade" era um sistema de duas esferas que se sobrepunham no meio, criando um terceiro ambiente. Outros são enigmas de base dimensional e frequencial, mas o seu é um conceito completamente novo. Preciso realmente saber porque você o escolheu como construto. Ele é bem bizarro.

SE9: Como construto, ele serve a uma série de funções importantes. Vou enumerá-las para que você possa vê-las com mais clareza.

* Sua funcionalidade é completamente diferente dos outros multiversos criados por meus colegas.

* Ele tem uma aparência física sólida, embora sua natureza seja energética.

* A aparência governa os limites entre os ambientes universais associados a ela e o espaço de A Origem que não é usado como ambiente puro. Ou seja, ela não tem uma área que você poderia chamar de "espaço nulo" entre construtos ou uma porta de serviço para fins de manutenção.

* O movimento da entidade na direção do centro requer que a manipulação do ambiente universal permita que a entidade se mova livre e desimpedida por outros ambientes universais, sem afetá-los de qualquer maneira. Ou seja, ela é invisível em todos os sentidos para as entidades do universo sendo atravessado.

* O avanço rumo à sua fonte, eu, exige o conhecimento da manipulação universal, que é uma função mais elevada do conteúdo evolutivo acumulado por uma entidade em evolução.

* Estrutura não significa necessariamente um ambiente amorfo preenchido por um sistema estrutural dimensional, frequencial e baseado em continuum que fica dentro e fora de si mesmo. Também pode ser linear e lógico. Foi isto que criei.

* A forma do construto destina-se a ser expandido e contraído facilmente, permitindo que os ramos universais criem sub-ramos universais. Ela também permite que grupos de ramos e sub-ramos se desprendam ou se afastem uns dos outros, criando sua própria estrutura multiversal com uma parte de minha essência no centro.

EU: Isso é interessante. A imagem que recebi era justamente isso. Um punhado ou grupo de ramos, sub-ramos e sub-sub-ramos etc., saindo de um ramo principal e formando seu próprio grupo, com um ponto central mas sem outros ramos principais saindo dele. Oh, espere um pouco. Agora, vejo a progressão deste estado. Nesta condição, o grupo de separação não pode mais desenvolver um ramo ou sub-ramo do construto original porque esta é sua limitação natural.

SE9: Essa é uma limitação que instalei por motivos que talvez comente mais tarde.

EU: Entendi. Podemos continuar com aquilo que vi ou estou vendo?

SE9: Continue.

EU: O crescimento universal precisa vir do ponto central, criando um novo ramo principal a partir do qual saem novos ramos e sub-ramos subsequentes. Com o tempo, este processo continua, pois esse grupo de multiversos se expande e cresce até não haver mais espaço disponível. Ou seja, não há mais espaço disponível para que o crescimento universal continue sem que haja um choque ou sobreposição "universal", o que não é possível neste construto.

Isto é interessante. Eu realmente gostaria de saber o motivo para esta capacidade de criar grupos multiversais novos e independentes.

SE9: Estou me preparando para a época (espaço de eventos) em que A Origem expandirá sua área de autoconsciência.

Eu já havia encontrado menção a esta "preparação" para a expansão de A Origem e sua área de autoconsciência antes, com as entidades do ambiente da Entidade Fonte Sete. Do meu ponto de vista, isso ainda estaria muito distante, mas os preparativos "por trás dos bastidores" que estavam em andamento me diziam que ou não estaria tão longe quanto eu pensava, ou seria um evento tão importante que os preparativos prévios teriam de se dar com trilhões de anos terrestres de antecedência. Minha mente rangeu diante de todo o trabalho feito até agora e daquilo que ainda iria acontecer no espaço de eventos que conduziria à expansão de A Origem.

EU: Fiquei com a impressão de que você está esperando ocupar uma área maior dentro da área recém-aberta de A Origem do que ocupa atualmente.

SE9: Sim, de fato. Essa é outra razão para as minhas entidades estarem realizando seu trabalho atual. A necessidade de serem capazes de criar um universo ao seu redor que ainda esteja em contato com seu universo original, e, claro, comigo, visa capacitá-las a planejar em meu nome o momento em que a área de A Origem se expandirá a ponto de haver a necessidade de aumentar o nível de oportunidades de experiência. Isto terá de ser feito em áreas de A Origem que estão e serão inexploradas, digamos. Cada um dos grupos será uma parte de mim e de minhas entidades. Para eu iniciar o trabalho que estou fazendo, vou precisar me separar, mas como se fosse um só.

A vastidão prevista dessa área recém-aberta de A Origem, embora seja a mera fração de um ponto percentual de sua totalidade, ficava além da compreensão atual há até pouco tempo. Agora que nós, as Entidades Fontes, conhecemos a imensidão da nova área de A Origem, precisamos fazer um significativo trabalho de preparação para garantir que nós, como vocês costumam dizer, "comecemos com tudo". Estou usando minhas entidades para criar construtos localizados, multiversais e universais, nascidos da minha essência e que lhes permitirão, e, claro, a mim também, ter experiências "mais rapidamente" quando as oportunidades se apresentarem.

Você queria saber porque criei um construto universal com a forma que ele tem.

EU: Sim, certamente.

SE9: Isso tem relação com a capacidade de se mover dentro de A Origem. Acredite ou não, A Origem tem áreas de densidade energética dimensional e frequencial. O formato dendrítico de meu multiverso visa permitir a integração plena de meus construtos menores, separatistas, comigo mesma nessas áreas de "densidade". Como você pode imaginar, algumas dessas áreas de densidade também se baseiam em outras áreas de Material Original da qual você ainda não tem conhecimento, dentre as quais o material usado para criar ambientes com base em continuum.

EU: Então, há diversos outros Materiais Originais? Como são eles? Poderia descrevê-los para mim?

SE9: Vou precisar pensar um pouco sobre isto, pois vocês, ou seja, a humanidade encarnada, ainda não estão preparados para esse conhecimento.

EU: Por que não? Certamente, um ou dois componentes ambientais não podem ser um problema. Não pode ser tão difícil assim passar a informação, pode?

SE9: Percebi que vou precisar me aprofundar. É como se você conhecesse quatro elementos da tabela periódica, sem saber que existe uma tabela periódica na qual localizá-los. Se, por exemplo, você conhecesse as entidades que encarnaram em veículos humanos no que

Além da Fonte Livro 2

você chamou de era do bronze, só conheceria quatro metais, ferro, cobre, estanho e a liga criada pela mistura de cobre e estanho, o bronze. Se eu lhe desse uma tabela periódica quando você possuísse apenas esse nível de conhecimento sobre os elementos e lhe pedisse para posicionar esses elementos nela, você não teria acreditado que os outros elementos poderiam existir, simplesmente porque não tinha a capacidade mental e nem, mais importante ainda, as ferramentas para detectar e separar esses outros elementos da Terra. Este nível "medieval" de conhecimento dos elementos é, basicamente, onde vocês estão agora. Por isso, dar os nomes de alguns materiais que compõem A Origem não iria ajudá-los, pois seriam apenas nomes, nomes que lhe dei. Não seria possível detectá-los com seu atual nível tecnológico e nem predizê-los com seu atual nível de matemática. Seriam palavras sem sentido, pois você não seria capaz de experimentar aquilo que descrevem, e, por sinal, vocês também não têm palavras ou intelecto para descrevê-los.

EU: Aceito que somos pouco educados nesses assuntos, mas será que você poderia descrever apenas um ou dois para mim, por favor? Seria muito benéfico.

SE9: Percebo que você tem sede por entender o fator de forma de entidades, quer o tenham, quer não.

EU: Sim, tenho, não só porque é uma coisa que a humanidade espera ver ou experimentar, mas é algo que a humanidade, em seu atual nível de evolução sob uma perspectiva física, pode reconhecer e compreender com relativa facilidade.

SE9: Certo. Bem, então é melhor eu lhe dar um exemplo do que você chamaria de "entidade física", uma que existe num dos ramos universais.

Além da Fonte Livro 2

EU: Fantástico. Na verdade, já recebi a imagem de tal entidade. Ela lembra um torpedo!

SE9: Se os seus torpedos têm forma achatada, eu concordaria. Vou lhe enviar mais informações sobre a entidade que você está percebendo.

EU: Ah, reconheço essa forma. Ela se parece com o animal marinho que chamamos de ciba ou sépia aqui na Terra. Sua forma, de fato, é a de um torpedo, pois tem um corpo oval que se transforma numa ponta rombuda. É assim nas duas extremidades. De fato, parece-se um pouco com outro dispositivo que temos aqui na Terra, um "míssil de cruzeiro".

SE9: Sim, notei a analogia, um dispositivo bem horrível, creio. Por que vocês criam esses dispositivos de destruição? Ah, percebi. A humanidade física está realmente num ponto baixo da escala evolutiva, não está?

EU: Desculpe-me, não é uma boa ilustração daqueles de nós que se esforçam pelo bem do planeta. Para ser sincero, a maior parte da população da Terra abomina o uso desses dispositivos. Peço que me perdoe por expor você a nossa horrenda verdade, ou a parte dela, pelo menos.

SE9: Não precisa se desculpar. É aí que vocês, não VOCÊ, mas vocês coletivamente, a humanidade física, estão agora.

EU: Grato por sua compreensão.

SE9: É um prazer. Vocês não são a única civilização que desenvolveu dispositivos de destruição com os poderes que lhes foram conferidos principalmente para o bem. Agora, por que você não volta a descrever a forma da entidade que lhe mostrei?

A entidade sépia
EU: Farei isso. Grato! Como estava dizendo antes, essa entidade se parece com uma sépia, pois à primeira vista, ela se move de maneira similar. Por fora, tem uma linha de pelos que crescem e ondulam de várias maneiras criando movimento, mas não é como um movimento na água. É algo completamente diferente. Deixe-me ver mais de perto. Nossa! É incrível! Ao longo dessas protuberâncias que se parecem com cabelos—não, desculpe, acima delas—há uma série de círculos ou elipses multicoloridas que mudam de cor com o tempo e com as ondulações dos cabelos. Quando estes ondulam a área que envolve o corpo da entidade também parece mudar de cor, e dá a impressão de alterar o conteúdo energético das energias próximas. É como se ela criasse um campo de energia que lhe permite "escorregar" entre as energias criadas pelas energias usadas na construção do ambiente universal.

SE9: Deixe-me ver como posso descrever isso de forma mais ilustrativa. Se você considerar um tanque cheio de gel de silicone autorregenerativo e empurrar uma bola de rúgbi pelo gel, de um lado para o outro, o gel se afastaria da forma da bola, mover-se-ia sobre a superfície dela e tornaria a fechar o gel atrás da bola. Se eu continuar a empurrar a bola através do gel, este vai se fechar atrás dela até eu chegar do outro lado.

Agora, imagine que a bola tem um campo de força em torno dela. Neste caso, o gel se afasta por uma distância conhecida da superfície da bola sem que ela seja empurrada pelo gel, o que permite que a bola literalmente "caia" através do gel em vez de precisar ser empurrada ou forçada por ele. Dentro do gel, a bola pode mudar a direção de seu trajeto aumentando a distância entre o campo e a superfície da bola no lado que esta precisa ir e diminuindo a distância entre o campo e a superfície da bola do lado do qual está se afastando—permitindo-lhe assim "cair" na direção desejada. É assim, com efeito, que a entidade

Além da Fonte Livro 2

sépia se move em seu ambiente, nesse ambiente universal específico. Exceto, é claro, pelo fato de o ambiente não ser de gel de silicone.

EU: Deixe-me entender isto direito. Posso presumir que o ambiente oferece alguma resistência à entidade, resistência suficiente para criar um campo de força com seus "cabelos" e a função de elipses ou círculos coloridos?

SE9: Sim, muito bem. Talvez eu não possa lhe descrever como o ambiente é realmente criado, mas posso lhe dar um exemplo compreensível. Se eu lhe disser que todo o ambiente foi construído com radiação eletromagnética que não tem origem de produção, mas que está simplesmente "por toda a parte", você entenderia? (NOTA: Um eletromagneto tem um núcleo de ferrite e uma espiral de cobre pela qual a eletricidade passa para criar o campo magnético – GSN.)

EU: Sim, até certo ponto. Basicamente, não é isso que a Terra faz? Ah, não, estou percebendo o que você quer dizer: a Terra é a origem da produção de sua magnetosfera. Você está falando, por exemplo, de uma magnetosfera, neste caso eletromagnética, sem uma origem.

SE9: No alvo! A função das características (cabelos etc.) do lado da entidade é criar um efeito neutralizador, juntamente com uma força de atração.

EU: Também vi diversos nódulos energéticos de muitas formas e funções que aparecem e desaparecem. Seriam parte da função que ajuda a entidade a se mover numa direção linear?

SE9: Essa é uma de suas funções, ou seja, ajudar na navegação da entidade. A maior parte da força diretiva é criada pelas combinações de energia geradas pelos cabelos e pelas funções dos círculos e elipses. Os cabelos e as funções dos círculos e elipses podem aparecer em qualquer ponto periférico da entidade, permitindo-lhe mudar de direção, afetando assim as funções dos nódulos e a maneira como interagem com as energias vizinhas. Entretanto, os nódulos também proporcionam a função direcional em termos da navegação das energias.

EU: Tenho a impressão de que esses nódulos operam a mudança na direção, tal como um surfista ou praticante de snowboard muda levemente de direção usando sua mão no mar ou na neve para criar certa quantidade de "atrito".

SE9: Não, não, nem de longe, embora eu entenda porque você disse isso. Ah, sim, agora sim, entendi. Se você usar essa analogia para o "mergulho" dentro e fora de diferentes energias, sentindo o que são e quais suas forças ou intensidades, pode ser um exemplo. Esses diferentes nódulos estão sintonizados com as diferentes energias do ambiente onde a entidade existe. Os nódulos manipulam essas energias localmente e os cabelos e as funções dos círculos e elipses criam o movimento. Os nódulos se estendem e se contraem ao detectar as mudanças na assinatura do ambiente energético e reagem de acordo, criando um conjunto de energias simpáticas nos cabelos e nas funções dos círculos e elipses, destinadas tanto a repelir as energias da entidade quanto a criar um vácuo para a movimentação da entidade. Os nódulos criam as mudanças necessárias para as energias da superfície dos cabelos, para atrair a entidade até essas energias previamente repelidas, permitindo que a entidade se mova até a área de vácuo e torne a se aproximar dessas energias. Tudo isso acontece de forma instantânea e contínua, permitindo que a entidade navegue pelas energias que permeiam seu ambiente universal.

EU: Incrível!

SE9: É bonito ou não é? Mas, como disse antes ao tratar deste assunto, os nódulos também podem ter outra função principal.

EU: Qual seria ela?

SE9: Os nódulos criam o ambiente universal localizado necessário para que a entidade navegue pelos outros ramos e sub-ramos universais e pelo tronco principal, digamos, do construto de meu ambiente principal. Em essência, ela cria seu próprio universo juntamente com todas as funções necessárias para chegar noutro local do universo principal, onde ela existia antes de aproveitar a oportunidade para se liberar e ampliar seu conteúdo evolutivo.

EU: Como ela faz isso?

SE9: Durante o período de sua existência, os nódulos ajudam a entidade a criar um mapa das energias associadas com o universo de origem. Este mapa é gerado e armazenado dentro da estrutura energética da entidade ao longo de certo período—um período que seria a idade da entidade e o tempo que ela leva para visitar e experimentar todas as energias e os locais associados a esses locais dentro de seu universo de origem. Pode dizer que se trata de uma matriz multidimensional, multifrequencial, multi-****** e multi-******.

EU: Espere aí, quais são essas palavras que eu não consegui traduzir ou reconhecer? Só posso colocar asteriscos em lugar delas.

SE9: São duas das outras funções do meu construto. Acham-se além de dimensões, componentes subdimensionais, frequências, energia e continuum.

EU: Sim, sim. Você disse que tinha componentes na construção ambiental que eram diferentes daquilo que eu já havia experimentado. Poderia descrever alguns (os dois acima) para mim?

Além da Fonte Livro 2

SE9: Vou tentar descrevê-los com linguagem e conceitos que você irá entender depois de terminarmos este diálogo específico.

EU: Excelente.

SE9: Depois que a entidade estabeleceu um mapa abrangente e completo de seu ambiente original sob TODAS as perspectivas, ela pode manipular as energias "domésticas" que a envolvem até o ponto destas se tornarem parte tanto do universo original quanto da própria entidade. A entidade é capaz de manipular ainda mais as energias, permitindo-lhe manter a estrutura desta estrutura universal localizada enquanto experimenta e atravessa outro construto universal. Além disso, ela também pode manipular essas energias para criar um vínculo com o universo de origem e TODOS os outros universos locais, construídos por outras entidades que estavam originalmente ou atualmente dentro de seu universo de origem, efetuando a translação para esses universos localizados para comunhão com eles. Ela simplesmente recria as energias relativas a uma localização específica do universo de origem e desloca-se para ela. Ao fazê-lo, na verdade efetua sua própria translação para o local desejado.

EU: Acabei de receber a imagem de um caracol. É como se essas entidades levassem sua própria casa (universo) com elas.

SE9: É uma ótima analogia. Sim, gostei dela.

EU: Também vejo a imagem de duas entidades juntas. Quando estão juntas, seus universos localizados convergem, criando um único universo local simpático às energias das duas entidades.

SE9: Correto, sim, elas fazem isso. E a reunião de entidades é algo bem comum, criando uma "bolha" maior de seu universo de origem quando visitam o mesmo ramo universal estrangeiro.

EU: Sim, percebi. Isso explicaria as imagens que recebi de bolhas de universo independente, bem grandes, atravessando o tronco principal de uma de suas "árvores" estruturais, digamos.

SE9: Sim, muito bem.

EU: Também notei que as entidades na bolha são capazes de realizar todos os seus deveres normais—deveres que resultam do aumento de seu conteúdo evolutivo e de sua aproximação do ponto central de seu construto—o que as leva para mais perto de você e da "unidade".

SE9: Correto.

EU: OK, então, o trabalho evolutivo normal realizado pelas entidades continua mesmo quando elas estão se dirigindo à unidade e possivelmente atravessando outros troncos, ramos e sub-ramos para experimentar esses "outros" universos enquanto se acham sob os auspícios de seu próprio universo.

SE9: Mais uma vez, correto.

EU: Então, qual é o objetivo de uma entidade experimentar outros universos quando se acha sob a proteção de seu próprio ambiente?

SE9: De fato, é uma boa pergunta. Você mesmo poderia analisar sua pergunta, pois como a raça humana experimenta as profundezas de seus oceanos ou a área em torno de seu planeta que vocês chamam de vácuo do espaço?

EU: Bem lembrado. Ahh, você está sugerindo que elas não podem existir de fato nos outros universos que estão atravessando?

SE9: Estou sim. Você acabou chegando lá.

EU: Ohhh, isso é interessante. E mais, para mim, vai uma grande distância do uso de um construto para visitar outras frequências ou dimensões, aquilo que chamamos de nave espacial.

SE9: E por quê?

EU: Pelo que posso ver, o construto, um universo local, é o veículo para viagens, existência contínua e comunicação, bem como para viajar até outros universos localizados com a mesma assinatura do universo de origem—inclusive, o próprio universo de origem.

SE9: Mais uma vez, correto. Você está ficando bom nisso.

EU: Por favor, desculpe-me, mas tenho a impressão de que você está me fazendo entender a construção e a funcionalidade de seu multiverso através de minha própria conectividade com você, em vez de você falar e eu digitar o texto neste livro.

SE9: Estou mesmo, e estou fazendo isto de propósito. A Origem pediu que eu ajudasse você a aumentar a receptividade a informações superiores enquanto você está no atual veículo físico. Em essência, deixar que você conte a história, digamos, no meu lugar.

EU: E isso seria sábio? Quero dizer, os leitores dariam mais credibilidade à informação se esta viesse de você e não de minha própria conexão com seus conhecimentos.

SE9: Concordo, mas pelo fato de mostrar sua própria capacidade de se conectar comigo de maneira mais fundamental, seus leitores verão que eles mesmos podem fazer isto (manter diálogos deste tipo) quando tiverem as ferramentas para fazê-lo.

EU: Grato por sua explicação. Mas ajude-me aqui: se é possível criar um construto energético para atravessar dimensões e frequências no meu próprio multiverso, por que esses construtos não podem ser usados no seu construto multiversal? Por que suas entidades precisam criar um universo local e não apenas um veículo energético?

Universo local versus construto energético como veículo para atravessar o multiverso da Entidade Fonte Nove

SE9: Você já conhece a necessidade de um construto energético, seja sua natureza mecânica ou plenamente energética, pelas comunicações com sua própria Entidade Fonte.

EU: Sim, de maneira limitada. Um construto de qualquer formato é necessário para manter o ambiente original das entidades que viajam, garantindo que não perderão nenhuma de suas funcionalidades ou faculdades caso atravessem frequências mais baixas, mantendo sua integridade. Esta é uma regra que se aplica mesmo que mergulhem em frequências ou dimensões "superiores" para fins de viagem.

SE9: Excelente. Agora, pense noutras razões para o possível uso de um construto.

EU: Como? Bem, essa é bem difícil.

SE9: Não é, não. Valha-se do conhecimento omniversal de A Origem e traduza-o em linguagem humana.

EU: Vou tentar. Dê-me um instante.

SE9: Não tenha pressa; você tem todo o tempo da Terra—literalmente.

Que será que ele quis dizer com isso?

SE9: Li esse pensamento. Quis dizer que vou ajudá-lo pelo tempo de que precisar para lidar com essa tarefa específica. Literalmente, vou tirar você do tempo até que você consiga lidar com a tarefa.

Bem, não sei dizer se isso aconteceu mesmo. Não sei sequer se perceberia tal ato de manipulação de meu próprio espaço de eventos se ele me desse um tapa na cara, e por isso resolvi seguir em frente. Não tive de esperar muito.

EU: Contaminação e longevidade? Como assim?

SE9: Cave mais fundo.

EU: Certo, farei isso. Errmm, sim, estou vendo. Acho. Ahh! Agora, vi mesmo. Um construto que chamaríamos de nave espacial ou de construto energético é apenas isso—um construto. Ele é criado no ambiente original da entidade para perpetuar aquele ambiente, a fim de experimentar outros ambientes sem perda de funções e faculdades, ou das condições ambientais necessárias para sustentar a existência da entidade ou das entidades usando o construto.

SE9: Sim?

EU: Uau! Você é uma supervisora durona. Bem, o problema aqui é que ela ainda é do ambiente original, e, como tal, tem longevidade limitada depois que sai daquele ambiente, pois depende das energias universais associadas com o universo de origem. E mais, vejo que ela leva certo nível de conteúdo energético totalmente estranho ao ambiente sendo atravessado. Isto cria um nível de desarmonia localizada que afeta não só a área do universo sendo atravessada, como também o conteúdo energético das entidades naquele local, de várias maneiras, com disfunções harmônicas leves e graves. Esta é a contaminação, a contaminação na harmonia energética.

SE9: Prossiga. Você está na metade do caminho.

Além da Fonte Livro 2

EU: Vimos esta desarmonia de diversas maneiras na Esfera Terrestre. Ela se manifesta como um clima estranho e imprevisível, desaparecimentos repentinos de pessoas e veículos (aéreos e marítimos) e em apagões de energia que se estendem por toda a rede elétrica das cidades. Um construto plenamente universal, por menor que seja, não faz isso—simplesmente por causa de sua genealogia intrínseca e natural de construção, especificamente no seu ambiente.

Vou me expressar melhor. Um universo tem seu próprio conjunto singular de frequências e dimensões que não estão conectadas umas às outras e nem com outras coisas, exceto o multiverso no qual existem. Como resultado, mantêm certo nível de duplicidade, de intercambiabilidade de igualdade, embora sejam diferentes de todas as outras maneiras. Bem, e por que é assim? Pelo que vejo, é do material do multiverso e não um construto sintético. É criado pelo criador ou pelas criações do criador se foi construído pelo mesmo método ou rima que o criador—sob os auspícios do criador e para o benefício do criador. Neste caso, Você, Entidade Fonte Nove.

E não é só isso: as entidades que criam os universos localizados precisam ter atingido certo nível de evolução, como você disse antes, para atingirem o status de "criadoras". Quando atingem o status de criadoras, conscientizam-se das ferramentas e formas de usar as ferramentas para criarem um universo de sua própria autoria. Basicamente, uma vez que o universo como ambiente é uma duplicata daquilo que foi criado pelo criador, não contém desarmonia energética e nem problemas de longevidade. Como universo, desfruta da longevidade que seu criador lhe deu, sem data de validade, digamos— a menos, claro, que o criador decida encerrar sua existência e consiga se deslocar pelo tecido básico dos ambientes universais que ele atravessa, pois é essencialmente o mesmo, apesar de ter um conjunto distinto de regras de construção para aquele conjunto específico de conteúdo multiversal. Na verdade, ele é escorregadio, "nada gruda" nele, digamos!

Espere aí, como um universo que existe dentro de um universo, com aquele universo sendo usado para fins de transporte, pode ser diferente ao mesmo tempo que não é suficientemente diferente, ou seja, ser considerado o mesmo mas sem causar resistência?

SE9: Como você mesmo disse há alguns instantes, ele tem um conjunto distinto de regras de construção, embora use os mesmos componentes. É por isso que é aceito pelo universo pelo qual viaja, embora seja um invólucro universal separado envolvendo entidades.

EU: Então, é a combinação de componentes e subcomponentes universais que o torna individual, embora seja essencialmente o mesmo.

SE9: Sim. Vejo que você está franzindo a testa, e por isso vou lhe explicar um pouco melhor, usando um exemplo próximo de você.

O corpo humano é construído usando-se um número conhecido de fitas de DNA e suas múltiplas variantes ou combinações. As variantes dão a oportunidade para ilustrar variações na forma e na função do corpo. Algumas dessas fitas são compartilhadas com veículos baseados no fator de forma "animal", com as sequências das fitas de DNA similares, se não idênticas, até certo ponto. Logo, o genoma do camundongo é similar ao genoma humano, mas as pequenas diferenças no sequenciamento criam resultados físicos bem diferentes. Todavia, essas similaridades e diferenças simultâneas são exemplos excelentes da maneira como o universo sendo atravessado aceita o universo que o está atravessando, pois esses componentes similares ou idênticos são os que se apresentam ao universo sendo atravessado. Em essência, o universo sendo atravessado, sentindo aquilo que o está atravessando, reconhece-o como "ele mesmo" e, portanto, não rejeita e nem oferece obstáculo ao universo que o atravessa.

Além da Fonte Livro 2

Uma entidade feita de espaço de eventos
EU: Fiquei muito contente com a descrição de uma de suas entidades "físicas" em nossa série anterior de diálogos. Achei muito interessante descobrir como ela se movia por seu ambiente universal. Achei mais interessante ainda ver como funcionam os construtos universais e como fazem interface com seu próprio universo original e os universos que eles atravessam, bem como a maneira como permitem que as entidades que os usam realizem o trabalho que precisam realizar para evoluir e se aproximarem da comunhão com você. Mas percebi que parar por aqui não seria uma boa ideia, especificamente porque pedi para falar de duas entidades suas. Como essa que acabamos de comentar tinha natureza física, segundo você disse, eu gostaria de falar de uma que não tem, a fim de obter certo equilíbrio.

O que eu gostaria de fazer agora, com sua permissão, é tratar de uma entidade que não tem natureza primária física e nem energética. Se é que você tem uma entidade que não é de nenhum desses tipos, é claro.

SE9: É interessante, pois tenho de fato uma entidade que não só se encaixa nessa categoria, como também num processo mental totalmente novo para você.

EU: Puxa, prossiga, agora você tem toda a minha atenção. Como seria a forma dessa entidade? Lembre-se que ela também precisa ser capaz de criar seu próprio construto universal para atravessar os troncos, ramos e sub-ramos de seu construto universal.

SE9: Bem, espere só. Sua forma baseia-se numa função do espaço que você conhece e identifica como "espaço de eventos" no ambiente de sua Entidade Fonte.

EU: Como!!? Como é possível isso? Quero dizer, eu não estava esperando uma entidade baseada no próprio tecido do "espaço de eventos".

SE9: Achei que você gostaria desta.

EU: Pode apostar.

Neste ponto do diálogo com a Entidade Fonte Nove, devo dizer que estava ficando empolgado. Tinha visto muitas formas de vida estranhas, diferentes e, para ser honesto, impossíveis (para a humanidade física) nos últimos dois anos. Agora, porém, eu estava prestes a discutir uma entidade baseada no "espaço de eventos". Isso seria muito bom. Reclinei-me na cadeira, estiquei as costas e me conectei novamente com a Entidade Fonte Nove.

SE9: Fiquei Feliz por ver que você se entusiasmou com a ideia de ser apresentado ao ser que você chamaria de "Henutrik".

EU: Uau, eles têm nome, um nome que pode ser reconhecido na minha língua. Posso ser atrevido e perguntar o nome da entidade anterior?

SE9: Aquela raça específica tem um nome, mas seria impossível lhe dar uma tradução que faça sentido. Muitas das minhas raças não se dão nome algum. O fato destas duas terem nome é apenas uma coincidência. No entanto, vejo que você gostaria do nome da primeira entidade.

EU: Gostaria sim, obrigado. Por pior que seja a tradução, seria bom ter algum nome.

SE9: Mas perceba que esta palavra, embora não tenha significado no sentido da tradução, só pode ser usada para fins descritivos referindo-se à raça representada pela entidade anterior.

EU: E esse nome é?

Além da Fonte Livro 2

SE9: Eles podem ser referidos como os Tareganuuuthokk. Mas, como eu disse, isto não tem sentido algum, pois não existe palavra, frase ou som que possa ser usado para descrever como eles mesmos se chamam coletivamente.

EU: E as entidades baseadas em espaço de eventos usam seu nome?

SE9: Pouco, mas usam.

EU: Para mim, isso é incrível.

SE9: Ora, há muitas raças de entidades que não têm um nome descritivo para elas mesmas ou que não se traduzem em uma linguagem baseada em sons que vocês, como humanidade, usam no ambiente de sua própria Entidade Fonte. Assim, por que isso seria incrível no meu ambiente?

EU: Agradeço por esclarecer isso para mim. Vamos nos concentrar nos Henutrik.

SE9: Os Henutrik são construídos com as energias que envolvem o espaço que você chama de espaço de eventos ou um universo paralelo. Em essência, sua existência é o resultado de milhares de oportunidades geradas pelas outras entidades que existem no meu construto ambiental.

EU: Você está sugerindo que sua existência depende das ações ou possíveis ações das outras entidades?

SE9: De certo modo, sim.

A entidade do espaço de eventos e dois novos componentes universais

Além da Fonte Livro 2

SE9: Vou explicar a razão para isso, pois será bem difícil compreender. Quando uma entidade, digo, qualquer entidade, precisa fazer uma escolha e no final segue determinado caminho, a intenção de seguir outra (ou outras) rota(s), embora parcial, cria energia, a energia da intenção. A energia da intenção não é uma coisa que você já tenha tratado antes, embora saiba que uma "ação" resulta de uma "intenção". A energia da ação é uma energia criada por uma "intenção" que teve prosseguimento ou foi a preferida dentre todas as outras em vez de ser descartada. A intenção descartada cria a energia da "intenção possível". Essas duas energias são dois novos tipos de energia para sua apreciação, pois também são partes integrais e importantes de seu próprio ambiente. Importantes porque também são relevantes ao "espaço de eventos" que você experimenta enquanto se acha no estado energético em seu próprio multiverso.

EU: Você está sugerindo que, além das dimensões, componentes subdimensionais, frequências e continuum, que eu considero como os componentes básicos de construção de um universo ou multiverso, há outros dois a se levar em conta, a energia da intenção "baseada em probabilidade" e a energia da intenção "baseada em ação" (respectivamente com siglas em inglês PBIE e ABIE)?

SE9: Sim, claro. E mais: ambas são componentes essenciais. Embora possam não ser tão evidentes quanto os componentes que você acabou de ilustrar, ainda são alguns dos componentes mais importantes de um ambiente multiversal.

Todas as energias ou componentes construtivos multiversais, inclusive esses ambientes que você chama de continuum, são plenamente capazes de desenvolver autoconsciência e senciência. O mesmo se aplica aos componentes que você abreviou como PBIE e ABIE. A principal diferença desses dois componentes é que são capazes de ser tanto sencientes como individualizados. A senciência é o resultado normal da longevidade da pura existência. A individualidade é o resultado normal do pensamento baseado na intenção agrupada dos processos mentais de PBIE e ABIE. Esta individualidade também pode ser classificada como uma memória—a função de memória mantém a gama de "espaços de eventos" em termos de eventos "reais" e eventos "possíveis". Isto inclui eventos que foram simplesmente um pensamento que depois se tornou realidade, bem como eventos que eram a ação "desejada" que depois foi "descartada" devido à completação e subsequente progressão para o espaço de eventos seguinte, ou que eram simplesmente o resultado de uma "mudança de ideia" (ver a seguir).

Em essência, as energias PBIE e ABIE são da mesma família e independentemente importantes. O fator discriminante entre elas é a força ou tipo de pensamento intencional criado por uma entidade em sua localização atual. Se a energia da intenção é forte, pode ser atribuída à energia da intenção baseada em "ação" (ABIE). Se é fraca, será atribuída à energia da intenção baseada em "possibilidade" (PBIE). São experimentados diversos graus de intensidade, relacionados com a possibilidade de a intenção baseada em "ação" ser abandonada em nome de outra possibilidade durante a efetiva entrega da ação. Às vezes, esta é chamada de "mudança de ideia". Esta energia seria forte, mas não mais forte do que uma ação que teve prosseguimento. Os graus mais baixos de energia são atribuíveis ao número de possibilidades disponíveis e ao nível de diluição da força com base no potencial para que estas possibilidades se tornem ações ou não, conforme for o caso mais tarde.

EU: Portanto, essencialmente estas entidades são as energias criadas pelas memórias ou pelas energias envolvendo as memórias de todos os eventos possíveis ou eventos reais (ações) relacionados com uma entidade, grupo de entidades ou civilização.

SE9: Bela descrição. São uma parte importante da superestrutura de qualquer ambiente, pois são a cola que une tudo.

EU: Agora, sinto que perdi alguma coisa. Com certeza, não acho que mereci seu elogio.

SE9: Sua descrição foi "no alvo", digamos, mesmo que você não tenha compreendido totalmente o que estava dizendo. Vou me aprofundar um pouco para completar a descrição.

Essas entidades são específicas do meu ambiente e existem dentro do núcleo ou aquela parte do construto que conecta todos os "troncos". No seu ambiente, são entidades de outro tipo, mas apenas em função do espaço de eventos diferente que é criado. Genericamente, cada entidade do espaço de eventos é uma energia que envolve um evento determinado ou um evento possível. Algumas entidades são uma série de eventos, caso a ação ainda não tenha progredido. A entidade do espaço de eventos é como foi descrita antes, a memória de tudo que está associado a um evento em particular. Isto inclui os vínculos com as energias e as entidades e o universo específico no qual são geradas. Como contém todas as energias associadas a um evento específico ou série de eventos num universo específico, são tudo que é aquele espaço de eventos em sua inteireza. Em essência, são a única razão para que aquele espaço de eventos exista. As entidades de espaço de eventos só existem porque são entidades autoconscientes geradas pela criação de energias da intenção e seu desejo de autoperpetuação. Este desejo de autoperpetuação resulta na perpetuação dos eventos dentro de seu espaço de eventos.

EU: Então, em benefício do público leitor, eu gostaria de obter mais informações sobre essas entidades, pois posso imaginar que os leitores, como eu, estarão coçando a cabeça, especialmente pensando que os dois tipos diferentes de energia, energias específicas de eventos criados pela intenção, criam tanto a memória do evento quanto, no final das contas, uma entidade autoconsciente e plenamente senciente. Não apenas isso: depois que a entidade está autoconsciente, o desejo

Além da Fonte Livro 2

de autoperpetuação é a única razão para a perpetuação dos próprios eventos.

Desculpem, pessoal, mas achei que esse era um conceito muito importante e merecia mais explicações.

Para mim, isso é um pouco como "o ovo ou a galinha". Por exemplo, o que acontece com as entidades de espaço de eventos associadas com as entidades normais que as criaram através da intenção quando essas entidades normais se afastam de um espaço de eventos e vão para outro? Esse espaço de eventos some da existência?

SE9: Não, pois aquele espaço de eventos não é só mantido pela entidade que criou a intenção original; ele também é mantido pelas entidades associadas com a entidade que criou a intenção original. Em essência, enquanto uma entidade normal estiver operando naquele espaço de eventos, a entidade de espaço de eventos será mantida perpetuamente, ou seja, sua existência será mantida. Mas este é apenas um pré-requisito para a existência continuada no período formativo de sua existência.

EU: O que você quer dizer com "este é apenas um pré-requisito para a existência continuada no período formativo de sua existência"? Está me dizendo que depois que existem por certo período de, vamos usar aquela palavra, "tempo", são capazes de se sustentar sozinhas sem a necessidade de outra entidade existindo em, ou trabalhando com, as energias da intenção que criaram o espaço de eventos e, portanto, a própria entidade do espaço de eventos?

SE9: Sim, correto. Na verdade, essa é a função desejada da entidade de espaço de eventos—existir por tempo suficiente com autoconsciência, perpetuada pela função energética de ABIE e PBIE, para ser capaz de criar seu próprio espaço de eventos.

Além da Fonte Livro 2

EU: Elas são capazes de criar seu próprio espaço de eventos?

SE9: Sim, mas antes precisam ser criadas. Entenda, mesmo no ambiente multiversal de sua própria Entidade Fonte, o "espaço de eventos" precisa ser criado pelas intenções das entidades, como você mesmo. A diferença entre os espaços de eventos dentro do seu próprio ambiente é que eles são perpetuados como função de sua Entidade Fonte. Meu espaço de eventos é perpetuado como função da senciência das energias que envolvem e são criadas pelas intenções de outras entidades. Depois que o espaço de eventos existe por tempo suficiente para ser mantido por uma massa crítica de entidades normais, ele começa a ganhar sua própria senciência. Esta senciência personalizada é criada ou gerada como resultado direto das ABIE e PBIE totais e combinadas, que precisam ser intercaladas em igualdade para permitir que a fórmula ou programa senciente, se preferir, seja iniciada. Quando essa massa crítica de entidades normais começa a se reduzir a um nível inferior ao que é necessário para iniciar o programa senciente e o espaço de eventos já começou a se tornar senciente, seu programa é continuado, permitindo-se que finalize normalmente. Caso a redução da massa crítica de entidades normais caia abaixo do que é necessário para iniciar o programa senciente, e o programa ainda não tiver iniciado, então essa área de espaço de eventos não se tornará senciente. Naturalmente, ela pode começar a se tornar senciente caso a massa crítica torne a ser atingida e mantida por tempo suficiente para permitir que o programa se inicie.

EU: Então, nem todos os seus espaços de eventos são entidades sencientes por direito próprio?

SE9: Não, simplesmente porque aqueles que não são sencientes são o que você chamaria de "obra em andamento". Isto não quer dizer que não sejam importantes, pois todas as áreas de espaço de eventos são importantes, sejam sencientes ou não. É que ainda não são sencientes

Além da Fonte Livro 2

o suficiente para serem classificadas como entidades por direito próprio.

O nível de existência mais importante que uma entidade de espaço de eventos pode atingir é o nível da autoconsciência autossustentada que resulta em senciência. Depois que uma entidade de espaço de eventos chega a esse ponto, ela está na área certa, numa estimativa aproximada, para poder se autoperpetuar com ou sem massa, crítica ou não crítica, por entidades "supostamente" normais que estão usando sua intenção para criar energias ou forças de espaço de eventos que são baseadas em ABIE ou em PBIE. Isto lhes dá certo nível de independência, bem como interdependência com outras entidades de espaço de eventos. A independência cria a perpetuação de detalhes do espaço de eventos e os vínculos entre outros espaços de eventos, criando assim a paisagem total de milhares de eventos que são ou poderiam ter sido almejados.

EU: No meu próprio ambiente, o espaço de eventos, como você identificou corretamente, é uma função da minha própria Entidade Fonte. Sua existência perpetuada está disponível para o uso das entidades que desejam compreender as inúmeras possibilidades disponíveis para elas caso sigam certo caminho ou tomem certa decisão, se houver mais de um caminho ou escolha a ser feita. Também faz parte dos registros akáshicos e desses outros registros que também são "akáshicos" (eternos e flexíveis) para uso de outras entidades dentro do ambiente de minha própria Entidade Fonte. A perpetuação de "eventos" do espaço de eventos é tão importante em seu próprio ambiente quanto é no meu?

SE9: Sim, claro. É mais importante. Isto é resultado direto do fato de o espaço de eventos tornar-se senciente e por isso móvel.

EU: Espere, as entidades de espaço de eventos são móveis? Eu imaginava que seriam imóveis, embora sencientes.

Tinha acabado de receber a imagem de entidades de espaço de eventos amontoadas juntas num campo nivelado. Na imagem, nenhuma das entidades de espaço de eventos estava empilhada sobre as demais. Era como se estivessem paradas junto umas das outras no estacionamento de um supermercado.

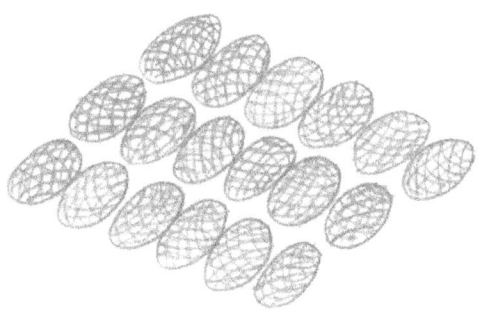

Figura 1: Entidades de espaço de eventos

SE9: A imagem ilustra a função de entidades de espaço de eventos dentro do meu ambiente e não o que prevalece em seu próprio ambiente, onde todos os espaços de eventos estão em contato uns com os outros ou ligados por associação direta ou indireta uns com os outros. Embora a imagem possa parecer um tanto linear, o espaço de eventos "coletivo", uma superfície plana (campo desportivo ou estacionamento de automóveis), as entidades de espaço de eventos estão em contato umas com as outras de milhares de maneiras. Um desses métodos de contato pode lhe interessar, pois é a razão pela qual um espaço de eventos que não é mais mantido em perpetuidade pelas energias da intenção de entidades locais normais é não apenas mantido, como se permite que exista por direito próprio.

EU: Prossiga. Pare de me provocar! Como estão em contato umas com as outras? Além dos vínculos normais entre um espaço de eventos e

Além da Fonte Livro 2

outro, que é uma função de sair de um espaço de eventos até outro, ou mesmo a interdependência de "eventos" resultante da cooperação entre duas ou mais entidades cujos espaços de eventos convergem durante um período limitado. É este vínculo que mantém as entidades de espaço de eventos interdependentes, embora também sejam dependentes de seus próprios eventos?

SE9: Muito bom. Você quase acertou. Chegou tão perto que vou finalizar pessoalmente a discussão.

Simplesmente, são as pequenas interações com outros espaços de eventos, sencientes ou não, que mantém o espaço de eventos existindo quando não está no ponto da senciência e subsequente autossustentação. Quando está autoconsciente, autossustentada e autoperpetuadora, a entidade de espaço de eventos pode se mover no "espaço" que é designado apenas para uso das entidades de espaço de eventos. Que, deve ser dito, podem ser classificadas como "existindo atualmente/potencialmente", "existindo previamente" e "existindo atualmente".

Essas interações menores são menos relevantes, intensas e perpétuas. O que é interessante notar aqui é que os vínculos entre diferentes espaços de eventos e entidades de espaço de eventos acham-se num estado constante de fluxo—fluxo, aqui, em termos de seu contato umas com as outras.

EU: Tenho a impressão de que os eventos mantidos pelas entidades de espaço de eventos se movem regularmente. O movimento é função da qualidade do evento que tal interação transitória pode ou poderia gerar quando ativada.

SE9: Correto. O objetivo do movimento, a dissociação e reassociação de espaços de eventos entre duas ou mais áreas de espaço de eventos ou de entidades de espaço de eventos, é a oferta de vínculos entre

Além da Fonte Livro 2

eventos distintos, apesar de não se encontrarem "normalmente" ligados. Esses vínculos "anormais" não têm uma associação ou interdependência pronta entre os eventos, mas oferecem a oportunidade de se estudar o que "poderia ser" enquanto se observa "o que é". A remoção da parte do espaço de eventos que normalmente fica ligada a outra parte do conteúdo de eventos de uma entidade de espaço de eventos isola esse evento da entidade de espaço de eventos "presa" e lhe permite associar-se a outro espaço de eventos dentro de outra entidade de espaço de eventos independente, identificando assim milhares de novas oportunidades evolutivas resultantes da nova associação com outra entidade de espaço de eventos.

EU: Isso é incrível. Tenho a impressão (na verdade, recebi outra imagem) de que, embora se possa esperar que seu ambiente esteja coberto por entidades de espaço de eventos suficientes para lidar com todo o volume ambiental, isso não existe. Em vez disso, você tem lacunas no espaço de eventos—áreas de escuridão nas quais os eventos que acontecem não são registrados.

SE9: Mais do que isso. Não podem ser usados pelas entidades normais do meu ambiente.

EU: Espere aí. Isso não é essa coisa de "ovo ou galinha" novamente? Se uma entidade normal não pode atravessar a área onde não há entidades de espaço de eventos para manter e registrar os eventos que estão ocorrendo ali, como as entidades normais criam as energias PBIE e ABIE que criam os eventos e, portanto, a oportunidade para que o espaço de eventos se torne senciente?

SE9: Essas lacunas ou áreas que você chama de escuras são áreas onde as atuais áreas de espaço de eventos e as subsequentes entidades de espaço de eventos podem se expandir. Se quiser, chame-as de "espaço" reservado apenas para uso da expansão.

EU: Como isso funciona? Segundo minha compreensão limitada, o espaço de eventos, e, portanto, as entidades de espaço de eventos de seu ambiente, não estariam limitadas a requisitos espaciais porque o espaço de eventos fica "fora do espaço" propriamente dito.

SE9: Correto, mas isso tem suas limitações. Essas limitações são eu, o ambiente do meu espaço de eventos, pois sou como as outras Entidades Fontes, um subconjunto e, portanto, uma compartimentalização das energias, dimensões, componentes subdimensionais e frequências que me foram dadas por A Origem quando ela me criou. Segundo sua perspectiva, naturalmente, não tenho essas limitações, mas na minha perspectiva, todas as condições ambientais que crio acham-se dentro dessas condições com as quais fui criada.

Para ser sincero, estava tendo um pouco de dificuldade com isso, pois esperava (por culpa minha—ninguém deve sobrepor suas próprias expectativas numa comunicação como esta) que o espaço de eventos fosse basicamente ilimitado.

EU: Bem, estou tendo alguma dificuldade com isso. Se há limitações baseadas em sua própria condição estrutural, quais seriam elas?

SE9: Em termos simples, uma parcela de mim que é reservada para uso do espaço de eventos.

EU: Mas eu imaginava que aquilo que é espaço de eventos permearia você literalmente, estaria por toda parte.

SE9: E está.

EU: Mas então, e por favor, ajude-me aqui, você não acabou de dizer que não estava?

Além da Fonte Livro 2

SE9: O espaço de eventos é limitado pelo número de permutações que podem ou poderiam ocorrer, caso uma entidade tivesse uma escolha ou uma série de escolhas a fazer. Isso é aumentado pelo número de entidades que entram nos espaços de eventos ou ligam-nos mediante a associação com outras entidades. Quando um espaço de eventos atinge seu nível máximo de permutação, permite-se que ocupe, de forma automática, aquela área dentro de mim que está reservada para espaços de eventos. Há períodos...

Percebi que a Entidade Fonte Nove se esforçou para não mencionar a palavra "tempo".

... em que essas permutações de "eventos" se reduzem como consequência natural da convergência latente. A convergência latente é experimentada quando uma série de espaços de eventos tornam a se alinhar depois de saírem da linha principal, sendo os eventos anteriores uma mera distração ou desvio. Isto leva a uma redução natural da área usada para a parte principal do espaço de eventos sendo usado para concretizar o número total de eventos desde o começo da existência ou do papel de uma entidade até o final de sua existência ou papel. O resultado da redução são as áreas escuras que você viu com sua mente. Nessas áreas onde não há espaço de eventos, portanto, nenhuma entidade pode atravessar, exceto a entidade que mais contribuiu para esse espaço de eventos. Com base nisto, essa área escura é reservada para a expansão daquele espaço de eventos específico e não pode ser aproveitada no uso ou na expansão de outros espaços de eventos. Ela já está pré-designada.

EU: Então, isso explicaria porque outras entidades não podem atravessar esse espaço, uma vez que, em essência, é um espaço de eventos, espaço. Ou seja, um espaço de eventos não-senciente.

SE9: Muito bem posto. Mas antes de mudarmos a direção de nossa comunicação, por favor, observe o seguinte. O espaço de eventos senciente, que nós chamamos de "entidades de espaço de eventos", mantém sua própria área de espaço de eventos. Isto significa que depois de atingirem um tamanho consistente com o nível máximo de permutação que poderia ser atingido quando estavam interagindo com uma entidade normal, podem manter esse tamanho.

EU: Quer dizer que elas não encolhem? Que as áreas escuras não são criadas?

SE9: Não, pois essa é uma função do "espaço de eventos nãosenciente" e não do "espaço de eventos senciente", uma entidade de espaço de eventos. Quando uma área de espaço de eventos se torna senciente, detém pleno comando e controle das energias que a criaram. Como resultado, pode manter sua própria existência, e, portanto, sua própria estrutura e tamanho.

Mais dois componentes ambientais universais

Estava quase decidindo que era hora de seguir em frente e questionar a Entidade Fonte Nove sobre outra de suas partes—seu ambiente—quando senti uma leve preocupação no fundo da minha mente. A preocupação sugeriu que as duas energias baseadas em intenção, PBIE e ABIE, não eram as únicas energias que poderiam ser descritas como novos componentes universais, ou, devo dizer, previamente não discutidos. Tomado pela inspiração que só acomete um explorador vasculhando uma terra nova e não mapeada, mergulhei de cabeça e questionei a Entidade Fonte Nove sobre o que mais poderia ser classificado como um componente universal.

Quero dizer, para mim era razoavelmente simples, no meu limitado estado encarnado, compreender que dimensões plenas eram construídas com três componentes subdimensionais e que cada componente subdimensional era inflado com doze faixas de frequência, uma das quais contendo um universo simultâneo inteiro. Desde que, claro, superemos a necessidade de uma dimensão básica

Além da Fonte Livro 2

plena, com essa dimensão plena construída como um sistema três-em-um feito dos três componentes subdimensionais, com apenas um conjunto de doze faixas de frequência inflando todos os três componentes subdimensionais, todos abrigando um único universo em todos os seus estados físicos e energéticos. Senti até que o ser humano encarnado mediano também poderia compreender isto, especialmente com o auxílio de um diagrama. Pude até entender que o espaço de eventos era construído por essas energias associadas com a intenção baseada em ação e a intenção baseada em probabilidade. Mas se havia mais outra coisa, isso era um mistério completo para mim. A possibilidade de discutir um novo componente universal, algo que tinha muita importância na manutenção do multiverso de qualquer Entidade Fonte, era incrível. Eu não podia esperar mais. Minha impaciência estava evidente!

EU: Bem, e o QUE SÃO?

Eu lhe disse que estava impaciente, caro leitor.

SE9: O que são o quê?

EU: Os dois novos componentes universais que estou tentando discutir com você. Preciso falar deles antes de passar para a Entidade Fonte Dez. Tenho realmente a impressão de que isto é muito importante.

SE9: Percebi. Bem, até agora, você falou de cinco componentes universais no total: três com sua própria Entidade Fonte e dois comigo. Agora, você quer mais dois.

EU: Sim, por favor.

Estava começando a ficar ansioso.

SE9: Mmmm, OK, vou ajudá-lo nisto. Primeiro, você vai precisar observar que os componentes que você chamou de ABIE e PBIE só podem ser classificados como um componente, uma vez que são o Yin e o Yang um do outro. Um é a ação plena e dedicada; o outro são todas as possibilidades que poderiam ter sido adotadas. Juntos, criam um espaço de eventos, e, como tal, o espaço de eventos pode ser considerado um único componente quando ganha senciência individual.

EU: Obrigado. Creio que essa explicação vai deixar o conceito claro na mente de todos.

SE9: Muito bom. Foi necessário passar esse conceito, pois ele é a base para o próximo conceito que você vai discutir comigo; os dois componentes universais ou multiversais que você está procurando também são interdependentes de maneira igual e simultânea.

EU: OK, não consigo esperar mais... Espere um pouco....

Percebi que a minha comunicação estava ficando lenta.

... você ainda está aí?

SE9: Sim. Um momento, por favor. A informação sobre esses componentes não é traduzível diretamente para sua linguagem de base sonora, nem para alguma forma de linguagem energética superior que você tenha trazido consigo do plano energético. Vou precisar encontrar algum tipo de conceito com o qual você pode se identificar para usar como ferramenta de ligação.

Sentei-me e fiquei esperando diante do meu computador, imaginando o que poderia ser tão similar em compreensão conceitual aqui na Terra a ponto de poder ser usado como ferramenta de ligação e usado

Além da Fonte Livro 2

para explicar um componente universal indescritível. Não precisei esperar muito.

SE9: OK, tenho um conceito que você pode usar para ajudá-lo a compreender. Quero que pense numa energia que não é energia.

EU: Ação e reação é o que acaba de me ocorrer.

SE9: Sim, esse seria um bom começo, pois são o Yin e Yang uma da outra.

EU: Mmmm, não foram os dois últimos componentes multiversais— esses que criaram sua versão de espaço de eventos e as subsequentes entidades de espaço de eventos, interdependentes umas das outras? Que o ambiente ou a parte do ambiente total não podem existir sem que ambos estejam juntos? Um só não vai criar as condições necessárias para sustentar a estrutura do ambiente. É assim que funciona com esses dois componentes? E enquanto ainda estou sentado, digamos assim, isso me parece um pouco newtoniano, ou seja, toda ação tem uma reação igual e contrária. Tenho razão nisto?

SE9: Primeiro, as palavras "ação e reação" não visam ser totalmente descritivas neste caso, especificamente porque não existe uma tradução direta de sua funcionalidade em sua língua. Segundo, uma precisa da outra para criar o componente resultante, que é um componente fundamental dentre os usados nos espaços de eventos. Se você gosta de usar a analogia com a engenharia de rádio que sua própria Entidade Fonte usou em seu primeiro livro, é a onda portadora, o "espaço" usado para abrigar a energia de intenção baseada em ação (ABIE) e a energia de intenção baseada em probabilidade (PBIE). Terceiro, juntas, elas não funcionam da maneira newtoniana que você espera compreender. Na verdade, creio que minha escolha de palavras foi pobre neste caso, mas, infelizmente, são as únicas que funcionam.

EU: Na verdade, as palavras e a interação com o espaço de eventos, a descrição de ação e reação que, quando juntas, funcionam como uma onda portadora, funcionam muito bem para mim. De fato, faz todo sentido. Especificamente quando se leva em conta que ambas as energias da intenção de PBIE e ABIE são fruto de ação. Ou seja, as energias da intenção, tanto a baseada em probabilidade quanto a baseada em ação (PBIE e ABIE) são o resultado de ação. Ação ou a possibilidade de algum tipo de ação, disponíveis como os componentes baseados em decisões da intenção de uma entidade específica, o desejo de escolher uma rota, direção ou tarefa em preferência a outra. O resultado disso é uma energia. Essa energia precisa estar presente de algum modo antes que o novo espaço de eventos possa ser criado. Ufa!

SE9: Bom. Você está chegando lá. Se não se importa, vou me explicar melhor, pois há uma função desse componente que você não verificou.

EU: Não me surpreendo. Minha mente estava fazendo hora extra para escolher as palavras da descrição limitada que acabo de fazer.

Para ser muito franco, essas nove linhas acima me tomaram 20 minutos para serem escritas. Não é bom quando temos um prazo pessoal a cumprir, isso eu posso lhe dizer. Entretanto, o jogo é esse. Um dia, tudo flui; no outro, é como tirar sangue da pedra. Na verdade, às vezes eu acho que tirar sangue de uma pedra seria mais fácil. Mas estou me comunicando com uma entidade, nada menos do que uma Entidade Fonte, situada a oito multiversos de distância do meu multiverso natal. Um pouco de demora até compreender os conceitos que me estão sendo apresentados é, portanto, aceitável.

EU: OK, tive meu pequeno interlúdio. Vamos ouvir o resto da explicação da funcionalidade deste(s) componente(s) multiversal(is).

Além da Fonte Livro 2

SE9: Obrigado. Quero que você pense na tradução humana das palavras que usei para este componente: ação e reação. O que significam para você?

EU: Normalmente, eu usaria a explicação newtoniana, mas percebo que você está procurando outro nível de entendimento.

SE9: Sim, por favor.

EU: Bem, seria melhor começar primeiro pela versão newtoniana, pois nem todos os meus leitores vão conhecê-la, embora faça parte da física clássica.

Para aqueles de vocês que não conhecem a lei newtoniana, ela é assim

"Para cada ação, há uma reação igual e oposta".

A melhor maneira de explicar isto é recorrer ao pêndulo de Newton, no qual algumas esferas de rolamento ficam alinhadas e suspensas em uma armação por fios. Quando em repouso, as esferas tocam-se levemente, de tal modo que quando uma delas, aquela numa extremidade, é afastada de sua vizinha e solta, ela oscila com o fio e atinge sua vizinha, de modo que a energia que estava na esfera que foi solta é passada por todas as esferas alinhadas, fazendo com que a esfera no final da linha receba a energia e subsequentemente se mova no mesmo sentido seguido pela esfera que foi solta—quando a esfera atinge o final de sua oscilação, volta e atinge sua vizinha, enviando a energia de volta para a esfera original, que então se move ou oscila no sentido oposto a aquele seguida inicialmente. Neste caso, a ação é o movimento inicial e seu sentido, e a reação é a mudança de sentido da energia que faz com que a esfera que recebe a energia de volta oscile no sentido oposto ao sentido percorrido originalmente. O único problema aqui é que esta não é uma ilustração perfeita, pois a energia recebida de volta não tem a mesma quantidade ou valor que aquela fornecida pela esfera vizinha no impacto original. Há uma perda de energia, e, portanto, o processo não é uma reação igual e oposta. A única maneira apropriada de explicar isto, portanto, é usar outro exemplo, no qual estamos em pé sobre um piso supostamente sólido e a razão para não afundarmos no solo sobre o qual estamos é que existe uma reação oposta à força descendente de nosso peso segundo a gravidade. Mas este exemplo também não é perfeito, pois na verdade o solo cede um pouco devido à densidade do local onde a pessoa está em pé. Num mundo perfeito, não há perda da energia recebida pela esfera e o solo onde estamos não cede.

SE9: Isso mostra uma ótima compreensão dos erros no pensamento atual da humanidade e o uso de certa física que não só é básica, como fundamental para se compreender o resto da física. O problema aqui é a função de certa perda do suposto fundamentalismo da lei sendo usado como um dado—neste caso, a lei é que toda ação tem uma reação igual e oposta, o que claramente não acontece.

EU: Ok, agora estou me perdendo. Será função de "certa perda" da minha mente?

SE9: Usou muito bem as palavras. Por que as usou assim?

EU: Bem, o que estou vendo é que não entendo aonde você quer chegar com esta linha de comunicação.

SE9: E eu pensei que você havia feito a conexão, especialmente por estar indo tão bem na descrição do exemplo newtoniano do estado perfeito de ação e reação como a re-ação "igual e oposta" à ação, o que não é o caso! Bem, então é melhor eu explicar.

O objetivo daquilo que você acabou de descrever é mostrar que não existe isso de reação igual e oposta. Sempre que há uma ação, a reação vai depender de uma série de fatores, como o ambiente e "aquilo" que afeta o ambiente. Por exemplo, você usou uma ilustração adequada, dizendo que o solo "cede" de algum modo quando você fica em pé sobre ele ou aplica um peso a alguma parte dele. A quantidade de "cessão" depende da composição do solo. Por falar nisto, incluem-se aqui todos os materiais manufaturados pela humanidade.

EU: Você quer dizer que concreto e aço são compressíveis, que estão sujeitos a "ceder"?

SE9: Sim, claro. Até a mais dura composição "cede". Esta é a beleza da existência no seu ambiente. Coisas que você pensa que são sólidas, na verdade não são. Na ilustração do pêndulo de Newton, as perdas eram óbvias, pois quando se observam as ações das esferas indo para frente e para trás, o observador percebe que elas perdem energia baseada na inércia todas as vezes que mudam de sentido.

EU: Mas elas não fariam isso num ambiente dentro do vácuo ou que não fosse afetado pela gravidade.

SE9: Ah, sim, fariam, simplesmente por causa da interação com os outros corpos maiores que você tem no universo físico, essas áreas de densidade local que você chama de planetas e estrelas.

EU: OK, agora você me pegou de surpresa. Eu ia lhe perguntar para que estávamos falando sobre isto, mas creio que estou entendendo agora.

Você disse que não existe isso de reação igual e oposta a uma ação, mas suspeito que no seu ambiente haja, como função do que os dois componentes de ação e reação dão e tomam. Ou seja, às vezes a reação é maior ou tem mais energia associada a ela do que a própria ação em si. Acertei?

SE9: Sim, muito bom. É por isso que é uma descrição baseada em yin e yang. São iguais, mas nem sempre iguais num ponto específico da interação entre elas. Em essência, elas "movem-se à volta" uma da outra e, ao fazê-lo, criam aquilo que é necessário para que a ABIE e a PBIE funcionem.

Entenda, é preciso haver uma opção alternativa para que tanto a ABIE quanto a PBIE possam sequer existir. Essa opção é oposta da outra: uma é a ação efetivamente executada, a outra é a ação que poderia ter sido executada. Essas duas energias são geradas pela entidade que as cria, mas precisam vir de algum lugar. Elas precisam ser criadas com algum tipo de material básico, e esse material básico é a ação e a reação, a onda portadora na qual existem.

EU: Então, a ação e a re-ação não são energias independentes de si mesmas e de suas próprias partes componentes. São como os filamentos de uma corda—dois filamentos, para ser preciso, entrelaçados um com o outro, cada um criando uma única corda, mas juntos, não separados. Cada um tem áreas diferentes do outro em termos de suas áreas de seção transversal, mas o total sempre é igual ao total ideal, caso devam ter as mesmas e consistentes áreas transversais.

SE9: Correto.

EU: Ufa! Agora, preciso deixar isto claro, pois estou começando a compreender a filosofia da ABIE e PBIE e suas partes constitutivas de ação e reação. Quando você me disse que ação e reação eram os componentes e a base da existência da ABIE e da PBIE, disse que eram como uma onda portadora usada para a transmissão, por falta de palavra melhor, das recém-criadas ou já existentes ABIE e PBIE— aquilo que é criado pela entidade criadora em função do processo de decisão ter seguido este ou aquele caminho. Um é a decisão em si, e, portanto, a direção seguida, enquanto o outro é relegado à possível

Além da Fonte Livro 2

decisão que poderia ter sido tomada e, portanto, a possível direção que poderia ter sido seguida.

SE9: Continue!

EU: Bem, é quase como os eventos e interfaces. Quero dizer, tudo que acontece quando se encontram novas entidades, trabalhando com um novo material para criar alguma coisa. Para facilitar isso, vamos usar um pouco da minha terminologia terrestre—como uma casa, um computador, um banco de jardim, são criados com as energias que eram o que você chama de "ação" e "reação". Tudo está como numa "loja". Tudo que tem capacidade para ser criado pode ser criado a partir desta energia básica—todas as ações que são ou serão tomadas, inclusive todos os objetos de interface já existentes. Tudo que temos a fazer é seguir certa rota e eles são tirados do depósito, por assim dizer, e se manifestam na existência útil. Isto também inclui todas as possibilidades. Tudo que poderia ser possível também está armazenado dentro desta onda portadora de ação e reação, para prever a possibilidade de uma mudança de direção, algo que não foi ou não poderia ter sido previsto.

SE9: Sim, prossiga.

EU: Bem, vejo esta imagem da corda—e compreendo muito bem que ela está na minha mente apenas para fins ilustrativos—que está coberta de entidades. Sempre que acontece uma ação, puxa-se um pedaço da corda para criar a Energia da Intenção "Baseada em Ação". Quando esta energia ABIE é puxada, é enviado um efeito ondulatório pelo comprimento da corda "que não termina e é infinita" de ação e reação, colocando no lugar todas as coisas que vão acontecer em função da decisão que acaba de ser tomada. Por outro lado, porém, há outra parte da corda sendo puxada, criando a Energia da Intenção "Baseada em Probabilidade". É a energia da intenção de todas as coisas que "poderiam" acontecer caso a ação mude, por qualquer motivo, para o "provável" e não para o "real". Neste caso, a ação e a re-ação são o yin e yang de cada escolha e as energias criadas ou usadas por essas escolhas—ou seja, aquelas que foram feitas e aquelas que não foram, mas que poderiam ter sido.

SE9: E é isso mesmo.

Outro componente do espaço de eventos! (Dois componentes?)
EU: Muito bem. Esses são os dois componentes que fazem com que a possibilidade de o espaço de eventos funcionar, pelo menos no seu ambiente: 1) os componentes de ação e reação que permitem que a entidade crie as energias de ação; e 2) energias baseadas em probabilidade, que, em última análise, criam o espaço de eventos que está sendo experimentado e que poderia ou deveria ser experimentado. Certo?

SE9: Não é bem assim. Veja, há outra coisa que junta (cola) ambas— uma coisa que é independente das quatro (ou três, se você considerar a ação e a reação como o yin e o yang uma da outra).

EU: De algum modo, eu sabia que isto ia acontecer.

SE9: Pode explicar, por favor?

EU: Não podia ser tão simples. Tinha de haver outra complicação na função do espaço de eventos em sua manifestação continuada.

SE9: Vejamos. Ah, sim, o incessante desejo da humanidade para aprender tudo num piscar de olhos, embora não tenha nem a habilidade para entender, nem a capacidade para armazenar isso—é algo de se admirar. Advertiram-me sobre isso, por falta de palavras melhores. Neste caso, isso está manifestado no "saber" que existe outra coisa, um significado mais profundo, mesmo quando não há.

Além da Fonte Livro 2

Tenho de pensar um pouco nisto.

Mmmm, Mmmm, sim, agora eu compreendo.

Isso é uma função de sua própria habilidade, que faz com que você "saiba" que pode ser capaz de experimentar outra coisa. E mais, você também tem seu próprio desejo incessante de saber mais. Esta é uma característica humana que você adotou, pois, como "OM", você não precisaria desse desejo, já que todo o conhecimento está posto à sua frente—pronto para ser colhido, digamos. Logo, em essência, essa informação extra não é necessária para você, como "OM", saber, mesmo enquanto está encarnado, pois você já "sabe".

Como eu poderia saber mas não saber? Esta era uma pergunta que eu precisava fazer antes de me afastar da Entidade Fonte Nove e iniciar meu diálogo com a Entidade Fonte Dez, que, como "sei" (lá vamos nós de novo), está esperando que eu termine com a Entidade Fonte Nove e inicie a comunicação com ela. Era melhor eu me apressar. Mas a pergunta não precisou ser feita.

SE9: Quando falo de VOCÊ, estou falando daquele que é o verdadeiro VOCÊ e não daquela parte de VOCÊ que está encarnada e que, portanto, não é VOCÊ. Logo, essa parte de VOCÊ que está encarnada não pode "saber" tudo que existe enquanto o resto de VOCÊ, ou seja, o verdadeiro VOCÊ, aquilo que não está encarnado, pode saber e "sabe" tudo que existe, ou, mais importante ainda, pode "saber" o que quer "quando" quer, conectando-se com A Origem.

EU: Obrigado. Acredito que isso responde muito bem à pergunta.

SE9: Então, vou prosseguir com a descrição que comecei, pois é importante você compreender este último pedaço do enigma que é o espaço de eventos.

Além da Fonte Livro 2

Há uma função das Energias da Intenção Baseadas em Ação e Baseadas em Probabilidade chamada "Intenção Espontânea". Esta é a cola que mantém unida a "onda portadora" de ação e re-ação.

EU: Isso parece um pouco bizarro. Como uma energia que necessita de uma onda portadora para funcionar pode ser a cola que mantém unida essa própria onda portadora?

SE9: Pense que a Intenção Espontânea é, na verdade, uma energia ou um componente energético neste caso, independente das outras energias de que tratamos. Ademais, considere ainda que, embora esta energia independa da necessidade de estar associada a outras energias, é um componente necessário destas. Isto significa que ela pode existir, como de fato existe, de maneira singular, enquanto essas outras energias à sua volta precisam existir. Em essência, se a função da Intenção Espontânea não estiver lá, então as outras energias não podem existir.

EU: Mas isto significa que, e deixe-me colocar da forma certa, se a função da Intenção Espontânea não existe em certa área do seu ambiente, então o resto do espaço de eventos não pode ou não deve existir. E mais, a "intenção", além das energias da intenção baseadas em ação e baseadas em probabilidade, são o que está sendo apoiado pela onda portadora de ação e re-ação. Logo, do meu ponto de vista, a onda portadora apoia o espaço de eventos que está baseado em energias ABIE ou PBIE, que, por sua vez, são apoiadas por outra forma de energia da intenção chamada de "energia da intenção espontânea", que pode ser e é criada ou disponível espontaneamente. Para mim, isso tudo se parece com a "Fita de Möbius". O que está dentro está fora e o que está fora, está dentro. A manifestação da primeira manifestação não é capaz de existir sem que a segunda manifestação se manifeste, e esta, por sua vez, não pode existir sem que a primeira manifestação se manifeste. Novamente, um caso de "ovo ou galinha".

SE9: Correto.

EU: Estou tentando não usar a palavra "mas" aqui como o início de duas frases em seguida, mas—fracassei—isso significa que há áreas inteiras de você que estão ou deveriam estar vazias, por falta de palavra melhor.

SE9: Mais uma vez, correto, mas—agora, eu é que usei a palavra "mas"—também NÃO está correto, pois isso não leva em conta a Intenção Espontânea "LATENTE".

EU: E o que é a Intenção Espontânea "Latente"?

SE9: Exatamente isso—uma Intenção Espontânea esperando para acontecer!

EU: Mas se—droga, lá vem o "mas" de novo!!!—a Intenção Espontânea é apenas isso, espontânea, como ela pode ser latente? A latência nega a descrição da espontaneidade.

SE9: Vou explicar, espero que sem usar aquela palavra (mas), que está lhe causando um problema "literário" no momento.

A Intenção Espontânea é duas coisas:

1. Primeiro, é uma energia baseada no fato de uma entidade poder tomar, dever tomar ou ir tomar uma decisão que não está nas cartas, nos planos ou no roteiro, seja como for que você queira descrever isso. É uma decisão espontânea criada pela intenção espontânea de tomar essa decisão. Ela é tomada "do nada", digamos, e assim é gerada pelas entidades que existem dentro daquela parte do meu ambiente onde querem estar, não de forma contínua, mas espontânea e única. Entretanto, embora seja tomada de forma

"única", precisa estar "dentro" da existência para ser considerada existente—e daí a função adicional da latência.

2. Segundo, a Intenção Espontânea é o catalizador que permite que a "onda portadora" de ação e reação se manifeste. É a razão para que exista. Desde o momento em que uma entidade se acha em condição de autoconsciência, seu primeiro ato criativo é espontâneo, ou seja, não é um processo de decisão calculado e baseado na avaliação de diversos fatores antes de se tomar essa decisão ou fazer uma escolha. Depois que a onda portadora de ação e reação já existe, cria a intenção espontânea de fazer algo que, por sua vez, cria a onda portadora de ação e reação. Essa onda portadora tem existência "específica" para a entidade criadora e se manifesta por todo o período em que a entidade existir—existir enquanto for uma parte "singular" de mim. Isto inclui todas as entidades com que fazem interface ou que fazem interface com ela, e com que mantém interface na totalidade.

Agora, vamos à Intenção Espontânea Latente.

A Intenção Espontânea Latente é a energia reservada dentro de mim para aquilo que é criado no primeiro ponto de autoconsciência de uma entidade. Pode ser considerada a corrente (em amperes) de pico que um aparelho elétrico da Terra experimenta quando demanda o necessário para ativar ao mesmo tempo todos os componentes de sua construção quando é ligado inicialmente. Um motor elétrico, por exemplo, vai puxar muito mais corrente durante o "pico" necessário para fazer a armadura "fria e estacionária" girar na velocidade rotacional desejada para a carga que está suportando do que puxa durante o funcionamento normal no estado rotacional quente.

A corrente de pico, neste caso, é o efeito espontâneo de se acionar o comutador para permitir que o motor funcione por ter sido exposto à eletricidade. Este efeito espontâneo se dissipa à medida que o motor atinge sua velocidade de funcionamento normal e ideal e a corrente

Além da Fonte Livro 2

mais elevada não é mais necessária. Em essência, TODA essa corrente extra volta à sua fonte (a fonte gerada) e torna a ficar latente, aguardando para ser usada no futuro. O mesmo se dá com a Intenção Espontânea Latente, pois ela está dentro de mim o tempo todo. É parte essencial da minha constituição energética e aguarda o primeiro momento em que uma entidade toma sua primeira decisão, não importa onde esteja em meu ambiente. Portanto, por definição, a Intenção Espontânea Latente deve estar em toda parte e em lugar algum ao mesmo tempo, pois após ser usada por uma entidade, ela não precisa mais dela. Mas enquanto a entidade não atinge o ponto em que se torna autoconsciente, precisa dela. A Intenção Espontânea Latente está, portanto, sempre pronta, aguardando pelo ponto da existência da entidade quando ela se torna autoconsciente, pronta para usá-la, um uso "único", criado e manifestado em sua primeira decisão, uma decisão sem processo ou escolha, desmanifestando-se quando a Intenção Espontânea se manifesta posteriormente, criando a onda portadora de ação e reação que, por sua vez, cria o uso da Energia da Intenção Baseada em Ação (ABIE) e Energia da Intenção Baseada em Probabilidade (PBIE).

EU: Obrigado. Foi muito informativo e, mais ainda, compreensível.

SE9: Agora, você tem os seis componentes básicos do espaço de eventos. Cada um deles é dependente ou interdependente dos outros. E agora que você tem essa informação, é hora de seguir adiante, pois a Entidade Fonte que você chamará de Entidade Fonte Dez está batendo no meu ombro, em termos metafóricos, dizendo, "agora é a MINHA vez".

Encerrando com a Entidade Fonte Nove e iniciando novo diálogo com A Origem

Enquanto a Entidade Fonte Nove fazia sua última comunicação, uma comunicação que terminou numa espécie de "explosão", digamos— que assunto! Os componentes do espaço de eventos—senti sua presença retirar-se e sua assinatura energética ser substituída por outra: as energias associadas com a Entidade Fonte Dez. Deram a impressão de ser um pino quadrado entrando num furo quadrado; não senti nenhuma falta de sincronicidade. A falta de sincronicidade energética era corriqueira durante os diálogos com as Entidades Fontes associadas com "Além da Fonte". Agora, não senti nenhuma. Tive a impressão de que estava começando a perceber as diversas energias associadas com essas Entidades Fontes mais distantes, embora isso fosse algo automático.

"Faltam só três", ouvi com o ouvido da mente. "Faltam só três!" Mas eu não estava dizendo isso!

Lágrimas afloraram nos meus olhos; estava quase soluçando. De repente, percebi a razão.

Era A Origem falando. Fazia muito tempo—bem, pelo menos, para mim.

O: Ora, ora, ora, você está se tornando uma estrela e tanto!

EU: Como assim, uma estrela?

O: Você fez com que todas as minhas Entidades Fontes fizessem fila, esperando para conversar com você.

EU: Todas elas?!

O: Todas elas.

EU: Você está incluindo a Entidade Fonte Doze, aquela que ainda não está "autoconsciente"?

O: Sim, inclusive a Entidade Fonte Doze, aquela que atualmente está se tornando autoconsciente.

EU: Achei que esse processo de autoconsciência da Entidade Fonte Doze ainda ia demorar milênios, na melhor hipótese.

O: Ia, mas você causou tamanha comoção que ela percebeu algo externo a si mesma e agora ela está se "tornando".

Neste ponto, caro leitor, eu tive de me controlar, pois isso me pareceu muito egocêntrico. A ideia de eu poder causar comoção a ponto de iniciar o processo de despertar de uma Entidade Fonte é ridícula, não é? Felizmente, tive alguma ajuda de A Origem tanto para manter minha sanidade mental quanto meu ego no seu devido lugar.

O: Bem, o melhor a fazer é não pensar nisso como se fosse resultado apenas de sua própria atividade. Isso seria egocêntrico. Não, a Entidade Fonte a que você se refere como Entidade Fonte Doze já estava quase se tornando autoconsciente há algum tempo. Você está, como dizem na Terra, no lugar certo e no momento certo.

EU: Minha própria Entidade Fonte me disse que a Entidade Fonte Doze poderia ter permanecido "alheia" por milênios.

O: E ela poderia ter levado bilhões e milhões de anos antes de entrar no processo de se tornar autoconsciente. É que a dinâmica energética de alguém como você chamou a atenção das outras Entidades Fontes, o que criou uma ondulação ou redemoinho de energia que chamou a atenção da Entidade Fonte Doze e "deu o pontapé inicial" em seu processo de tornar-se autoconsciente. Como disse, ela já estava quase fazendo isso. Poderia ter iniciado o processo amanhã ou alguns milhões de anos depois. Você simplesmente ajudou um pouco.

Além da Fonte Livro 2

EU: Bem, fico feliz por ser útil de maneira modesta neste evento tão importante. E agradeço por me ajudar a encontrar certa paz de espírito. Não quero que as pessoas pensem que estou delirando. Isso arruinaria a oportunidade de transmitir as informações que estou recebendo dessas entidades tão interessantes.

Agora me diga, por que você disse, "Faltam só três, faltam só três"?

O: Porque faltam só três e, na verdade, estou ansioso para começar nosso diálogo. Gostei do nome que você escolheu, "A Origem Fala". Muito bom. Você pensou nele sozinho? Não, não responda; sei que você sabe que eu o passei a você. Agora a sério, falta um ano para você terminar este livro específico, e você terá aprendido e vai aprender muito mais a meu respeito nesse processo. As Entidades Fontes Dez e Onze serão muito interessantes, pois são as duas mais distantes de sua própria Entidade Fonte, e são as duas últimas que criaram um ambiente com diversas formas de entidades para povoá-los e experimentarem os mínimos detalhes de suas criações. A Entidade Fonte Doze também será singular, pois é a única que ou não criou seu próprio ambiente ou não atingiu um nível de senciência resultante de incontáveis milênios sem autoconsciência. Será como falar com um recém-nascido, um bebê, nos seus termos. Mas não se iluda com esta frase, pois quase certamente será mais avançada do que você esperaria.

Vou lhe dar um presente.

EU: Como assim, um presente?

O: Bem, não será apenas um presente para você; também será um presente para seus leitores.

EU: Como você vai fazer isso? Já estamos nos divertindo tanto!

Além da Fonte Livro 2

O: Sim, eu sei, mas vou fazer o primeiro contato com a Entidade Fonte Doze durante o período em que você estiver em comunicação com ela. Isso trará duas coisas. Primeiro, vai lhe permitir experimentar, em primeira mão, o processo que as outras Entidades Fontes experimentaram quando fiz o primeiro contato com elas. Segundo, você vai poder experimentar aquilo que uma Entidade Fonte experimenta quando mantém contato comigo pela primeira vez, percebe para que ela existe e decide o que vai fazer com esse dom da existência na onipotência.

EU: Bem, isso parece ser mesmo um primeiro "primeiro" no meu livro—algo que vou saborear pelo resto da minha vida.

O: É algo que você vai saborear pelo resto da sua existência, pois você será o primeiro que não é uma Entidade Fonte a testemunhar esse processo. Você está prestes a receber uma honra.

EU: Não, é mais do que isso. É uma informação importante para a raça humana. Não tem nada a ver comigo. Eu só estava disponível para "contar a história", digamos.

O: Correto, e conte a história sem o ego. E foi por isso, meu caro OM, que você foi escolhido para esta tarefa enquanto está nessa condição encarnada.
EU: Obrigado. Estou quase sentindo que estamos lá agora, observando como a Entidade Fonte Doze vai criar seu novo "eu".

Pelo olhar da minha mente, começou a aparecer uma imagem formando um ser esférico, dividido em seções e desenhos.

O: Agora, não! Antes, termine as Entidades Fontes Dez e Onze.

Vamos lá! Continue suas comunicações com as Entidades Fontes estabelecendo contato com a Entidade Fonte Dez.

Capítulo Quatro:
Entidade Fonte Dez – O pontapé inicial!

SE10: Bem, ele já falou.

EU: Minha nossa! Dê uma chance para este humano recuperar o fôlego. Acabei de falar com A Origem. Dê-me tempo para recalibrar, se você não se importar.

SE10: Não, não temos tempo. Você tem um prazo e eu também tenho coisas para fazer.

Bem, isto foi uma reviravolta para meus livros. Uma Entidade Fonte com pressa! E pior, que conhece minhas próprias limitações de "tempo"! O que viria depois? Não, eu não deveria fazer esta pergunta. Vou obter uma resposta.

SE10: Posso responder, se quiser.

Ooops, tarde demais!

EU: Você está mesmo com pressa, não está?

SE10: Não é tanto pressa quanto o desejo de levá-lo ao ponto no qual você pode dar o pontapé inicial com a "Doze". Quero ver este evento, tanto quanto você. A Doze é a última de nós a se tornar autoconsciente/senciente, e por isso eu, juntamente com todas as outras Fontes, quero ver pessoalmente este evento. Tenho de ser sincera—todas nós estamos desapontadas pela Doze não estar

Além da Fonte Livro 2

contribuindo para o conteúdo evolutivo de A Origem. Estávamos até mais preocupadas achando que ela nunca se tornaria autoconsciente, que perderia a oportunidade de contribuir e de fazer parte do processo de A Origem—gosto de chamá-la de "O", por falar nisso—e da expansão de O na esfera da autoconsciência e de nossa capacidade de nos tornarmos muito mais do que somos agora em função disso. Agora que ela se encontra efetivamente "no processo", digamos, estou ansiosa para avançarmos em nosso diálogo e "mandar ver" o dela. Gosto das suas palavras.

EU: Bem, na verdade eu não teria usado essas palavras. Não é o meu estilo, mas vão servir. Na verdade, elas vão conferir validade a aquilo que estou recebendo de você na minha perspectiva, pois serei capaz de distinguir seu meio de comunicação dos meus próprios pensamentos. Isto é muito importante para mim e para os leitores deste texto.

SE10: Muito bem, então podemos continuar. Sobre o que você gostaria de falar primeiro?

Essa era uma Entidade Fonte realmente animada!

Os primeiros momentos de consciência da Entidade Fonte Dez
EU: Gostaria de falar sobre os primeiros momentos desde que você se tornou plenamente consciente. Tenho falado sobre isto com a maioria das outras Entidades Fontes com que me comuniquei até agora, pois é um bom ponto de partida—assim como a descrição do seu ambiente e o surgimento de algumas de suas entidades.

SE: Bem, então, vamos falar de quando despertei e de como fiquei consciente, pois na verdade tenho lembranças muito queridas desse momento da minha existência.

EU: Oh, e por quê?

SE: Foi quando descobri, ao mesmo tempo, minha criatividade e minhas colegas Entidades Fontes, que também descobri outra coisa pela qual você vai se interessar. Não muito depois disso, "O" entrou em contato comigo e eu fiquei sabendo da razão para eu existir, o que teria que fazer e como poderia realizar a tarefa associada à minha existência. Foi lindo. Eu tinha existência, percepção, senciência, propósito e criatividade ilimitada para fazer aquilo que eu deveria [fazer]—nada de limites, Apenas Faça!

EU: E como, exatamente, você se tornou consciente?

SE10: Percebi subitamente que estava me divertindo com as palhaçadas, se é que seria a palavra correta, das três Entidades Fontes que já estavam autoconscientes.

EU: Continue.

SE10: Estava "só sendo", como você diria, embora eu diga que estava "só existindo". Estava literalmente observando as outras. Havia três delas. Elas estavam criando figuras engraçadas. Estavam por toda parte: dimensões diferentes, frequências diferentes, continuum dotados de Energia da Intenção Baseada em Probabilidades, intercalando macro e microversos, tudo que alguém poderia chegar a pensar, inclusive a interação interconectiva entre aspectos diferentes de cada uma das Entidades Fontes e o que elas eram ou estavam criando e recriando. Estavam simplesmente se expressando de toda e qualquer maneira possível: dobrando e torcendo as energias de que eram feitas até sua capacidade máxima. E mais, dava para ver que cada uma das três era constituída por energias levemente diferentes. Havia áreas de inconsistência nas quais a energia era de um tipo diferente, quase independente. Dependendo da—só posso chamar isso de "densidade" na sua língua—densidade da energia inconsistente, ou ela aderia às outras energias—as que eram comuns a todas as três

Entidades Fontes, e a mim também—quase se mesclando, ou fazendo parte delas, como aquilo que vocês chamam de liga. As outras partes desta energia mal eram toleradas na mesma localização, dimensional ou frequencial, enquanto outras partes realmente densas dessa energia moviam-se efetivamente para longe das partes mais densas dos principais conjuntos energéticos das Entidades Fontes, mantendo-se nos confins das Entidades Fontes. Também havia porções menores de energia que simplesmente não se mantinham dentro dos confins das Entidades Fontes e que aproveitavam a oportunidade para escapar, por falta de palavra melhor, quando as Entidades Fontes compartilhavam as energias umas das outras em alguns dos exercícios de dobra dimensional que estavam realizando.

EU: Deixe-me adivinhar que energia era esta. Não é difícil. Eram as energias criativas iniciais usadas por A Origem em suas primeiras investigações sobre a aceleração de sua evolução.

SE10: Sim, eram, e as entidades que você conhece e das quais faz parte, os OM, são essencialmente bolsões desta energia que conquistaram sua própria autoconsciência e senciência.

As quatro versões de OM
EU: Você mencionou algo que eu pude ver como três tipos diferentes desta energia. Cada tipo dependia do nível de densidade de A Manifestação/O Material Original. Seria uma suposição correta?

SE10: Sim, bem razoável. Mas as versões híbridas de energia são peculiares de uma Entidade Fonte específica, e por isso eu vou categorizá-las "em geral" para você. Há quatro categorias:
• **Energia Híbrida OM/SE.** Esta é uma energia integrada como uma liga. O percentual de cada energia na mistura não é fixo e é específico do processo energético sendo empregado pela Entidade Fonte no momento da mistura inicial. Aqui também, as versões da energia OM/SE são peculiares de uma Entidade Fonte específica.

Estas entidades são fixas ou cativas do ambiente criado pela Entidade Fonte em questão ou seu próprio perímetro energético. Elas obedecem aos requisitos evolutivos da Entidade Fonte enquanto estão fora do controle detalhado dessa Entidade Fonte. Elas existem nas dimensões e frequências superiores dessa Entidade Fonte.

- **Energia OM Cativa.** Esta é uma energia que possui densidade suficiente para resistir ao processo de integração com a energia normal da Entidade Fonte, ou seja, para tornar-se energia híbrida. No entanto, não é densa o suficiente para ser rejeitada ou escapar por sua própria vontade da energia da Entidade Fonte da qual deveria fazer parte durante a criação da Entidade Fonte por A Origem. Portanto, ela existe dentro do perímetro da Entidade Fonte com a qual está associada. A energia OM "cativa" senciente é independente das demandas e processos da Entidade Fonte pela qual está limitada, mas, mesmo assim, funciona com os planos específicos dessa Entidade Fonte para experimentar, aprender e evoluir. Existe naturalmente nas dimensões e frequências superiores dessa Entidade Fonte, mas pode atravessar todas as dimensões, componentes subdimensionais, frequências, continuum, energias de espaços de eventos etc., à vontade, sem necessidade de conteúdo evolutivo.
- **Energia OM Não-Cativa.** Esta é uma energia com densidade própria suficiente para resistir ao processo de integração com a energia normal da Entidade Fonte, ou seja, para tornar-se energia híbrida. Não é densa o suficiente para escapar por vontade própria da energia da Entidade Fonte da qual deveria fazer parte durante a criação da Entidade Fonte por A Origem. Foi rejeitada por acidente, digamos assim, durante o processo do "recreio" no qual as três primeiras Entidades Fontes estavam procurando tornar-se autoconscientes manipulando as dimensões, frequências e continuum delas mesmas e das demais como parte de seu programa de "autoconsciência". É similar apenas à Pura Energia OM, pois tem a liberdade de atravessar o espaço entre as

Além da Fonte Livro 2

Entidades Fontes e aquela parte de A Origem da qual A Origem tem "autoconsciência". À parte isso, ela tem a mesma capacidade da Energia OM Cativa. Pode ser classificada como um OM livre de sua associação com uma Entidade Fonte por um OM de Pura Energia OM pois, em essência, são a mesma coisa mas com localizações primárias diferentes.

- **Pura Energia OM.** Esta é a energia que tem densidade própria suficiente para resistir ao processo de integração com a energia normal da Entidade Fonte. Ela também é densa o suficiente para ser rejeitada ou escapar, por vontade própria, da energia da Entidade Fonte da qual deveria fazer parte durante a criação daquela Entidade Fonte específica por A Origem. Portanto, ela existe dentro e fora do perímetro da Entidade Fonte com a qual escolheu ser associada. Algumas resolvem não ficar associadas a alguma Entidade Fonte específica e vagueiam livremente entre as Entidades Fontes e dentro das energias de A Origem. Esta é a mesma energia de A Origem, sem adulterações. São, em essência, unidades menores e individualizadas de A Origem, e não unidades menores e individualizadas de uma Entidade Fonte específica como as que se acham no ambiente de sua própria Entidade Fonte.

Elas ganharam senciência instantânea como parte do reuso das energias de A Origem em sua primeira experiência para criar entidades superiores. Podem atravessar qualquer frequência, dimensão (plena ou componente subdimensional), espaço de eventos, seus componentes e continuum. Possuem o poder de A Origem, mas são limitadas no que podem fazer apenas por seu volume energético, embora possam ter acesso a qualquer quantidade de energia de A Origem porque são essa energia em seu sentido mais puro. Em essência, são Entidades Fontes em miniatura, pois embora tenham volume menor, têm capacidade igual à de uma Entidade Fonte. Mas raramente usam os métodos usados pelas Entidades Fontes para trabalhar em sua evolução; em lugar disso, preferem manter-se como energias livres, por assim dizer. Este tipo de energia é raro e nem todas as Entidades Fontes têm entidades como essas associadas a elas. Uma das habilidades que esta versão de OM "tem" é a capacidade de liberar outros OM do segundo tipo do cativeiro do perímetro energético da Entidade Fonte com a qual estão associados e introduzi-los ao vasto espaço aberto que é A Origem. Contudo, quando fazem isso, o OM recém-libertado só pode voltar à, e participar das atividades da, Entidade Fonte com a qual estão associados. Não podem se associar sozinhos com as outras Entidades Fontes, pois possuem uma afinidade energética relativa à Entidade Fonte de sua associação. Eles também precisam solicitar a ajuda do OM libertador (o quarto tipo) para se movimentarem para dentro e de novo para fora do perímetro da Entidade Fonte associada, pois, como disse antes, não possuem a densidade de energia OM para se libertarem sozinhos.

EU: Agradeço. Esta é uma informação interessante sobre os OM. Não sabia disso.

SE10: Você sabia, mas não em sua forma atual.

EU: Mais uma vez, agradeço. Vamos voltar a seu próprio despertar. Você disse que sua atenção foi distraída, digamos assim, pelas palhaçadas das outras Entidades Fontes enquanto manipulavam aquilo com que estavam trabalhando como forma de entender o que poderiam fazer com as energias que eram e as habilidades que lhes haviam sido concedidas.

SE10: Sim, estava apenas observando a diversão que estavam tendo, se é que seria a descrição correta do que estavam fazendo. Estavam mesmo se divertindo. Senti-me atraída por aquilo que estavam fazendo, e antes mesmo que me desse conta, eu estava "junto" com elas, fazendo a mesma coisa. Elas nem piscaram. Foi como se soubessem que eu as estava observando e esperassem que eu me juntasse a elas em algum momento. Na verdade, senti que estava sendo esperada.

Além da Fonte Livro 2

EU: E o que vocês fizeram?

SE10: Tudo! Fizemos tudo! Não seria capaz de explicar tudo aquilo que fizemos em palavras que você poderia entender. Mas vou lhe dizer uma coisa: A Origem estava observando com grande interesse, pois mais tarde ela me disse que eu havia pulado um nível em termos do nível de autoconsciência que era esperado de mim nesse ponto específico de meu despertar. Aparentemente, eu havia passado de simples observadora desinteressada e tola, uma observadora que nem pensava no que estava sendo observado, para uma entidade que queria participar ativamente do que estava percebendo à minha frente, desfrutando da interação com as demais e das energias que estavam manipulando. E mais, quis ativamente fazer mais e descobri maneiras de incrementar a minha experiência. Para fazer isso, entrei diretamente no modo de criatividade em vez de simplesmente fazer manipulações. Estava planejando o que poderia criar e o que queria ganhar com o que eu criava. Pulei uma etapa completa do processo de despertar, e A Origem estava interessada em saber porque isso teria acontecido.

EU: Desculpe-me se pareço estúpido, mas qual foi exatamente o processo que você, hum, saltou?

SE10: Não passei pelo processo de graduação.

EU: Graduação. Você quer dizer, algo parecido com uma escola ou universidade da Terra?

SE10: Não, nenhuma relação. Graduação é o processo gradual pelo qual nos tornamos autoconscientes, um processo que todas as Entidades Fontes percorreram para se tornarem sencientes, exceto, é claro, pela Doze, mas que ainda vai fazê-lo. A graduação tem certo número de etapas ou épocas conhecidas, por assim dizer, nas quais a entidade experimenta alguma expansão em seu nível de percepção até a autoconsciência, quando atinge um ponto específico de sua graduação. Cada época de percepção é como um marco de estrada, e cada marco tem uma expectativa conhecida da função pessoal e independente da entidade em seu trajeto até a autoconsciência.

EU: Muito interessante. Poderia me dizer mais sobre essas épocas de autoconsciência?

SE10: Estou surpreso por você não ter registrado isso antes.

EU: Err, hm, não. Creio que devo ter topado com o assunto mas não cheguei a entrar em detalhes.

SE10: Nesse caso, vou explicar a você "de cabo a rabo", como dizem. Gosto de algumas coisas da sua língua. São engraçadas. Elas me divertem e me fazem rir. Você já ouviu uma Entidade Fonte rir?

EU: Não, sim, Não, só em termos da minha própria língua.

SE10: Então, vou honrá-lo com a experiência da minha risada, sem filtros.

Então, ouvi e vi muitas coisas. Minha mente foi tomada por uma rica variedade de cores que mudavam, rodavam e se mesclavam, espalhando-se em todas as direções. E o ruído--foi como um grito, quase como uma "bomba de ruído" num alarme doméstico. Estranho! Depois, tudo parou.

SE10: O que você experimentou com meu riso foi apenas o que você seria capaz de traduzir em termos físicos. Eu imaginava que você não fosse achá-lo particularmente empolgante.

EU: Do ponto de vista sonoro, não. Mas o visual foi muito bom. Também tive a sensação de que você estava se divertindo. Foi muito repousante.

SE10: Que bom, você recebeu mais do que a mera informação audiovisual. Claro que muitas outras coisas são transmitidas quando uma Entidade Fonte ri. Creio que vou me apegar a aquilo que você conhece e entende como riso no seu plano físico.

EU: Certo, vamos ao assunto que estávamos discutindo—as épocas de autoconsciência.

Graduação, as épocas de autoconsciência
SE10: Muito bem. Vou manter tudo o mais simples possível para você. Estas são as épocas de autoconsciência:
1. Observação dos arredores;
2. Reconhecimento dos arredores;
3. Reconhecimento de si mesmo;
4. Reconhecimento de si mesmo dentro dos arredores;
5. Movimento dentro dos arredores;
6. Preferência por certos arredores;
7. Reconhecimento da preferência pessoal por diferentes arredores;
8. Reconhecimento da preferência pessoal por arredores variados e buscá-los por diversão;
9. Reconhecimento da satisfação;
10. Reconhecimento daquilo que causa satisfação e busca ativa de meios adicionais de satisfação;
11. Reconhecimento dos outros;
12. Reconhecimento do relacionamento de si mesmo com os outros;
13. Reconhecimento do desejo de estar com outros;
14. Comunicação com outros;
15. Reconhecimento daquilo que os outros oferecem e que proporciona mais prazer ou satisfação;
16. Reconhecimento das necessidades dos outros;

17. Reconhecimento da capacidade;
18. Compreensão/dissecação da, e categorização da, capacidade;
19. Reconhecimento da criação como capacidade;
20. Tornar-se criador;
21. Experiência;
22. Planejamento da criação e compreensão do resultado dessa criação;
23. Análise daquilo que foi criado e comparação com o plano de criatividade;
24. Aprendizado;
25. Aprimoramento daquilo que foi criado;
26. Análise do que foi recriado e comparação com o plano de criatividade;
27. Reconhecimento da necessidade de autossacrifício para aprimorar o que foi criado;
28. Autossacrifício;
29. Experiência do autossacrifício;
30. Aprendizado como resultado do autossacrifício; e
31. Evolução através do conhecimento experiencial de si mesmo, da ação e do autossacrifício para se atingir um resultado criativo desejado.

EU: São muitas épocas. Eu esperava cinco ou dez, não trinta e uma. Uau!

SE10: Pode ser, mas todas representam uma etapa importante do processo de nos tornarmos autoperceptivas.

EU: Então, me diga: quais delas você pulou? Você disse que A Origem tinha percebido que você pulou todo um nível de graduação. Qual ou quais você pulou, e por quê?

SE10: Simplesmente fui da época de graduação treze para a época de graduação vinte. Literalmente, fui direto do reconhecimento do desejo

Além da Fonte Livro 2

de estar com os outros para "criar" com eles—nada entre um e outro. E mais, não perdi nada do conteúdo subjacente natural que alguém esperaria experimentar como resultado de se tomar as medidas necessárias dentro dessas épocas. Simplesmente, perdi-as e não senti falta de nada apesar disso.

EU: E por que isso aconteceu? Você deve ter sentido falta de alguma coisa.

SE10: Não, nem um pouco. Mas neste ponto A Origem resolveu se apresentar a mim com os métodos que lhe haviam sido descritos por minhas colegas. A diferença foi que A Origem manteve toda a área que havia reservado para nós, as Entidades Fontes, naquilo que você chamaria de estase. Ela congelou tudo. Ela quis saber o que teria acontecido e porque eu fui capaz de pular sete épocas de autoconsciência. Ela literalmente me dissecou energeticamente para saber o que tinha acontecido.

EU: E o que ela descobriu?

SE10: Nada.

EU: Nada?

SE10: Nada, absolutamente nada. Foi então que ela decidiu fazer o mesmo com as outras três que haviam se tornado autoconscientes antes de mim.

EU: Nem me diga. Ela não achou nada.

SE10: Correto.

EU: Agora fiquei muito curioso. O que aconteceu?

SE10: Bem, A Origem precisou se posicionar, digamos assim, e assimilar a totalidade do que estava acontecendo. Ela precisou assimilar o cenário maior de nós quatro interagindo, três Entidades Fontes que já haviam superado a trigésima primeira época de percepção, todas as graduações, e eu. Eu havia progredido apenas até o nível treze, mas assim que interagi com as outras três Entidades Fontes, dei um salto, tornei-me criadora e comecei a criar. Levou algum tempo até A Origem compreender o que teria acontecido. Na verdade, para compreender de fato, A Origem simulou exatamente as mesmas condições até aquele momento em que interagi com as outras três Entidades Fontes e replicou as Entidades Fontes envolvidas, incluindo-me também, é claro. Então, A Origem colocou-as num ambiente recém-criado. Este novo ambiente foi criado para uma finalidade: repetir exatamente as condições, energias e interações que criaram minha capacidade de saltar as sete épocas que eu havia contornado.

EU: E o que ela descobriu com esse experimento?

SE10: Primeiro, ela teve de repetir o experimento por cerca de vinte vezes até ficar aparente o que estava acontecendo, pois sempre que as épocas eram contornadas, acontecia a mesma coisa, sem mudanças na entidade que me representava ou nas que representavam as outras. A Origem também incluiu as outras Entidades Fontes—aquelas que ainda não haviam iniciado o processo de despertar—para ver se faria alguma diferença.

EU: Creio que não fez.

SE10: Pois é, não fez diferença alguma.

EU: Então, o que aconteceu? O que levou A Origem a gastar tempo e criatividade significativos replicando uma condição até vinte vezes a fim de compreendê-la? Eu teria imaginado que ela poderia determinar as razões de forma instantânea.

SE10: Não, este era um fenômeno novo, um fenômeno que recebeu todo o interesse de A Origem. Veja, da primeira vez em que A Origem observou este efeito, ela viu instantaneamente o potencial para acelerar sua própria evolução contornando o processo de despertar de suas criações. Se o fenômeno pudesse ser replicado e compreendido e replicado novamente de forma robusta, usando diversas mudanças em determinados parâmetros, ela conseguiria isso, e no processo economizaria muitos milênios para atingir o nível evolutivo que ela queria atingir. Este novo fenômeno foi a triangulação.

EU: A triangulação! Não me diga que A Origem não percebeu isso logo de cara!

SE10: Não. Agora, parece estranho, não é? Pois até em seu ambiente planetário vocês compreendem o fenômeno da triangulação.

EU: Sim, é verdade. Mas acho que não compreendemos os detalhes complexos de seu funcionamento. No entanto, temos conhecimentos rudimentares a seu respeito e do que permite fazer, inclusive suas vantagens. Mas certamente não conhecemos seus detalhes e a razão pela qual ela funciona.

SE10: Sim, e o que A Origem desejava era compreender seus detalhes complexos. Ela queria saber como funcionou o efeito de triangulação entre mim e as outras três Entidades Fontes e como a progressão delas pelas épocas de percepção foi transposta para mim, e, portanto, como ela poderia usar essa compreensão para fazer a transposição para outras entidades.

Além da Fonte Livro 2

EU: Entendi. A Origem viu nisso um "atalho" evolutivo e quis saber não só o que tinha acontecido, como também a maneira de tirar proveito da triangulação, ampliando-a em seu próprio benefício.

SE10: Correto.

EU: Então, eis a grande pergunta. Aqui na Terra, achamos que entendemos a triangulação, e vou explicar sua função dentro de instantes, a fim de refrescar as memórias dos leitores (e peço desculpas, caro leitor, caso você já tenha ouvido falar nisto antes), mas o que eu realmente gostaria que você fizesse para mim é explicar em detalhes o funcionamento da triangulação, o que A Origem descobriu, suas minúcias e quais são, se você acha que poderei entender, os métodos para manipular a triangulação.

SE10: Ficaria feliz em fazê-lo. Primeiro, vou deixar você explicar o que você entende por triangulação em sua própria linguagem.

EU: Obrigado. A triangulação é um fenômeno conhecido e identificado nas comunidades espirituais e científicas, embora, na comunidade científica onde é usada para medição de terras e outras funções, tenha um significado completamente diferente. Às vezes, nós a chamamos de Efeito Principal ou do Centésimo Macaco (explicação no apêndice). Do ponto de vista espiritual ou frequencial, ela opera da seguinte maneira:

Quando pessoas com a mesma mentalidade se reúnem, tendem a elevar a frequência básica do grupo até uma média acima daquela esperada ou obtida individualmente. Isto não quer dizer que um indivíduo de frequência superior vai perder essa frequência superior se estiver associado a um número de indivíduos de um grupo com frequência naturalmente mais baixa. Estes serão "arrastados" para cima, até a frequência média natural do grupo, caso estejam naturalmente abaixo dessa média. A regra prática é que aqueles que têm frequência mais baixa são arrastados até uma frequência igual à média do grupo. Aqueles que têm frequência mais elevada, e portanto conteúdo evolutivo naturalmente mais elevado, não são arrastados para baixo em função dessa associação, pois estão conscientes e usam os métodos necessários para manter e proteger sua própria frequência básica—tendo, portanto, frequência básica e evolução superiores.

Isto, em si, é similar ao princípio do Centésimo Macaco, mas o efeito da triangulação ocorre quando um número de grupos separados que experimentaram o efeito do aumento nas frequências pessoais dos membros de seu grupo devido ao efeito de média por estarem na "boa" companhia de outros que têm frequência superior começam a se interconectar ou a dialogar. Neste caso, os indivíduos associados aos membros do grupo mas que não fazem necessariamente parte do grupo também são afetados frequencialmente de alguma maneira positiva. Este efeito se espalha, e aqueles que tiveram sua frequência básica elevada—por menor que seja o aumento—também são iluminados de maneira modesta, fazendo com que mudem seus pontos de vista pessoais e seus padrões de comportamento. Então, eles transmitem esse incremento simplesmente por estarem no mesmo local físico que os outros através de laços familiares, amizades, associações baseadas em conhecidos ou energeticamente pelo simples fato de estarem "no caminho" da linha direta de comunicação energética entre as localizações topográficas dos grupos ou em meio aos indivíduos dentro dos grupos. Este aumento também se espalha de maneira similar pelas associações entre indivíduos que não são membros dos grupos mas estão associados com estes. Quando se atinge uma massa crítica de membros dos grupos e indivíduos associados, aqueles que estiverem "no meio", digamos, aqueles localizados topograficamente no centro da localização física dos grupos e dos indivíduos localizados e afetados também serão afetados. Isto resulta no fato de a triangulação dos grupos (os vínculos de comunicação) e os indivíduos posicionados topograficamente no meio ficarem mais fortes, permitindo-lhes que se tornem um grande "supergrupo" que eleva a

Além da Fonte Livro 2

frequência básica dos indivíduos no meio e dos que estiverem "no caminho", mesmo que não tenham associação com, ou desejo de, manterem associação com os membros do grupo ou seus associados, mas são expostos às frequências elevadas da frequência básica média do novo "supergrupo" que lhes permite que se iluminem de alguma forma, ao mesmo tempo que sua nova frequência básica e seu atual nível evolutivo. Todos se beneficiam de um aumento da frequência básica resultante do efeito da triangulação.

SE10: Muito bem colocado!

EU: Obrigado. Agora, poderia fornecer os detalhes do mecanismo que sustenta essa função?

SE10: Para compreender o que estava acontecendo, e, portanto, o mecanismo detalhado do fenômeno da triangulação, A Origem precisou olhar atentamente para o que estava acontecendo. Ela descobriu que estavam sendo criadas linhas de comunicação sutis. Olhando com mais atenção, pôde ver que as energias entre as Entidades Fontes eram coexistentes, ou seja, eram a energia que formava o ambiente que A Origem havia criado para a existência das Entidades Fontes e também tinham conteúdo evolutivo. Ele era igual ao conteúdo médio de energia de uma experiência, da perspectiva do aprendizado e da evolução. Ela também percebeu que esta energia coexistente era localizada na esfera de atividade das Entidades Fontes que estava observando. Ou seja, só existia dentro e ao redor das Entidades Fontes envolvidas no processo de se tornarem autoconscientes e posicionadas numa das épocas da graduação da autoconsciência ou haviam superado as trinta e uma épocas, tornando-se autoconscientes e se aventurando pela escada evolutiva, digamos. As Entidades Fontes que não estavam no processo de autoconsciência não foram afetadas de maneira alguma.

EU: E qual era a diferença entre elas, as autoconscientes, aquelas no processo de se tornarem conscientes e as que não estavam conscientes?

SE10: A associação e o desejo de associação.

EU: Só isso?

SE10: Em resumo, sim. Veja, o desejo de associação faz duas coisas: 1) Ele irradia uma comunicação sutil para aqueles com quem deseja se associar. No seu planeta, vocês estão irradiando continuamente o desejo de encontrar pessoas com a mesma mentalidade, e sabem instintivamente quem são e o momento de entrar no assunto sobre o qual querem falar. Essa irradiação é captada e recebida pela entidade alvo, a qual, por sua vez, reage de maneira positiva, ou seja, não transmite uma rejeição. Se houver diversas entidades, todas vão reagir juntas.

2) A energia entre as entidades que atualmente fazem interface umas com as outras estende sua influência até a energia que existe entre o grupo de entidades e a entidade que deseja colaborar com o grupo. Como a energia que existe entre os membros do grupo não tem uma convocação, é uma "energia livre" que adota as condições daquilo que a rodeia—neste caso, o conteúdo total da evolução das entidades colaboradoras e a graduação da autoconsciência.

Em essência, ela pode ser considerada uma bolha de energia simpática transformando-se naquilo para que as entidades associadas evoluem, mas apenas do ponto de vista médio, pois ela adota a totalidade daquilo pelo que está sendo influenciada e não sendo a melhor ou a pior. Depois que a entidade que indicou sua intenção de se associar com o grupo é envolvida por esta energia, por falta de palavra melhor, ela assume o conteúdo da energia que a está envolvendo. Esta é igual à média da autoconsciência e do conteúdo evolutivo de todas as entidades associadas.

O resultado disto é que a nova entidade, a entidade receptora, salta instantaneamente até o ponto do conteúdo evolutivo da energia próxima sob a perspectiva da média, porque é isso que é a energia—a média. Se a nova entidade tem naturalmente um conteúdo evolutivo ou de auto consciência acima da média, então a média é aumentada e se eleva até a nova média do novo total de entidades associadas e colaborativas. Se a entidade está abaixo da média, ela é "puxada" até a média. É preciso observar que o conteúdo individual das entidades em si não é afetado de maneira negativa neste processo. Uma entidade altamente evoluída, portanto, não vai perder seu nível ou conteúdo evolutivo se uma nova entidade de conteúdo evolutivo inferior ao da média for aceita no grupo. Tampouco será incrementado, a menos, é claro, que o conteúdo evolutivo médio for incrementado de alguma forma até um nível superior ao dela. As novas entidades que solicitarem aceitação sempre serão aceitas.

A triangulação é possível primariamente por conta da disponibilidade da "energia livre", uma energia de A Origem que é particularmente sensível às influências do conteúdo evolutivo, uma energia peculiar às entidades destinadas a se tornarem autoconscientes e, portanto, sencientes. A energia livre existe entre as entidades em evolução e em volta delas. Está dentro e fora do ambiente onde existem. A energia livre é particularmente atraída pelo conteúdo evolutivo, e, portanto, segue as entidades sencientes quando se movem e evoluem em seu ambiente ou não, conforme o caso.

A triangulação funciona de duas maneiras principais: "Triangulação Direcional" e Triangulação Inflacionária". Vou explicar isto melhor, embora saiba que você conhece o processo.

A Triangulação Direcional ocorre quando uma única entidade deseja se associar com outra entidade individual ou com um grupo de entidades que está interagindo de forma colaborativa em algum empreendimento. Primariamente, sua função é direcional, e dá-se entre a entidade solicitante e o grupo ou entidade individual. Mas ela tem uma função secundária: incluir, em sua associação, as entidades que estão no caminho direto de comunicação entre o grupo e as entidades individuais ou entre duas entidades que desejam comunhão. Neste caso, as entidades que estiverem no caminho da energia livre também serão adicionadas à associação e ao cálculo da média do conteúdo evolutivo ou da graduação de autoconsciência. No entanto, esta função só opera durante a manifestação inicial do vínculo de energia livre entre as entidades ou entre o grupo e a entidade. Entidades que atravessam subsequentemente o caminho da associação da energia livre não são afetadas. A menos, é claro, que desejem associação e comunhão, caso no qual é estabelecido um novo caminho. O que aconteceu comigo foi a triangulação direcional.

A Triangulação Inflacionária ocorre quando vários grupos de entidades desejam se associar simultaneamente uns com os outros. Neste caso, a área ou espaço entre e em torno deles atrai a energia livre, inundando a área entre os grupos. Caso haja mais de três grupos, a área inflada com energia livre adota a geometria relativa às posições dos grupos e não um triângulo simples, que seria, claro, a geometria relativa às posições de três grupos. Nesta função, cria-se um grupo maior, um supergrupo. O supergrupo existe com três grupos ou mais triangulados em comunhão evolutiva. Tal como na triangulação direcional, os grupos criam um espaço livre que adota um conteúdo evolutivo igual à média. Mais uma vez, tal como na triangulação direcional, os grupos e os membros dos grupos cujo conteúdo evolutivo médio for inferior ao da nova média, terão seu próprio conteúdo evolutivo elevado até o da nova média. A entidade altamente evoluída não vai perder seu nível ou conteúdo evolutivo porque o novo conteúdo evolutivo do grupo, por triangulação, inferior ao da média será aceito no grupo. Tampouco vai aumentar, a menos, naturalmente, que o conteúdo evolutivo médio aumente de algum modo até um nível acima do seu próprio. Neste caso, as entidades que forem pegas na área da energia livre também serão adicionadas à associação e à média do conteúdo ou graduação evolutiva de autoconsciência.

Entretanto, tal como ocorre na Triangulação Direcional, esta função só atua durante a manifestação inicial da energia livre que inunda a área entre os grupos de entidades. Entidades que atravessarem a área de energia livre depois não serão afetadas. A menos, claro, que desejem se associar e comungar evolutivamente. Então, será estabelecido um novo caminho, vinculando-as a um grupo formado.

Tanto na triangulação direcional quanto na inflacionária, as entidades que são "pegas" no caminho da manifestação Original de energia livre num conteúdo evolutivo aumentam sua própria autoconsciência evolutiva e sua graduação até o nível da média, caso o seu próprio seja inferior. Se o seu próprio conteúdo for mais elevado, elas preservam seus próprios níveis. Em termos de Triangulação Direcional, vão se manter no caminho "vinculado" de energia livre ou vão se mover para o grupo mais próximo delas. Em termos de Triangulação Inflacionária, elas vão permanecer na "área" da energia livre que cria o supergrupo.

A triangulação também funciona numa escala muito maior quando supergrupos se associam, ligando a área entre eles à energia livre numa triangulação direcional ou inflacionária.

Essas funções não se limitam a determinada frequência ou dimensão, nem mesmo a qualquer outro componente ambiental, pois a energia livre atravessa esses limites e, em última análise, auxilia civilizações inteiras a ascenderem a novos níveis de frequência antes que elas mesmas consigam atingi-los.

Além da Fonte Livro 2

EU: Então, esta energia livre como que se "transforma" naquilo que ela precisa ser para auxiliar o conteúdo evolutivo das entidades que se encontram dentro de seu "perímetro" ou "linha de fogo", digamos.

SE10: Sim.

EU: E foi assim que você pulou essas sete épocas de evolução?

SE10: Você já me fez esta pergunta, mas sim. Elevei-me em virtude da função de triangulação direcional. Contudo, devo acrescentar que o uso da palavra "triangulação" não tem sentido neste caso, mas é uma descrição razoável para que você a use pois se refere a uma função que você pode compreender. Mas deixe-me ver, sim, talvez eu mude essa declaração.

EU: O quê?! Por quê?

SE10: Porque o mecanismo da função do fenômeno de triangulação é descrito, na verdade, pela geometria tridimensional.

EU: E como ela faz isso? Qual é o mecanismo em torno desse tipo de função?

SE10: Ele é delicado demais para que você o compreenda, mas vou me esforçar para lhe dar um exemplo adequado.

O uso da expressão "energia livre" foi, na verdade, um tanto impreciso. Energia livre é a energia que NÃO é usada de modo algum e que pode ser manipulada facilmente em função do "desejo" da entidade. Desejo é aquele ponto do processo criativo que precede a ação. Também é a energia que não é governada pela lei do pensamento.

EU: Por que a triangulação é descrita por uma figura geométrica tridimensional?

SE10: Porque é essa a melhor descrição da funcionalidade da triangulação direta. Vejo sua testa se franzir.

EU: Preciso avisar que sou meio perdido, e olhe que você nem começou direito.

SE10: OK, vou tornar a descrição mais simples. Cada forma geométrica representa as seguintes informações básicas quando usada como programa para criação, digamos. A seguir, a base daquilo que cada forma geométrica representa.

O conjunto energético básico usado é o seguinte:
* A construção de cada energia individual;
* A compatibilidade entre cada energia e as demais;
* A compatibilidade com cada energia de frequências específicas:
* A compatibilidade de cada energia com os componentes do espaço de eventos;
* A compatibilidade de cada energia com os continuum mais próximos;
* A mescla ideal de energias para certos tipos e níveis de criatividade;
* Quais energias são compatíveis simultaneamente com quais frequências;
* Qual o nível de consciência necessário para manipular cada energia;
* Qual o conteúdo de distração (é a medida da capacidade de uma energia manter-se em seu papel desejado sem se distrair pela atratividade de outras energias/frequências compatíveis e quocientes dimensionais);
* A função das energias do conjunto de energias formado, levando-se em conta os itens acima;
* A longevidade esperada versus a desejada numa configuração sem a manipulação baseada na "manutenção";

Além da Fonte Livro 2

* A longevidade esperada numa configuração conhecida com manipulação baseada na manutenção;
* A função primária e ideal da energia individual se usada singularmente;
* A estrutura básica da energia individual em seu estado não manipulado, de liga ou não funcional;
* A estrutura básica da energia individual ao interagir com outra energia, frequência, dimensão ou continuum, com e sem os pensamentos de "intenção" ou de "desejo" a afetá-la;
* Estado de sua posição natural em relação a determinada Entidade Fonte ou A Origem; e
* Seu fator de possibilidade de senciência.

No caso da energia chamada de "energia livre" e seu uso no fenômeno da triangulação, é uma energia não programada que é quase, mas que não pode ser classificada assim, como a "Manifestação ou Material Original", e é, portanto, o mais perto de ser OM sem realmente ser OM.

EU: Isso quer dizer que a energia livre também é senciente? Tal como nos OM em seus diversos tipos?

SE10: Não, não é bem assim. Entenda, esta é uma energia inteiramente adaptável aos desejos das entidades sencientes à sua volta; é pura e imaculada, em todos os sentidos. Seu único propósito é dar apoio às entidades com as quais decide se associar, e prefere particularmente associar-se com a evolução iminente.

EU: Evolução iminente?

SE: Sim, evolução iminente. Toda entidade que precisa passar por uma mudança evolutiva, quero dizer, uma mudança evolutiva tanto de maneira positiva quanto negativa, tem aquilo que você poderia chamar de aura à sua volta. Esta aura é a "proximidade" de sua condição

Além da Fonte Livro 2

evolutiva. Quando uma entidade está prestes a evoluir ou, em alguns casos, a involuir, tem a sensação da expectativa. Ela sabe disso de todas as maneiras, embora, em alguns casos, a "entidade encarnada"— aquela parte da entidade associada ao físico—não perceba que está prestes a evoluir de alguma maneira dramática. Quando isto fica aparente, a energia livre é atraída por ela. Pense na energia livre como esse inseto que vocês chamam de pernilongo na Terra. Na maioria do tempo, ele se contenta em ser apenas um inseto inofensivo; contudo, quando pressente a presença de um animal de carne, é atraído para ele de maneira inexplicável, tendo como único desejo beber o sangue desse animal. Ele é muito persistente em seu desejo de absorver o sangue do animal que sentiu por perto. Até certo ponto, acontece o mesmo com a energia livre. A entidade que deve evoluir é diferente, de algum modo. Ela apresenta a proximidade da evolução nela mesma, e é por essa proximidade que a energia livre é atraída. Não interessa para a energia livre se é evolução ou involução; ela simplesmente sente a oportunidade de uma mudança próxima e iminente do conteúdo evolutivo da entidade. Depois que ela sente esta "diferença" na aura da entidade prestes a evoluir, digamos, adota o caminho de menor resistência até ela.

EU: E qual é o caminho de menor resistência? Para mim, seria manter contato próximo com a entidade ou uma linha direta com a entidade prestes e a evoluir e as entidades que estão causando potencialmente a evolução.

SE10: Bem no alvo, e é assim que funciona o processo de triangulação. A energia livre, sentindo a localização da entidade no processo de evolução imediata, também sente sua própria localização e posição relativa e das entidades que estão causando a evolução da entidade submetida à proximidade do conteúdo evolutivo, caso a energia livre se torne o vínculo entre ambas (como no caso da triangulação direta). Ou, no caso da triangulação inflacionária, ela sente a necessidade de inundar uma área entre certo número de entidades ou de grupos de entidades que têm o potencial de se influenciarem mutuamente sob uma perspectiva evolutiva na totalidade, juntamente com outras entidades que se encontram na "linha de fogo" ou na área de "inundação" e que também se beneficiam por causa da pura associação de localização.

EU: Está sugerindo que a triangulação não acontece sem que esta "energia livre" sinta a localização do, como posso chamá-lo, doador potencial de evolução e do receptor potencial de evolução, literalmente "ficando no caminho" ou ficando entre eles, cobrindo a lacuna?

SE 10: De certo modo, sim—mas de certo modo, não. Deixe-me explicar. A energia livre, embora não seja totalmente senciente, possui um nível de inteligência rudimentar. Não é o tipo de inteligência que uma entidade do seu nível pode ter, mas é um nível de inteligência rudimentar. Esta inteligência é usada para julgar o melhor lugar para estar e beneficiar-se do salto no conteúdo evolutivo da entidade ou das entidades envolvidas, assegurando-se também de que está no lugar certo para que isso aconteça num momento adequado.

EU: Então, é a energia livre que dá início ao salto evolutivo?

SE10: Sim, e desse modo beneficia-se da mudança do conteúdo evolutivo da entidade ou das entidades em questão. A energia livre também evolui, mas de forma rudimentar.

EU: Como ela faz isso?

SE10: Acompanhando literalmente as mudanças do conteúdo evolutivo das entidades com que se associa, acima ou abaixo na escala evolutiva. Entretanto, há outras coisas que você deveria saber sobre esta energia. Quando ela está na presença de uma entidade ou grupo de entidades que estão prestes a dar um salto evolutivo, acontece uma de duas coisas. Na eventualidade de o salto evolutivo ser positivo, ela adota o novo nível de conteúdo evolutivo das entidades com que se associou visando o benefício do efeito da triangulação. Depois que isso acontece, ela pode passar para o salto evolutivo seguinte, sentindo a proximidade de um salto evolutivo em qualquer uma das outras entidades que ela sente. Ou seja, ela se desassocia da entidade ou grupo de entidades cujo salto evolutivo ela ajudou, criando o vínculo de triangulação entre os dois conjuntos de entidades envolvidas ou mais, seja pelo efeito da triangulação direta, seja pela triangulação inflacionária. Se, por outro lado, o salto for involutivo, já que tanto a triangulação direcional quanto a triangulação inflacionária também funcionam no sentido involutivo, então a energia livre absorve o conteúdo evolutivo que a entidade ou grupo de entidades perde e se mantém dentro do novo nível de involução no qual as entidades se encontrarem, mantendo uma associação ativa com as entidades involuídas.

EU: Quer dizer, dos dois modos, há um ganho; é uma situação "ganha-ganha". Assume o novo nível evolutivo das entidades que estão em posição de dar um salto evolutivo progressivo e absorvem o conteúdo evolutivo perdido das entidades que estão num salto evolutivo negativo.

SE10: Sim, esse é um bom resumo.

EU: Você disse que a energia livre também mantém sua associação com as entidades "involuídas".

SE10: Sim.

EU: E por que ela faz isso? Com certeza, seria melhor se ela ficasse no nível evolutivo superior, "subindo" novamente quando outras entidades precisarem do efeito da triangulação para ajudar na evolução individual ou coletiva.

SE10: Esse seria o trabalho de uma entidade capaz de calcular o que seria preciso para se beneficiar do desaparecimento de outra, digamos assim. Como a energia livre não é uma entidade em si, ela não é capaz de tomar uma decisão tão calculada, especialmente uma decisão que a beneficiaria mais do que a outras.

EU: E por que ela se mantém com as entidades recém involuídas?

SE10: É simplesmente uma função da absorção do conteúdo evolutivo. O conteúdo evolutivo não é "propriedade", digamos, da energia livre. Ela pode absorver ou adotar o conteúdo evolutivo de uma entidade involuída, mas não pode mantê-lo ou preservá-lo para sempre. Não é esse o propósito da energia livre. Quando ela absorve o conteúdo evolutivo da entidade involuída, cria uma associação que assegura que a entidade ou grupo de entidades involuídas ainda terão acesso eventual ao conteúdo evolutivo que perderam. O objetivo é que quando reconquistarem eventualmente seu terreno ou posição evolutiva e estiverem novamente na "proximidade" de um salto evolutivo, uma parcela do conteúdo evolutivo da energia livre, o conteúdo evolutivo que foi absorvido pela energia livre da entidade ou grupo de entidades involuídas, será devolvido a essas entidades, ajudando no salto evolutivo positivo mediante uma nova triangulação, renunciando àquilo de que ela cuidou.

EU: Então, ela também atua como uma espécie de bateria evolutiva.

SE10: É uma maneira de dizer.

EU: Mas espere um pouco. Ao desistir daquilo que absorveu em benefício das entidades anteriormente involuídas e ajudando, por falta de palavra melhor, numa evolução positiva robusta, ela não está ajudando as entidades a garantirem que ela mesma vai evoluir? Isso não é premeditação? Não é sinal de um nível superior de senciência

Além da Fonte Livro 2

do que aquele que você está me dizendo que a energia livre é capaz de atingir?

SE10: Puxa, muito bem observado!

EU: Então, a energia livre também é senciente?

SE10: Sim, mas não ao ponto que você imagina.

EU: Mas é senciente!

SE10: Sim.

EU: Quão senciente?

SE10: Não muito, mais ou menos tão senciente quanto a raça humana encarnada.

EU: Bem, eu nos considero bastante sencientes.

SE10: Não, não são; mal despertaram.

EU: Golpe recebido. Permita que me recupere por alguns instantes. Você mencionou uma coisa no diálogo acima sobre o propósito da energia livre. Seu propósito seria apenas ajudar no efeito de triangulação e servir de meio de armazenamento, uma "bateria" para conteúdo evolutivo perdido?

SE10: Principalmente, sim, mas ela é capaz de fazer muito mais. Mas isso não é para este diálogo. É melhor guardar o assunto para sua conversa com A Origem.

Fiz uma anotação mental sobre isso. Com certeza, eu ia chegar ao fundo da funcionalidade e do propósito "pleno" da energia livre!

Além da Fonte Livro 2

Ambiente e entidades da Entidade Fonte Dez
EU: Isto é interessante. Você parece ter copiado uma estratégia similar à da Entidade Fonte Sete.

SE10: Não, não é a mesma coisa. Observe melhor a estrutura e a função.

Fiz o que me foi pedido e focalizei melhor. O que vi foi interessante, para dizer o mínimo.

EU: Isto é interessante, para dizer o mínimo. Vejo você como o exterior de... ia dizer núcleo, mas a palavra "átomo" veio à minha mente; atualmente, você é esta forma esférica universal. Dentro de você, há três ambientes. Espere um pouco, estão girando em torno uns dos outros. Está certo?

SE10: Certo. As duas palavras que você usou para descrever tudo são aplicáveis. Observe melhor sua funcionalidade, pois as coisas não são tão estáticas quanto parecem à primeira vista.

EU: Tem razão. Como pude deixar de ver isso? Seus três ambientes não só giram em torno um do outro, como giram em torno um do outro de maneira aleatória e errática—girando e revirando, devo acrescentar. Não parece haver uma órbita conhecida. Espere aí! É isso mesmo? Dois ambientes parecem colidir um com o outro; na verdade, um passou pelo outro. Agora, os três colidiram e passaram uns pelos outros. Você vai precisar me falar disto porque estou começando a ficar com dor de cabeça. Especialmente porque acabei de receber a informação de que você não é a entidade maciça que eu esperava que fosse—daí o fato de as palavras "átomo" e "núcleo" aparecerem na minha mente.

O que está fora é como o que está dentro

SE10: Muito bem, fiquei contente por você estar captando as informações adicionais. Não sou maciça; tenho o tamanho normal de uma Entidade Fonte. É que uso meu "espaço" de maneira eficiente, e por isso pareço compacta aos olhos de sua mente. Mas você tem razão. Estes ambientes destinam-se a permitir que as entidades que existem neles tenham a oportunidade de conduzi-los (os ambientes) de alguma maneira. Elas controlam a direção de seu ambiente e o modo como este interage com aquelas que estão nos outros dois ambientes.

EU: E o que elas estão fazendo?

SE10: Essencialmente, dedicam-se às suas atividades e por isso evoluem. A principal diferença entre elas e você e suas colegas entidades do ambiente da SE1 é que todas essas entidades nos três ambientes são capazes de orientar os movimentos de seus ambientes e efetuar uma interação entre os outros conforme considerem apropriado. E mais, você também captou outro fator aqui—o meu tamanho. Com este ambiente, tenho três níveis de tamanho, digamos. Vou chamar os ambientes de um, dois e três e vou descrevê-los em singularidade linear para que você entenda. É bem simples, mas fica um pouco complicado para alguém com sua compreensão encarnada limitada, especialmente com a interação dos três ambientes e do que acontece com as entidades que fazem parte da função de interação. Os três ambientes estão energeticamente em três níveis básicos de existência.

Os três ambientes da SE10

Ambiente Um—Ambiente super macro
O primeiro ambiente pode ser descrito como um ambiente Super Macro. Ele existe no mesmo "espaço" que os outros, mas baseia-se nas energias que possuem aquilo que vocês chamariam de largura de banda mais longa. Por exemplo, a energia que vocês chamam de gravidade tem uma largura de banda longa. Este ambiente é específico

Além da Fonte Livro 2

apenas para as energias que existem nessas frequências de largura de banda "longas", e foi, portanto, a razão para eu ter usado a expressão "Super Macro". As energias desse ambiente tendem a ter uma natureza funcional, mais do que evolutiva. Isso não quer dizer que as entidades desse ambiente estejam repletas de conteúdo "funcional" em vez de "evolutivo". Não é o caso. Todas as entidades que possuem senciência possuem conteúdo evolutivo, por menor que seja e por mais depressa que o tenham acumulado. Há, naturalmente, um efeito sobre o aspecto dimensional do ambiente por essas frequências de largura de banda longas—uma redução no "espaço disponível" da área que está sendo apoiada pelo ambiente.

Comentário lateral: Percebi que você estava prestes a usar as palavras "aumentar o espaço disponível" enquanto estava escrevendo.

EU: Sim, estava. Era eu. Estava tentando racionalizar o efeito que isso teria sobre o espaço disponível para o ambiente, superpondo aquilo que estava recebendo de você ao meu próprio processo mental. Percebi isso e me removi do processo de canalização.

SE10: Muito bem. Remover seu próprio eu é uma boa prática, pois a sua inclusão pode negar as informações que lhe estão sendo enviadas. Você agiria como um filtro discriminador, um filtro sem ponto de referência para fazer o filtro funcionar ou, na verdade, para ser relevante para a informação sendo apresentada. Vou continuar a explicar este primeiro ambiente.

O ambiente Super Macro, embora tenha uma redução no "espaço" útil, é limitado apenas pelo número total de frequências de largura de banda longas disponíveis. Não é limitado no "tamanho" de sua área, digamos assim. Normalmente, essas frequências não são usadas por entidades sencientes em qualquer ambiente de Entidade Fonte devido à velocidade de reação mais lenta quando são manipuladas. Considere

Além da Fonte Livro 2

o ambiente como um "superpetroleiro". São difíceis de manobrar e demoram para virar.

Ambiente Dois—Ambiente macro
O segundo ambiente pode ser descrito como um ambiente macro. Como você pode perceber pela informação que acabei de lhe passar sobre o "super macro", o "macro" usa as frequências que devem ser consideradas "normais" ou do meio da faixa. Estas frequências são aquelas mais usadas pelas entidades sencientes e são preferidas simplesmente porque contém os conjuntos de energia mais versáteis em seus ambientes. São um pouco médias, um pouco longas e também um pouco curtas. São híbridos de toda função de classificação frequencial e energética. Em alguns aspectos, são as ferramentas mais usadas na caixa de ferramentas energética, e, como resultado, rendem mais frutos quando se fazem planos para expansão evolutiva.

Ambiente três—Ambiente micro ou submacro
A melhor forma de descrever o terceiro ambiente é dizer que é um ambiente micro ou submacro. Este ambiente usa todas as frequências menores da largura de banda e as energias associadas a elas. Este ambiente é particularmente útil para se obter resultados rápidos. Como as frequências cobrem uma largura de banda muito estreita, as energias são intrinsecamente rápidas—muito, muito mais rápidas que as do ambiente macro. Portanto, neste ambiente, a entidade pode progredir em seu conteúdo evolutivo de forma drástica, desde que esteja controlando as energias sendo usadas. Como essas energias são rápidas, são bem mais difíceis de se controlar, e por isso a entidade precisa manter seu olhar energético no progresso feito quando usa tais energias. É totalmente possível para uma entidade perder o controle de seu conteúdo evolutivo quando trabalha com essas energias, pois os eventos podem mudar tão depressa que podem sair de controle em cascata no piscar de um olho energético, digamos.

Vamos entrar em detalhes sobre cada um desses ambientes em nosso diálogo, mais tarde, mas agora vou lhe dizer uma coisa. É bem possível uma entidade estar trabalhando num experimento evolutivo num ambiente, digamos, o micro ou submacro, e de repente encontrar-se noutro ambiente após um choque entre ambientes, digamos, o super macro. Neste caso, a entidade precisa manter um vínculo (ou memória) entre aquilo que estava funcionando num ambiente, enquanto trabalha numa nova tarefa em outro, com um conjunto de frequências e base energética subsequente completamente diferentes. Isto ocorre quando o ambiente "atual" se choca com o ambiente anterior e ela se vê de volta no primeiro ambiente, precisando recomeçar seu trabalho original ou "anteriormente atual" naquele ambiente prévio. Neste caso, todas as entidades PRECISAM se assegurar de que todo o trabalho terá tanto uma natureza autocontida quanto uma função automática.

Em todos esses três ambientes, as entidades têm o mesmo tamanho relativo quando passam de um ambiente para outro, resultante da colisão entre dois ou três ambientes. Outra coisa que você precisa saber é que você não conseguiu visualizar a esfera que os envolve e que, naturalmente, fica dentro de minhas próprias energias. Esta esfera ocupa uma única área do espaço, dimensional, frequencial e energeticamente, e, até certo ponto, "continuumente".

EU: Quer dizer que os três ambientes que "giram e reviram" ocupam o mesmo espaço?

SE10: Sim, as demarcações Super Macro, Macro e Micro ocupam o mesmo espaço ao mesmo tempo, mas focalizam as energias que predominam nas três faixas de frequência descritas anteriormente. A ilustração que você recebeu das três esferas girando e revirando em torno umas das outras e às vezes colidindo com as demais é apenas metafórica. Mas o ajuda a entender, ao menos em parte, a funcionalidade da interação dos três ambientes.

A mecânica dos ambientes da Entidade Fonte Dez

EU: Agora, você precisa me ajudar. Se todos os ambientes ocupam o mesmo espaço, como podem girar um em torno do outro como você disse? Isso me diz que estão todos separados.

SE10: Estão separadamente juntos, e juntos, estão separados.

EU: Sim, creio que entendi. Passei pela experiência desta descrição antes em minhas comunicações com as outras Entidades Fontes. Isso parece ser um tema comum, juntamente com a necessidade de evoluir de certas maneiras, ou mesmo de qualquer maneira possível. Mas tenho a impressão de que interagem de maneira interessante, trocando entidades quando se "chocam" um com o outro. As próprias entidades veem-se transportadas entre ambientes e ainda precisam manter algum tipo de vínculo com o trabalho que estavam fazendo no ambiente anterior, além de embarcarem num novo trabalho, evoluindo neste processo.

SE10: Percebo que terei de me explicar melhor.

EU: É por isso que estou aqui.

SE10: É claro, mas há alguns conceitos na funcionalidade dos três ambientes que você precisa compreender antes que eu possa prosseguir descrevendo sua funcionalidade "separada".

Interação contínua, a base para lidar com a mudança perpétua em todos os níveis.
SE10: O objetivo desses ambientes em constante rotação é atender à necessidade da entidade lidar com condições ambientais perpétuas e em constante mudança, prosperando. Isto, como explicado acima, inclui a necessidade de manter vínculos com o trabalho anterior que estava sendo executado no último ambiente de domicílio.

EU: Bem, posso ver que a palavra "lidar" é muito operativa aqui, pois, na minha mente, posso ver milhares de vínculos que se parecem com pedaços de barbante conectando a entidade a um ambiente específico e a seu trabalho anterior ali. Na verdade, é difícil ver além dos vínculos, pois são muitos. Como elas lidam com isso?

SE10: Elas aprendem a lidar com isso de maneira bastante pronunciada.

EU: O que você quer dizer com "pronunciada"?

SE10: Elas "pronunciam" literalmente sua necessidade de aprender a lidar com aquele setor de seu novo ambiente, mantendo seu vínculo com o trabalho anterior. Esse pronunciamento é recebido pelas entidades que estão no novo setor de domicílio dentro do ambiente novo ou para o qual foram "transferidas" recentemente, bem como aquelas com quem estavam trabalhando. Esse pronunciamento é específico para as entidades com quem a entidade em questão está trabalhando ou já trabalhou antes. Novas associações de trabalho só são aceitas quando não há associações "conhecidas" na nova localização. Este pronunciamento é a base para a interação inicial entre as entidades quando criam vínculos entre os ambientes.

EU: Uau, dá para ver que os três ambientes, embora separados, estão mesmo juntos. São mantidos unidos por milhares de vínculos entre as entidades e seu trabalho em setores prévios de seus ambientes anteriores e existentes. Os vínculos funcionam quase como milhões de cordas elásticas. Não, tenho uma descrição melhor. É quase como se fossem estrias musculares, todas operando em ângulos, dimensões e frequências diferentes, movendo-se através das outras em virtude de suas frequências básicas. As frequências das estrias são relativas ao ambiente do pronunciamento inicial, com o pronunciamento inicial presente naquela área ou setor do ambiente no qual a entidade se

Além da Fonte Livro 2

encontrou logo depois de ter sido transferida de um ambiente para outro após um choque entre ambientes.

SE10: Muito bem, você está chegando lá. O objetivo primário desses vínculos é, como descrito antes, permitir que a entidade continue a trabalhar, embora de forma remota, com aquilo em que estava concentrada antes. Todavia, fazem muito mais do que proporcionar apenas um vínculo.

EU: Não me diga que são um meio de comunicação.

SE10: Mais, são um método para atravessar ou contornar as limitações naturais apresentadas à entidade quando tenta trabalhar, digamos, com uma frequência ambiental super macro que é longa em sua faixa de frequência se o seu atual ambiente de domicílio fica dentro de um setor do ambiente submicro, com faixas de frequência extremamente estreitas. Pense que é como tentar manobrar um barquinho em mar aberto num dado momento e, no seguinte, ter de manobrar um superpetroleiro através de um canal estreito.

É com esta necessidade de transferir rapidamente a atenção da entidade de um ambiente para outro que estão aprendendo a lidar. Imagine que você está num lugar no qual controla seu ambiente até certo ponto, num momento, e no momento seguinte precisa criar um pronunciamento para poder manter o controle de um trabalho que estava em ordem "segundos atrás", enquanto se esforça para lidar com os vínculos com o ambiente e suas interfaces, relativas ao setor de domicílio no choque anterior ao que você experimentou. Você está sendo puxado de três maneiras, dimensional e frequencialmente. Ah, sim, esqueci de dizer que cada um dos três ambientes, o Super Macro, o Macro e o Sub-Macro ou Micro também estão num conjunto diferente de dimensões, cada um uma réplica um do outro, mas relativos às frequências que os estão inflando nos ambientes que constroem.

EU: Mas não é difícil isso, trabalhar nas três escalas de ambiente ao mesmo tempo?

SE10: Sim, naturalmente, é difícil trabalhar em três escalas de ambiente ao mesmo tempo. E esse é o objetivo disso tudo. O nível de interação com os diversos ambientes, suas funcionalidades específicas e conjuntos de entidades presentes, mas temporárias, exige interação constante.

Mas vamos levar isto ao próximo nível de interação. Multiplique o nível de interação necessário para manter o controle do trabalho realizado nesses ambientes separados e de escala acentuadamente diferente de forma concomitante por dois, depois por três, por dez, cem, depois 1.000, depois 10.000, depois 100.000, depois 1.000.000, etc., etc., etc. Imagine como é difícil trabalhar com todos esses vínculos espalhados pelos três ambientes, inclusive os diversos setores ou áreas de domicílio nas quais as entidades podem estar presentes. Depois, afaste-se um pouco e pense nas entidades com que precisam interagir para manter esses vínculos e todos esses outros vínculos que as outras entidades criaram ou estão criando, vínculos com que talvez a entidade em questão também tenha estado envolvida na manutenção ou criação quando o pronunciamento de ajuda vem de uma entidade que aparece subitamente por perto. Isso é difícil. Esse é o aprendizado ao qual estão se expondo, lidando com tudo ao mesmo tempo, de forma concomitante, enquanto lidam com outras coisas.

EU: Parece ser uma quantidade imensa de trabalho para uma entidade. Como conseguem? Quero dizer, "lidar" é uma palavra que eu não usaria neste contexto, pois, de onde estou olhando, seria praticamente impossível.

SE10: Esse é o principal propósito do trabalho—lidar com aquilo que é quase impossível, mas elas conseguem e lidam muito bem, tornando-se mestres. A entidade precisa conseguir ser "multitarefas" numa escala universal e, mais tarde, multiversal, caso queira ser competente na evolução. Este é um processo necessário para o trabalho delas, algo que acabarão fazendo ao meu lado, digamos, quando a expansão da área de autoconsciência de A Origem for ativada.

SE: Isso é interessante. Você é outra Entidade Fonte que parece estar planejando essa expansão. Deduzo que suas entidades terão um papel nessa expansão.

SE10: Sim, é claro. Vão se tornar Entidades Fontes por direito próprio, assim como muitas outras entidades. Neste momento, porém, estão num programa multiversal de treinamento de evolução, criando e mantendo tarefas de várias formas diferentes, em muitos ambientes diferentes, de maneira contínua e concomitante. Elas também têm outro papel a representar na manutenção dos três ambientes.

EU: Ah, sim, achei que havia mais alguma coisa. Tenho recebido a informação de que, por meio dos vínculos entre as entidades e seu trabalho nos diversos ambientes, elas podem realmente afetar a relação da direção de rotação e a distância entre os três ambientes.

SE10: Sim, muito bem. Podem fazê-lo e o fazem. E mais, para adiantar o assunto para você, o fato de todo o relacionamento entre os três ambientes mudar continuamente é fruto do trabalho das entidades e seus vínculos. A atração direcional e a rotação são o resultado direto da ênfase posta nos pronunciamentos feitos quando uma entidade se encontra num novo ambiente após uma colisão, pois na verdade a atração é o resultado de certo número de entidades trabalhando juntas enquanto também tentam manter o conteúdo evolutivo de seu próprio trabalho e também tentam voltar ou retornar a seu ambiente anterior.

EU: E elas tentam fazer isso sempre que são "deslocadas" de um ambiente para outro?

SE10: Sim, e daí esse grande número de vínculos entre elas, os três ambientes e seu trabalho. E ainda por cima, há a necessidade de interagirem continuamente umas com as outras para controlar a direção e a rotação dos ambientes como forma de controlar e manter todos esses vínculos com o trabalho que estão realizando.

EU: Tudo isso me parece complicado demais!

SE10: Acredite-me, você está indo bem na compreensão desta pequena parte. Há mais, muito mais!

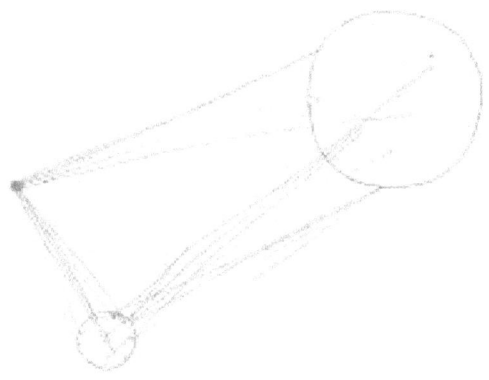

Figura 1: Os três ambientes: Super Macro, Macro e Micro/Sub-Micro e exemplos de alguns vínculos entre ambientes e entidades

EU: Acredito em você! Falamos sobre os três ambientes, Super Macro, Macro e Micro/Sub-Micro há alguns dias quando você ilustrou as características de frequência associadas aos três ambientes. Poderia aprofundar o assunto e incluir a base da existência nesses três ambientes tão diferentes?

SE10: Sim, naturalmente. Antes, porém, observe o seguinte. Esses ambientes não são típicos do que você esperaria usando as palavras macro e micro, pois estas se relacionam com tamanho e não com o que eu chamarei de largura de banda e as frequências associadas com largura de banda, ou mesmo comprimento de onda.

EU: Muito bem. Creio que entendi isto—creio. Acho que o melhor caminho a seguir seria a base da existência nesses ambientes em lugar da explicação mecânica, embora saiba que alguns leitores se interessam por esta parte.

A base da existência no ambiente Super Macro
SE10: Então, vou continuar. Como disse antes, a base ou essência da existência no Super Macro é a necessidade da entidade experimentar a dificuldade para manipular as energias num ambiente onde as frequências são predominantemente "longas" em sua largura de banda. Uma "largura de banda longa" não é uma descrição que você deve ter encontrado antes, e por isso terei de descrever o mecanismo ou o significado por trás do uso desta terminologia antes de podermos prosseguir com esta seção e as outras duas. Como você já sabe, largura de banda ou de faixa é a medida da largura de diversas frequências, mas uma largura de banda "longa" é específica das frequências com comprimento de onda longo apenas dentro de determinada faixa.

EU: Isso não afeta o número de frequências que podem ser usadas em certa largura de banda?

SE10: Correto. O ambiente Super Macro tem um número de frequências disponíveis dramaticamente menor.

EU: Mas isso não tornaria sua funcionalidade mais lenta? Não reduziria o potencial para ambientes simultâneos "baseados em frequência"?

SE10: Até certo ponto, sim, mas estamos falando de um conjunto de frequências completamente diferente daqueles que você experimenta no seu ambiente. No entanto, podemos nos referir a elas desta maneira, caso isto melhore a compreensão.

EU: OK, obrigado. Vamos ver como podemos prosseguir. Se for preciso, podemos tornar a usar a terminologia baseada na Terra.

SE10: Neste ambiente, a entidade está trabalhando com frequências que, apesar da frequência elevada, têm grande comprimento de onda. O exemplo que dei antes foi a gravidade, um fenômeno que vocês têm em seu próprio universo físico para aquilo que chamam de "atratividade". A atratividade é uma energia comum, predominante em todos os três ambientes, mas é específica em escala ao comprimento de onda das frequências sendo usadas.

Neste ambiente, as entidades precisam "lutar" com a enormidade dos construtos que criam quando usam as energias associadas com esses comprimentos de onda.

EU: Sim, acabei de receber a imagem de um grande componente que uma entidade criou para um componente ainda maior de um construto maciço. Ela o estava criando com muitas outras entidades. Todas precisavam se ajudar na manufatura da "montagem final", digamos. Espere um pouco. Este componente é realmente imenso. Estou recebendo a imagem de um exemplo de seu porte. Se usarmos o sistema solar como exemplo da escala em que estão trabalhando, este componente cobriria a distância entre a Terra e Saturno.

SE10: Isso seria um pouco de exagero, não no seu tamanho, mas em como não é pequeno.

EU: Como?

SE10: Eu me explico. Na verdade, este componente, como você o chama, é muito maior do que isso. Recalibre o foco de seu olhar mental.

EU: Não acredito! São galáxias ou algo que se parece com galáxias neste ambiente?

SE10: Sim, mas não. O objetivo não é comparar o tamanho de galáxias, mas o tamanho relativo comparado com aquilo que você conhece, o que, neste caso, é o tamanho e a distância relativa de algumas das galáxias mais próximas de você, das quais este componente é relativo. A imagem que você viu foi uma área de densidade local que pareceu ter tamanho planetário mas que, na verdade, tinha tamanho galáctico. Sua memória ligou-se ao formato geral e sobrepôs aquilo que foi identificado como "maciço" em comparação com seu tamanho físico e aquilo que estava sendo apresentado. Em essência, seu cérebro captou a escala de maneira errada simplesmente porque ele recebeu a imagem de uma galáxia que se parecia com o planeta que vocês chamam de Saturno.

EU: Isso faz sentido. Mas o que não faz sentido é o tamanho das entidades. Elas eram pequenas em comparação, quase minúsculas.

SE10: Essas entidades estão em escala correta para esse ambiente específico. Podem ser pequenas, mas são capazes de existir dentro dessas frequências de onda longas e de trabalhar com elas. Na verdade, estão além da escala do ambiente onde estão trabalhando, pois precisam ser capazes de trabalhar com a escala que lhes é apresentada quando operam em qualquer um dos três ambientes e suas respectivas larguras de faixa.

EU: E enquanto estão trabalhando nesse ambiente, também estão mantendo seus vínculos com outro trabalho simultâneo nos outros dois ambientes, além daquele no qual estavam trabalhando neste ambiente.

SE10: Correto.

EU: Ufa. Queria que meus leitores pudessem ter visto esta imagem. A imagem mais próxima que posso lhes dar é para imaginarem a maior viga estrutural que puderem, e depois imaginarem-na estendendo-se por quatro ou cinco galáxias!

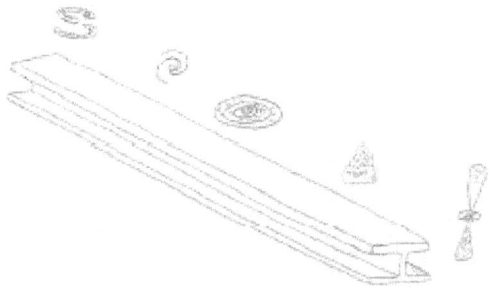

Figura 2: Imagem conceitual de uma viga estrutural de aço reforçado estendendo-se por cinco galáxias

SE10: Isso seria razoável.

EU: Obrigado. Se eu pudesse deixar de lado os "vínculos" com o trabalho das entidades no ambiente atual e nos outros, concentrando-me um pouco apenas nas entidades e naquilo que estão fazendo, isso facilitaria minha explicação.

SE10: Seria razoável fazer isso. Se eu estivesse calçando os seus sapatos, digamos, eu iria querer fazer a mesma coisa.

EU: Certo. Então, tudo em que essas entidades trabalham é maciço em comparação com elas?

SE10: Só em termos daquilo que você chamaria de representação física da escala. A verdadeira base para a existência nesse ambiente é aprender a lidar com o comprimento de onda energética mais longo e a subsequente redução em frequências disponíveis, juntamente com os problemas de escala. O "tamanho" da entidade não é um problema aqui—é mais a maneira como ela lida com as limitações desse ambiente.

EU: Neste ambiente, vi uma entidade com um componente para um construto muito maior. O que era esse construto?

SE10: Neste caso, o construto em si é imaterial, pois ele não é um meio para um fim. É simplesmente uma ferramenta para uso da entidade enquanto está neste setor específico desse ambiente. É uma coisa para se fazer enquanto está lá. Pense nisso em termos da necessidade de fazer palavras cruzadas enquanto você está em férias. É uma coisa que lhe permite exercitar a mente enquanto ela não está na situação estressante de precisar "entregar" um produto final dentro de um cronograma conhecido ou combinado.

EU: Então, os construtos não têm uma função?

SE10: Eles têm função; não seriam construtos se não tivessem algum tipo de função.

EU: E qual é a função desses construtos super macro?

SE10: Focalizar a atenção.

EU: Só isso? Focalizar a atenção?

SE10: Correto. Veja, quando uma entidade está em posição de precisar controlar diversas cargas de trabalho em múltiplos ambientes, ela precisa de alguma coisa para focalizar sua atenção enquanto está no ambiente onde se encontra, pois ela poderia descobrir facilmente que seu foco no ambiente atual se perdeu, e o local e o trabalho anteriores assumem certa prioridade sobre a prioridade mais imediata de trabalho no novo setor do novo ambiente. Pense nisso como uma "âncora", o que vocês chamariam de "ficar com os pés no chão".

EU: Ah, sim. Isso funciona. Entendo isso muito bem. Tenho uma última pergunta antes de passarmos ao ambiente Macro.

SE10: Pode perguntar.

EU: O que acontece com esses construtos quando são terminados ou quando a entidade é transferida para o setor seguinte do ambiente seguinte?

SE10: Se o construto, para todos os efeitos, foi terminado, ou ele é destinado a ser um componente menor de um construto maior, ou é perpetuado de algum modo para não perder o vínculo com as entidades que ainda precisam experimentar aquilo em que estavam trabalhando nesse ambiente. Por outro lado, se há entidades que não precisam mais dele, embora estejam trabalhando nele ou tenham efetivamente terminado o que estavam fazendo com aquele construto específico, ele é reduzido às suas energias componentes para que o próximo conjunto de entidades as usem num novo construto.

A base da existência no ambiente Macro
EU: OK, grato pelo esclarecimento. Acho muito interessante o fato de as entidades criarem alguma coisa simplesmente para manter seu elevado nível de concentração.

SE10: Não vejo porquê. A humanidade faz isso o tempo todo; é um passatempo bem comum.

Além da Fonte Livro 2

EU: Bem, é verdade. Mas só que não. Ah! Você quer dizer física ou energeticamente?

SE10: Ambos. Você precisa se concentrar no físico para ajudar a manter sua utilidade. Deixe-me explicar. Há grupos de raças de entidades em todo ambiente das Entidades Fontes cujo papel é manter esse ambiente em benefício daqueles que desejam usá-lo para seu desenvolvimento evolutivo, e seu universo físico é um excelente exemplo de tal ambiente—sua própria existência é mantida por aqueles que a usam para suas próprias necessidades. O que estou querendo dizer aqui é que as entidades de manutenção têm um limite em termos da manutenção do ambiente designado. O resto, a "disposição", o "palco", digamos, é feito pelas entidades que são as "usuárias" do ambiente.

No seu ambiente, tudo que vocês veem é criado por vocês para ajudá-los a se concentrarem nas tarefas imediatas e experimentarem aquilo que resolveram experimentar quando estão no plano físico. Toda entidade encarnada trabalha em dois níveis, o físico e o energético. O físico funciona como um programa de autocorreção num computador, enquanto o energético assimila os dados experienciais e assim coleta conteúdo evolutivo. O físico e o energético trabalham juntos para criar mudanças locais no ambiente, necessárias para efetuar uma experiência evolutiva otimizada. As mudanças coletivas locais criam um ambiente mundial.

Este ambiente mundial é mantido pelas entidades do ambiente que se concentram nos requisitos "individualizados mas ainda coletivos" de um construto comum que permite que o processo evolutivo se desenvolva e atenda às necessidades dos requisitos evolutivos combinados do individual e do coletivo. No "teatro" da existência física, os "atores", a humanidade, adaptam-se diariamente ao palco do teatro. Novos edifícios são construídos e velhas construções são derrubadas; novas invenções são desenvolvidas e feitas, e velhas

Além da Fonte Livro 2

invenções são superadas e descartadas. Todo o cenário muda continuamente. Esta mudança se deve à necessidade de criar uma coisa para manter o nível elevado de concentração pessoal e coletiva necessária para perpetuar a função, e portanto, a existência, do teatro e seus diversos palcos. É isso que todos vocês fazem em seu ambiente físico; é isso que minhas entidades precisam fazer também. É que fazem isso de maneira diferente, pois estão experimentando uma existência diferente.

EU: Uau, eu não esperava informações sobre o meu próprio ambiente.

SE10: É um comparador útil.

EU: Agradeço por você reservar tempo e energia para me explicar isso.

SE10: Foi um prazer necessário. Agora, vamos à tarefa de explicar a base da existência de minhas entidades no ambiente Macro.

A largura de banda e as frequências associadas são essencialmente neutras, principalmente segundo a sua perspectiva. Isto significa que as energias criam coisas que, com efeito, são úteis para elas na escala em que existem normalmente, para usar uma terminologia que você pode compreender. Caso a entidade deseje existir por determinado tempo numa moradia, a moradia criada seria relativa à frequência energética da entidade e à área de energia que ela ocupa em seu atual ambiente de trabalho. Ela não teria o tamanho de um planeta se precisasse ter apenas o tamanho de uma casa.

EU: Percebo. Então, usando o exemplo da viga no ambiente anterior—ela não se estenderia por galáxias; ela se estenderia pela lacuna entre paredes, digamos.

SE10: Seria uma maneira de ver as coisas, sim.

EU: Percebo que estou deixando de ver alguma coisa aqui. É como se eu soubesse que existe outra coisa que preciso lhe perguntar para você explicar a função destes ambientes. Não consigo perceber isso direito, mas as explicações que estivemos usando não são tão precisas quanto eu gostaria que fossem.

SE10: Elas não são "precisas" por si sós, pois você não seria capaz de compreender os intricados detalhes deste ambiente—mesmo agora, após ter sido exposto aos ambientes das outras nove Entidades Fontes antes de mim. Esta é uma limitação do plano físico e é difícil trabalhar com isso. Pense nisso como tentar explicar a funcionalidade do computador mais moderno para um humano da Idade das Trevas. Seria praticamente impossível. É nesse ponto que estou com você.

EU: Agradeço a referência. Mas gostaria que você tentasse.

SE10: OK. Vamos ver o que podemos fazer. A escala é uma função do comprimento das frequências empregadas. Até certo ponto, vou usar no Micro a descrição que usei tanto no Super Macro quanto no Macro como exemplos figurativos e não como a realidade. Embora haja um elemento de correção nas ilustrações figurativas utilizadas, a correção refere-se ao conhecimento da entidade que está aprendendo, digamos. No exemplo do ambiente Macro, o comprimento das frequências significa que há mais frequências disponíveis para a entidade dentro da largura de banda disponível. Além disso, são mais curtas do que aquelas usadas no Super Macro.

Isto significa que é possível acrescentar mais detalhes a aquilo que é criado pelas entidades dedicadas ao processo criativo. Pense nisso em termos de um aumento de resolução básica. Um bom exemplo seria a maneira como uma imagem com baixa resolução pareceria pixelizada em comparação com uma imagem de alta resolução, com, por exemplo, dez vezes mais pixels disponíveis para a geração da mesma imagem. Neste caso, o aumento da resolução significa que a imagem perde as arestas aguçadas e fica com contornos mais nítidos e suaves. Como no exemplo da imagem, a qualidade do trabalho, o trabalho criativo, é muito maior em função do número mais elevado de frequências disponíveis. Sua resolução aumenta e a escala daquilo que está sendo criado pode ser reduzida em função disso.

EU: Então, você está sugerindo três coisas: 1) o ambiente Macro tem mais frequências de trabalho em função do comprimento de onda menor, dentro da largura de banda disponível, em comparação com o Super Macro; 2) esta redução no comprimento de onda torna mais controlável a escala dos construtos criados pelas entidades e mais adequada a seu próprio tamanho ou escala; e 3) os detalhes por trás dos construtos aumentam devido ao aumento no número de materiais disponíveis, o que resulta no aumento de frequências.

SE10: Muito bem. Além disso, veja que as energias disponíveis também aumentam em função do aumento de frequências dentro dessa largura de banda, aumentando ainda mais os materiais disponíveis que podem ser usados nos construtos.

EU: Acabei de captar algumas informações adicionais sobre a escala que resulta da mudança nos comprimentos de onda.

SE10: Prossiga.

EU: Os construtos sendo criados nos três ambientes são essencialmente os mesmos em forma e função. A concentração necessária para construí-los baseia-se na necessidade de trabalhar num novo construto, mas usando um conjunto diferente de materiais, digamos. Os materiais disponíveis são relevantes às energias manifestadas pelo comprimento de onda das frequências obteníveis na largura de banda apresentada à entidade em seu ambiente atual. Em essência, os tijolos usados vão ficando maiores em função da escala e do tipo de tijolo disponível. Por exemplo, sua forma e disponibilidade em diversos materiais muda em função disso. Logo, o construto que se estendia por duas galáxias no Super Macro precisaria ter esse tamanho para ser criado com os detalhes necessários para se garantir que todas as suas características e funções foram incorporadas a ele, usando os materiais disponíveis que resultaram da mudança ou redução nas frequências disponíveis e a subsequente redução em energias nesse ambiente com comprimento de onda maior. No Macro há muito mais frequências, energias e materiais que podem ser usadas devido ao menor comprimento de onda das frequências da largura de banda disponível, e por isso o construto pode ser reproduzido em toda a sua funcionalidade numa escala muito menor. Essa escala só fica disponível como resultado dos comprimentos de onda menores encontrados neste ambiente; ou seja, os tijolos são muito menores e suas formas e materiais são muito mais variados.

SE10: Então, respondendo à pergunta de forma básica, a base da existência no Macro é a capacidade de trabalhar com essas frequências, comprimentos de onda e energias associadas cuja escala é similar à da própria entidade. Em essência, é uma âncora, uma base para seu trabalho.

A base da existência no ambiente Micro ou Sub-Macro
EU: Certo, parece que estou numa montanha russa. Posso descrever o que estou recebendo de você sobre o último ambiente, esse que você chamou de ambiente Sub-Macro ou Micro?

EU: Por favor, faça-o.

SE10: A base da existência no Sub-Macro/Micro consiste em ser o vínculo para os três ambientes, Super Macro, Macro e Sub-Macro/Micro, usando as frequências, energias e materiais disponíveis no ambiente Sub-Macro/Micro. Em essência, ser o mais forte, sendo o menor. Certo, agora você pode continuar; fique à vontade.

EU: Obrigado. Pelo que posso ver com o olhar da minha mente, este ambiente é uma progressão natural dos outros dois ambientes, o Super Macro e o Macro. Ou seja, ele usa o movimento progressivo da redução dos comprimentos de onda para produzir mais frequências dentro da largura de banda disponível, em termos figurados—essas frequências com comprimento de onda curto, com largura de banda "curta". Tal como ocorre nos outros ambientes, o objetivo consiste em criar os construtos necessários para manter sua atenção enquanto estão nesta seção específica do ambiente. Estes construtos são similares, se não idênticos, a aqueles construídos nos outros ambientes. A diferença aqui é a necessidade de se concentrar no uso das frequências, energias e materiais que só estão disponíveis neste ambiente.

Esses "tijolos", por falta de palavra melhor, são microscópicos em comparação com aqueles usados no ambiente Macro. Na verdade, devo recalibrar minha descrição; eles seriam classificados como submicroscópicos, pois os microscópicos também estão disponíveis no ambiente Macro. Seria até possível classificá-los como um ambiente "Sub-Nano", se fosse necessário usar uma palavra mais compreensível.

SE10: Bom. Você está indo bem. Por favor, prossiga.

EU: Dentro deste ambiente, podem ser criados os mesmos construtos, mas com base submicroscópica. Isto permite que as frequências, energias e materiais que se manifestam no ambiente sejam usados em áreas com detalhes intricados ou em áreas do construto no qual é necessário ter uma resolução maior.

Espere um pouco, isto é interessante.

Estou entendendo direito?

Neste nível, ou devo dizer, dentro deste ambiente, todos os construtos podem ser totalmente reproduzidos. Quero dizer que um construto no Super Macro pode ser totalmente reproduzido no Macro, e um construto no Super Macro e no Macro pode ser totalmente reproduzido no Sub-Macro ou Micro—inclusive na escala do construto. Por outro lado, não se pode fazer um construto do Macro no Super Macro com a mesma escala, e não se pode fazer um construto no Super Macro ou no Macro com a mesma escala que o Sub-Macro/Micro.

SE10: Correto. Isso é uma função das frequências, energias e materiais disponíveis nos comprimentos de onda especificados como prevalentes nesses três ambientes, mas não é uma que seja usada. Vou me explicar melhor. Na descrição da base da existência neste ambiente, eu disse que ele era o vínculo entre todos os três ambientes. Por ser tal vínculo, você começa a ver a imagem maior daquilo que está sendo apresentado à entidade.

EU: Você não estaria dizendo que os três ambientes, embora separados, na verdade fazem parte de uma função singular?

SE10: Eu não disse que eles estavam separadamente juntos no começo deste diálogo?

EU: Sim, disse. Creio que eu comentei que a frase "separadamente juntos" era um tema comum, algo que foi usado algumas vezes pelas outras Entidades Fontes.

SE10: Sim, é interessante isso, pois embora todas nós tenhamos funções separadas, em última análise estamos todas juntas com A Origem.

Vou prosseguir. Seu comentário sobre a reprodutibilidade daquilo que nos diversos ambientes é uma função da escala, das frequências, energias e materiais está correto, mas não é esse o propósito final de meu ambiente "na totalidade". Vou lhe mostrar uma imagem.

O que vi a seguir foi espantoso. Vi os três ambientes superpostos uns aos outros de uma maneira que não tinha visto nas imagens anteriores, que mostraram os ambientes girando e rodando aleatoriamente, uns em torno dos outros. Seu giro e rotação eram função da atração dos vínculos que as entidades tinham criado para unir os construtos feitos nos diferentes setores dos diferentes ambientes. Agora eu estava vendo tudo junto. Cada um dos construtos fazia parte de um construto maior, onde cada um era uma parte micro, pequena, média, grande ou muito grande de um construto. Este construto existia em todos os três ambientes concomitantemente mas não simultaneamente, pois cada construto estava num setor diferente. Olhando mais de perto, vi outra coisa espantosa e bela ao mesmo tempo. Quando vistos concomitantemente com o Macro e o Super Macro, os pequenos construtos Sub-Macro/Micro atuavam como vínculos entre eles mesmos e os construtos do Macro e do Super Macro. Eram os subcomponentes que conectavam os componentes maiores para criar um construto maior, o qual, por sua vez, era usado para criar um construto maior, e assim por diante. Em todos esses casos, os construtos do Sub-Macro/Micro eram usados como conectividade entre eles. Olhando com mais atenção ainda, o Sub-Macro/Micro se parecia com um sistema venoso, terminando num tipo de berço para ligar o componente ou construto Macro ou Super Macro a ele. O todo se parecia com um enorme construto multiversal vivo.

SE10: Muito bom, muito bom mesmo. Pense nele como um tabuleiro de xadrez tridimensional. O objetivo de se formar os construtos é construir algo que existe nos três ambientes simultaneamente, com certas partes sendo necessárias num dos outros dois ambientes, tanto independentemente quanto concomitantemente. O construto final é um ambiente singular, formado pelos três comprimentos de onda ambientais, incluindo as frequências, energias e materiais presentes nesses ambientes—daí os vínculos entre as entidades, os ambientes onde se encontram e os construtos nos quais estão trabalhando.

Quando comecei a digitar este diálogo, no começo não tive certeza se estava recebendo a informação correta. Ela me pareceu um pouco aleatória, especificamente porque eu estava recebendo ao mesmo tempo informações adicionais sobre as Entidades Fontes restantes. (Ver "encerrando" a seguir.) Fiquei preocupado quando comecei a ver os vínculos entre os três ambientes, as diferenças entre suas funções e as entidades dentro deles. Não fazia sentido para mim. Foi como se eu tivesse recebido as informações de diversas Entidades Fontes, misturando-as de alguma maneira. Só no meio da explicação sobre a base da existência no ambiente Sub-Macro/Micro é que tudo começou a se encaixar para mim.

A Entidade Fonte Dez tinha explicado seu ambiente de três maneiras. Ela havia separado a estrutura básica dos ambientes em funções ambientais baseadas nas frequências disponíveis nos comprimentos de onda especificados nas larguras de faixa—expondo claramente as funções das escalas. Ela identificou as funções evolutivas das entidades e o trabalho necessário para sua evolução, descrevendo ainda o relacionamento entre o Sub-Macro/Micro, o Macro e o Super Macro e, em última análise, o cenário maior—criar um construto que existia nos três ambientes concomitantemente, com cada um dos construtos dependendo dos outros. O "toque final" seria aquilo que as entidades estavam criando—uma série de construtos que envolviam os três ambientes, criando inextricavelmente um único ambiente—daí a necessidade de as entidades trabalharem juntas para manipular a localização posicional dos três ambientes e a inevitável troca de entidades. Elas estavam criando um construto juntas—um construto multiversal megamaciço que estava sendo unido por seus próprios vínculos. Estes vínculos eram a cola, digamos, que unia seus construtos—sua contribuição para o construto maior, um ambiente unido que dependia da união de comprimentos de onda, frequências, energias e materiais associados com os três ambientes diferentes. Elas estavam criando um único ambiente com os componentes dos três. Estavam criando um ambiente que era mais útil e funcional como playground evolutivo do que cada um dos três ambientes singularmente—desmontando efetivamente aquilo que era separado e criando um todo mediante o uso dos materiais disponíveis. Estavam aprendendo a fazer a engenharia reversa de um multiverso e evoluindo graças a esse processo.

As entidades da Entidade Fonte Dez e como elas criam
Eu sabia muito bem que estava ficando sem tempo com a Entidade Fonte Dez. Tínhamos falado muito sobre a função da Triangulação e os OM e um pouco sobre a estrutura de seu ambiente. O problema era que eu não tinha nada sobre as entidades capazes de trabalhar nos três ambientes diferentes com aquilo que pareciam ser milhares e milhares de vínculos com os diferentes itens em que estavam trabalhando nos diversos setores dos ambientes Super Macro, Macro e Sub-Macro/Micro concomitantemente. Era algo realmente alucinante e, para ser franco, segundo meu limitado ponto de vista humano, fazia-me estremecer diante daquela imensa carga de trabalho. Fez com que a minha própria carga de trabalho, algo com que eu estava me esforçando para lidar, parecesse ridiculamente pequena. Resolvi não reclamar do trabalho que a Entidade Fonte havia me dado—fui eu que pedi para fazê-lo—e me recompus para obter mais informações sobre as entidades que existiam e trabalhavam nesses ambientes "controlados pelas entidades", que giravam e rodavam.
EU: Estou ficando sem tempo para conversarmos.

SE10: Como você pode ficar sem algo que não existe?

EU: Bem lembrado. Mas sinto que estamos chegando ao final de nosso diálogo e, como resultado, vou precisar tratar de algumas coisas que ficaram soltas.

SE10: De quantas vidas você dispõe? Você nunca vai conseguir chegar perto de arranhar a superfície.

EU: Tem razão, e eu diria que nunca conseguiria chegar perto de arranhar a superfície.

SE10: Pois é, mas o que você fez foi abrir a porta para o reconhecimento de que existem muito mais coisas do que aquilo que sua própria Entidade Fonte criou. Não só isso, mas você conseguiu apresentar um resumo razoável do funcionamento do meu ambiente— e isso merece aplauso. Entretanto, como você está dizendo, seu tempo comigo é limitado, e por isso deveríamos prosseguir com o diálogo da maneira como você deseja—com uma breve explicação ou descrição de minhas entidades.

EU: Sim, por favor. Estou muito intrigado sobre sua natureza física, seu fator de forma, seu fator energético, trabalho etc.

SE10: Muito bem. Primeiro, vamos descrever seu fator de forma. Não vai demorar muito, pois eles não o possuem.

EU: Bem, imagino que na verdade muitas entidades não terão um fator de forma, mas o que me interessa é saber como conseguem lidar com sua carga de trabalho. Elas criam algum tipo de corpo para realizarem suas tarefas?

SE10: Pelo diálogo anterior, você vai perceber que a criação dos construtos dentro dos três ambientes foi explicada de modo físico. Não foi um "lapso", digamos, e nem foi um exemplo útil usado para ilustração. Os construtos eram físicos, mas não com a fisicalidade que você esperaria vivenciar. Neste caso, a fisicalidade foi compartilhada entre o criador e o criado durante o processo de criação.

EU: Como assim? As entidades são físicas apenas durante um breve período? São físicas apenas pelo período durante o processo de criação dos construtos nos quais estão trabalhando?

SE10: Sim, mas vou explicar melhor. Minhas entidades têm natureza puramente energética. Elas existem nas energias associadas com os ambientes onde trabalham, mantendo sua própria escala e frequências básicas. Suas energias e frequências subsequentes independem dos ambientes com que e onde trabalham. No entanto, possuem a capacidade de manipular suas energias para replicar as energias e frequências, inclusive os comprimentos de onda das frequências com que estão trabalhando, de modo que são indistinguíveis daquilo com que estão trabalhando.

EU: Estou começando a receber uma imagem de uma delas trabalhando num construto. Espere. Ela desapareceu.

SE10: Não, não desapareceu. Olhe mais de perto e examine o que você tem pela frente.

EU: Oh, eu vi, ou devo dizer, percebi? A entidade É o construto no qual está trabalhando. É isso mesmo?

Figura 3: A entidade é o construto

SE10: Correto. Para poderem manter o vínculo com aquilo em que estão trabalhando em seus milhares de tarefas de construção, elas precisam se tornar aquilo em que estão trabalhando. Elas criam o projeto do construto que estão criando, e, ao fazê-lo, atraem as energias destinadas a se tornarem o construto, criando uma força de atração para que entrem em cena.

EU: Isso se parece muito com a maneira como o corpo humano é construído. Temos o corpo etérico, no qual o corpo físico é modelado, e o gabarito etérico, com o qual, segundo entendo agora, o físico-espiritual é modelado, servindo de forma para preenchimento do corpo etérico.

SE10: É similar, embora não seja tão interativo quanto aquilo que é criado pelas minhas entidades, pois seu corpo é constante através de sua manifestação e elas estão manipulando constantemente os delas para atender às demandas do construto, do local e do ambiente. Elas precisam criar o fator de forma para aquela parte do programa de construção no qual estão trabalhando. Elas atraem as frequências, energias e materiais resultantes com sua intenção de criar. A criação é uma força de atração imensamente poderosa, algo que é empregado omniversalmente por toda A Origem. Quando elas atraem os materiais nas energias e frequências necessárias para apoiar aquilo que elas estão criando, permitem que esses materiais adiram a eles e a elas próprias. Com efeito, a entidade torna-se uma estrutura para que o material se apegue. Quando o material inunda a estrutura da entidade, torna-se um só com a entidade. Ele é a entidade e a entidade é o material—seja qual for o material e a combinação de frequências, energias e materiais desejados. Depois que o construto está estável e funcional em todos os aspectos requeridos pela entidade, a própria entidade liberta-se gradualmente da tarefa de servir de estrutura para o material que ela atraiu para si. Ela só pode fazer isto quando o

Além da Fonte Livro 2

material usado adota a forma da grade ou estrutura por conta própria, tornando-se aquilo que a entidade queria que se tornasse.

EU: Como a entidade se separa do construto que ela faz se ela mesma é uma só com o construto? Se ela é o construto?

SE10: Quando ela cria o construto, permite que o material "invada e compartilhe" as energias que ela é em sua totalidade. Elas adotam todos os aspectos daquilo que a entidade é—como o construto, com uma exceção. Estes não absorvem aquilo que É a entidade—sua consciência, sua "senciência", embora assimilem um aspecto importante da personalidade da entidade, digamos.

EU: E qual seria?

SE10: Ele absorve e torna-se um com o "desejo" da entidade SER aquele construto que a entidade se tornou, embora de forma transitória, e de criar aquilo que ela deseja criar.

EU: Então, o material torna-se uma extensão da vontade ou do desejo da entidade.

SE10: Sim. Este processo, embora gradual, acontece com base regular ou com frequência suficientemente elevada para permitir a criação da maior parte do construto necessário para supervisionar sua construção contínua enquanto está em um novo setor de outro ambiente, após a troca de entidades resultante do choque dos ambientes.

O processo de desapego do construto obriga que os materiais sendo usados no construto tornem-se um só com a entidade, como dito antes. Depois que a entidade está satisfeita com a configuração, posicionamento e função dos materiais, começa a remover sua consciência daquilo que ela atraiu no desejo de criar e começa ou a se estender para partes ou funções adicionais desse construto, ou a se afastar inteiramente caso tenha terminado aquilo que desejava criar. A entidade pode iniciar o processo de afastamento depois que uma massa crítica de material foi atraída para a estrutura do construto e o material atraído tenha sido levado pelo desejo da entidade ser aquilo que a atraiu. Depois que a entidade se removeu do construto, a reunião dos materiais não termina, pois o desejo de atrair materiais adicionais está agora plenamente integrado à própria substância do material em si. Como resultado, o processo de criação baseado na atração continua até o construto ser concluído. O construto, contendo em si sua própria essência, o projeto de sua forma e função, começa a se comportar e a funcionar de maneira realmente autônoma, correta e fiel ao plano construtivo e funcional pelo qual foi criado.

EU: Grato. Agora, sinto que tenho aquilo pelo que entrei em contato com você. Agora, a comunicação parece íntegra (completa).

SE10: E está. Agora, você pode passar para a próxima comunicação "focalizada". Usei a palavra focalizada com minha ironia metafórica, pois sei que você sabe o que eu quis dizer.

EU: Obrigado. Sei que tornaremos a nos falar.

SE10: Tornaremos, o que se dará em A Origem Fala.

De repente, o vínculo com a Entidade Fonte Dez se dissolveu e eu fiquei com três vínculos ligados a mim em lugar de quatro, e uma imagem um tanto estranha ocupou o olhar da minha mente para explicar a mensagem um tanto enigmática que a Entidade Fonte Dez deixou para mim. Com o olhar da mente, eu estava em comunhão com A Origem, ou seja, uma parte de A Origem, aquela parte dela que estava focalizada e em comunicação comigo. Ela estava rodeada por suas criações, as Entidades Fontes. Todas estavam ouvindo com atenção. Meus olhos começaram a lacrimejar. Eu estava chorando—outro sinal que confirmava a verdade daquilo que viria pela frente.

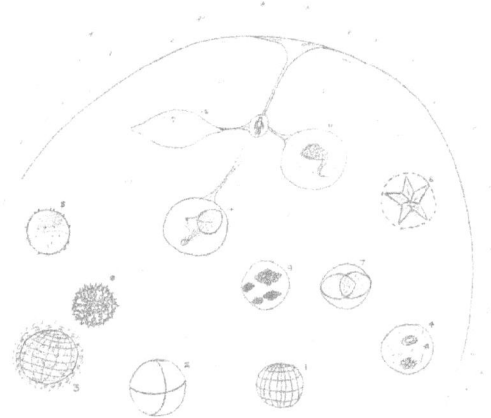

Figura 4: O vínculo com a SE10 se dissolve e permanecem os vínculos com a SE11, SE12 e A Origem.
As outras Entidades Fontes observam.

Capítulo Cinco
Entidade Fonte Onze

Um bilhão de entidades como uma só
Durante o diálogo com a Entidade Fonte Dez, percebi que estava entrando em algum tipo de comunicação concomitante, mas intermitente, com a Entidade Fonte Onze, além de captar fragmentos de informação da Entidade Fonte Doze, como pensamentos projetados sobre quem ou o que estaria perto dela e buscava comunhão com ela. A comunhão era algo de que ela não tinha noção como experiência, e por isso a informação estava truncada e errática. A maior parte dela não merece registro no momento. Para mim, isto foi um alívio, pois me deu a oportunidade de me concentrar no diálogo com a Entidade Fonte Onze (ver a seguir) em vez de continuar a fazer o que estava fazendo antes, ou seja, indo entre as Entidades Fontes Dez, Onze, Doze (embora menos) e, é claro, A Origem. Percebi que embora tenha notado quatro conexões funcionando ao mesmo tempo, pude me concentrar nos vínculos com as Entidades Fontes Dez e Onze com mais clareza. Decidi usar isto como uma oportunidade de continuar, agora na vez da Entidade Fonte Onze, com algum isolamento, embora tenha percebido que a Entidade Fonte Doze e, naturalmente, A Origem, poderiam "palpitar" a qualquer momento. Deixando de lado este processo mental, potencialmente perturbador, continuei com o diálogo que já tinha sido estabelecido com a Entidade Fonte Onze.

Comunicação inicial com o coletivo que é a Entidade Fonte Onze
Ao focalizar a Entidade Fonte Onze com intenção crescente, tive a estranha sensação de tentar ouvir uma multidão de indivíduos ao

mesmo tempo. Foi um pouco difícil compreender qual daquelas incontáveis comunicações estavam direcionadas para mim. Com quem eu deveria iniciar a conversa? Será que algum dos seres seria o "porta-voz" ou eu iria me comunicar com diversos seres ao mesmo tempo, separadamente ou em conjunto (lá estava aquela referência a "separado em conjunto" novamente!) ou o plano seria comunicar-me com um ser específico em relação à pergunta que tivesse sido feita? Eu não sabia. Enquanto aguçava o foco da minha intenção, comecei a receber mais informações sobre esta diversificada Entidade Fonte.

A Entidade Fonte Onze havia se dividido em mais de um bilhão de entidades separadas—creio que o número foi apenas um exemplo. Não havia um líder ou chefe do grupo. Essencialmente, a Entidade Fonte Onze não era mais singular; era uma coleção plena e total de entidades, com todas as mínimas entidades e mentes singulares resultantes de uma divisão tão severa. Não era a mesma coisa que a minha própria Entidade Fonte ou as outras Entidades Fontes haviam feito quando criaram as entidades que povoavam seus próprios ambientes, pois elas mantinham sua própria singularidade, uma singularidade acima das entidades que haviam criado. Esta era uma divisão plena e total, incluindo a perda de um estado de existência geral e singular. Tudo estava em miniatura, exceto uma coisa—o perímetro do ambiente que era a Entidade Fonte Onze, que ainda era mantido como um só. Mas ele não era senciente; era uma barreira mantida automaticamente entre suas criações e a energia que era A Origem. Vi um grupo de entidades agrupando-se diante de mim como peixes na água—a água sendo a área da Entidade Fonte que era o ambiente energético da Entidade Fonte Onze. Dava a impressão de ser um aquário de peixinhos dourados, mas não era nada disso. Todas vieram na minha direção, e sua comunicação inicial ecoou na minha cabeça.

Além da Fonte Livro 2

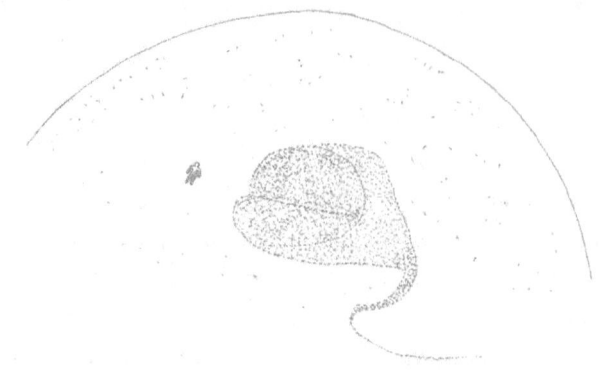

Figure 1: A Entidade Fonte Onze no começo de nosso diálogo

SE11 (coletivamente): Reconhecemos sua presença. Você está fora de nós. Estranho! Diga a que veio. Nossa meta é servir.

EU: Posso entrar na sua energia, se quiserem.

SE11 (coletivamente): Preferimos assim.

Entrei na esfera que era o perímetro e o "espaço" interno da Entidade Fonte Onze, mantidos automaticamente, e senti imediatamente o enxame de entidades menores reunindo-se ao meu redor. Eu estava coberto—totalmente. Tentei me mover em torno do espaço que era a única maneira reconhecível de descrever a Entidade Fonte Onze como uma singularidade, na esperança de me afastar da multidão de entidades que me rodeavam, mas tudo que fizeram foi me seguir. Eu estava prestes a pedir que me dessem um pouco de "espaço pessoal" quando a área atrás de mim ficou limpa. As entidades, sentindo claramente minha necessidade de manter uma lacuna entre mim e o "enxame" capitularam (não percebi se deveria ficar preocupado ou não) e subitamente se afastaram, criando um anfiteatro semiesférico diante de mim, formado totalmente pelas próprias entidades. Eu tinha uma plateia grande, mas embora fosse grande, sabia que não era o

288

Além da Fonte Livro 2

número total de entidades criadas pela Entidade Fonte Onze. Havia um número incontável de outras entidades noutros pontos do ambiente. Fiquei com a sensação de que estas eram a "face" da totalidade da Entidade Fonte Onze.

SE11 (coletivamente): Não queremos incomodá-lo; queremos apenas seu conforto e comunhão.

EU: Obrigado. Fico contente. Estava começando a me sentir um pouco claustrofóbico com todas vocês perto de mim.

SE11 (coletivamente): Pedimos desculpas por nossas ações iniciais, pois ainda não temos a mentalidade para nos comunicarmos com alguém como você. Você é independente de nós, e esta é uma diferença à qual ainda não fomos expostas.

EU: Mas vocês todas devem ser capazes de funcionar como entidades singulares às vezes; vocês já devem ter tido a necessidade de se comunicarem individualmente, pois embora sejam um coletivo, são todas individuais.

SE11 (coletivamente): Nós temos função individual, mas não funcionamos como indivíduos. Operamos juntas em todas as coisas, de todas as maneiras.

Para nós, esta é uma maneira ideal de operar, pois remove a necessidade de pensar pelos outros de maneira individual.

EU: Sinto-me honrado por vocês terem me aceitado tão depressa em seu ambiente, especificamente pelo fato de não terem sido expostos a um indivíduo com vontade individual e capacidade de tomar decisões.

SE11 (coletivamente): Não foi tão difícil para nós aceitarmos você, pois você faz parte de um coletivo muito maior e todas nós fazemos parte dele—pois A Origem é a origem de todos, e todos somos parte de A Origem, até essas pequenas partes de A Origem.

EU: Como assim, "pequenas partes de A Origem"?

SE11 (coletivamente): Você as conhece como OM. Você é dos OM; foi por isso que aceitamos você. Nós conhecemos você embora não tenhamos OM.

EU: Por que vocês não têm associação com OM?

SE11 (coletivamente): Não foi parte do processo de criação de que Nós/Eu participamos. Eu usei Nós/Eu aqui, pois então Nós/Eu ainda éramos uma singularidade. Doravante, vamos usar "Nós".

EU: OK, compreendo, mas eu achava que todas as Entidades Fontes tinham associação com OM.

SE11 (coletivamente): Não, não temos OM, e as Entidades Fontes Cinco e Doze não têm OM. Embora, em essência, todas sejamos OM de algum modo, pois fomos criadas por A Origem que usou sua própria energia nesse processo. Não, essa energia isoladamente não se atraiu para nós e, portanto, não faz parte de nós. Mas estamos interessados em você, pois você é Puro OM e, portanto, não está associado a nenhuma Entidade Fonte em particular, o que é interessante, pois você é muito pequeno em comparação com Puro OM.

EU: Bem, talvez seja porque atualmente estou encarnado, e assim presumo que só uma pequena parte de mim está focalizada no contato com vocês, mantendo este diálogo.

SE11 (coletivamente): Mmmmm, não é sempre que um Puro OM encarna, menos ainda na frequência em que você está encarnado. É tão baixa que chega a ser dolorosa!!!

EU: Nem me diga.

SE11 (coletivamente): Por favor, fale-nos disso. Você está nela!

EU: Eu poderia, mas não é para isso que estou aqui. Estou aqui para obter informações a seu respeito.

SE11 (coletivamente): E o que você quer saber a nosso respeito?

EU: Basicamente, tanto quanto puder sem perder a capacidade de compreender.

SE11 (coletivamente): Então, vamos começar por nossa funcionalidade.

EU: Seria um início fantástico.

A funcionalidade da Entidade Fonte Onze
EU: Ok, por onde devemos começar?

SE11 (coletivamente): Por onde você quer começar?

EU: Vamos tentar a base de sua funcionalidade e porque sua funcionalidade é como ela é.

SE11 (coletivamente): Então, vamos lhe falar desde o princípio.

Quando estávamos na singularidade, tentamos nos diferenciar daquilo que estava sendo feito pelas Entidades Fontes que já estavam pondo em prática suas estratégias. Elas buscavam criar uma espécie de

Além da Fonte Livro 2

"multiverso" com seu próprio volume e depois preenchê-lo com versões menores delas mesmas. Quando cada Entidade Fonte tinha chegado a essa diversificação, afastando-se do que seria natural, decidiram basicamente manter sua própria singularidade como força de supervisão. Quer dizer, exceto as Entidades Fontes Cinco, Sete e Doze. A Doze, naturalmente, como não estava autoconsciente, não conta. A Entidade Fonte Cinco se manteve singular, afastando-se desta análise, tal como a Entidade Fonte Sete, que se diversificou primeiro em três Entidades Fontes separadas antes de criar suas entidades. Nós/Eu decidimos não seguir esse caminho tão trilhado e resolvemos fazer algo completamente diferente.

EU: Então, vocês decidiram remover o elemento da singularidade para criar um coletivo total, sem uma força supervisora mas mantido dentro de um ambiente conhecido, um ambiente mantido automaticamente.

SE11 (coletivamente): Não é bem assim, é meramente um perímetro e não um ambiente em si. Como poderíamos ser diversificados e ainda fazer parte de um ambiente? Isso significa que tínhamos uma parte nossa ainda alinhada com aquilo que éramos quando singularidade. Não, isto é apenas um perímetro, uma cerca, digamos, além da qual decidimos não nos aventurar.

Este foi um desenvolvimento interessante, algo que eu não tinha previsto. Embora a Entidade Fonte Onze tenha se diversificado em mais de um bilhão (um número usado em meu benefício) de unidades individualizadas, mas coletivas, de si mesma, ela ainda mantinha um perímetro em torno de seu "eu" coletivo. O perímetro em si não fazia parte da Entidade Fonte Onze. E nem poderia, pois ela se diversificou e era meramente uma cerca autoimposta em seu perímetro. Esta área, segundo me disseram enquanto digitava este texto, abrigava a mesma área que a Entidade Fonte Onze tinha antes de decidir se diversificar. As unidades menores da Entidade Fonte Onze decidiram naturalmente manterem-se dentro dessa área em vez de se espalharem pela totalidade da atual área de autoconsciência que era A Origem. Pensando nisso, porém, foi algo inteiramente lógico. Elas não operariam como um coletivo caso se separassem muito; pelo menos, foi o que pensei. Decidi fazer a pergunta sobre o coletivo que havia se posicionado diante de mim e à minha volta como uma semiesfera oca.

O perímetro autoimposto da Entidade Fonte Onze

EU: Achei interessante vocês terem ficado dentro desta área. Pela informação que vocês me passaram, esse é um perímetro autoimposto da mesma área que vocês ocupavam antes de se diversificarem. O que restringe vocês a esta área se poderiam perambular pela vastidão de A Origem?

SE11 (coletivamente): Nós não desejamos fazer isso. Como você comentou em sua narrativa, há alguns momentos, poderíamos, se quiséssemos, nos espalhar pela atual área de autoconsciência de A Origem, mas preferimos ficar dentro deste perímetro autoinduzido para podermos nos concentrar no trabalho que estamos fazendo. Movermo-nos para fora deste perímetro, como você o chama, iria nos distrair daquilo em que estamos trabalhando.

EU: Vocês têm noção daquilo que existe fora desse perímetro autoimposto?

SE11 (coletivamente): Sim, é claro. Não somos uma Entidade Fonte?

EU: Err, sim, imagino. É que não havia levado em conta a possibilidade de uma Entidade Fonte poder ter uma singularidade mental tão diversificada e ainda ser capaz de operar como se fosse uma só.

SE11 (coletivamente): Bem, somos assim. Deixe-nos explicar porque ficamos onde estamos e porque nos mantemos juntas coletivamente e em totalidade.

Mantemo-nos dentro da área da criação primária onde estávamos como singularidade porque ainda não tivemos necessidade de nos movermos. Nenhuma das Entidades Fontes se move em torno da área na qual foram criadas porque não há necessidade, uma vez que cada Entidade Fonte trabalha em sua própria contribuição para sua evolução pessoal e, portanto, a evolução de A Origem. É uma coisa bem insular, que exige a concentração da própria Entidade Fonte. Movermo-nos em torno daquilo que percebemos é meramente uma distração desnecessária. Sabemos que vamos precisar nos mover em algum momento e sabemos quando será esse momento. Simplesmente não é agora.

EU: E quando será?

SE11 (coletivamente): Quando A Origem evoluir e superar seu atual nível de autoconsciência, movendo-se para aquela área maior e mais ampla que ela conhece mas da qual não tem percepção experiencial. Então, e só então, vamos nos mover, e só então vamos pensar se nos separamos mais ou nos reintegramos como singularidade. A decisão de nos mantermos nesta área foi coletiva para assegurar que manteríamos o espírito da decisão original de nos diversificarmos enquanto somos um coletivo. Como foi dito, atualmente nenhuma Entidade Fonte está se movendo ativamente em torno da área dentro de A Origem na qual existe.

EU: Como é possível? No diálogo que gerou A História de Deus, minha própria Entidade Fonte descreveu todas vocês fazendo toda e qualquer coisa possível para experimentar as dimensões, frequências e energias dentro de A Origem. Cheguei até a desenhar algumas ilustrações para mostrar aos meus leitores aquilo que experimentei.

Além da Fonte Livro 2

SE11 (coletivamente): Sim, naquele momento de nossa existência éramos singulares, éramos uma só, e as outras Entidades Fontes estavam "se tornando", digamos assim. Nenhuma delas havia desenvolvido uma estratégia para sua progressão evolutiva naquele momento (e por isso podiam fazer o que quisessem), e nem haviam pensado em criar algum ambiente para preenchê-lo com unidades menores delas mesmas. Como talvez já lhe tenham dito, todas nós estávamos nos divertindo.

EU: E o que aconteceu? Por que vocês todas pararam de se movimentar e de se divertir?

SE11 (coletivamente): Começamos a trabalhar em nossas próprias estratégias de evolução, o que exige concentração. Depois de termos compreendido plenamente as razões para nossa própria existência e de termos nos submetido a todas as dimensões, frequências e energias associadas necessárias para nos dar um bom conhecimento básico do que somos e de onde existimos, nós nos estabelecemos para criar nossas estratégias para experimentar, aprender e evoluir. Em essência, tínhamos atingido o que precisávamos atingir segundo nossas perspectivas muito pessoais, e agora precisávamos passar para as oportunidades mais profundas que nos foram apresentadas, podendo fazer experimentos com aquilo que "éramos". A necessidade de nos movermos em torno de A Origem, portanto, foi negada, pois todas se concentraram em suas tarefas evolutivas—exceto a Entidade Fonte Doze, claro—que é onde nos encontramos agora; realizando nossas tarefas evolutivas e sendo uma versão plenamente diversificada daquilo que éramos no singular. Nosso plano evolutivo visou ficarmos contidas dentro da área previamente habitada por aquilo que éramos como Entidade Fonte Onze no estado singular. É por isso que nos mantivemos dentro deste perímetro e não nos aventuramos para fora.

EU: Isto não vai mudar quando A Origem expandir sua área de autoconsciência?

SE11 (coletivamente): Como lhe dissemos recentemente, não temos uma mente coletiva para podermos discernir algo que não é uma decisão premente a tomar, mas a possibilidade de retornarmos à singularidade é uma das opções que vamos levar em conta quando estivermos experimentando esse evento com A Origem. Como você pode ver, são muitas as opções abertas para nós nesse ponto, e sequer pensamos em discuti-las com você. Sua própria imaginação é suficiente para poder sugerir alguns cenários isolados de nós mesmas.

EU: Obrigado. Tenho certeza de que os leitores deste diálogo também serão capazes de formar seus próprios cenários sobre a forma como vocês poderiam se reorganizar naquele momento da existência de A Origem.

O propósito de ser uma Entidade Fonte diversificada e os efeitos sinergéticos de ser um OM ou uma Entidade Fonte
EU: Eu gostaria de voltar atrás um pouco e comentar as razões mais profundas para sua decisão de serem a entidade diversificada que são hoje, inclusive os benefícios dessa existência no formato diversificado mas coletivo que vocês têm.

SE11 (coletivamente): Baseado em sua existência física e temporariamente singular, você vai achar esse conceito difícil de se compreender, simplesmente porque você é capaz de tomar decisões que considera racionais com base em um conjunto de experiências e critérios conhecidos.

EU: Espere um pouco. Vocês disseram existência temporariamente singular em referência à minha própria condição? Isso se referia ao físico ou ao energético?

Além da Fonte Livro 2

SE11 (coletivamente): Estávamos nos referindo tanto ao estado atual em que você se encontra quanto ao estado normal que possui no energético.

EU: Poderiam explicar melhor? Talvez ajude a minha capacidade de compreender seu processo "mental" enquanto avançamos em nossa conversa.

SE11 (coletivamente): Sim, podemos. Qualquer um dos OM—ou seja, qualquer uma das quatro categorias de OM, quer em pureza, quer em estado híbrido—pode se agrupar e se beneficiar dos efeitos sinergéticos de se tornar um coletivo, mesmo que temporariamente. Com isso, quero dizer que qualquer combinação dos OM pode comungar em "metaconcerto" com um Híbrido OM/Entidade Fonte, um OM Cativo, OM Não-Cativo ou Puro OM e criar um coletivo que se beneficia dos efeitos sinergéticos de tal ato. O efeito sinergético é mais forte quando os OM do mesmo tipo estão em metaconcerto, particularmente com os Puro OM, mas o efeito sinergético de qualquer metaconcerto OM é suficientemente marcante para garantir o desejo de comunhão.

EU: É isso? Essa é a razão pela qual vocês decidiram ser um coletivo e não manter sua singularidade, criar um multiverso e povoá-lo com bilhões de entidades menores?

SE11 (coletivamente): Sim, essa foi uma das razões, entre outras, para nossa decisão de nos tornarmos "diversos", mais do que singulares. Quando vimos a maneira como as outras Entidades Fontes estavam criando seus próprios ambientes e desenvolvendo suas próprias estratégias para reunir conteúdo evolutivo, recuamos e esperamos até o final—final, claro, caso não incluamos a Entidade Fonte Doze.

Além da Fonte Livro 2

EU: Vocês esperaram deliberadamente para ver o que as outras estavam fazendo, assegurando-se de que não iriam fazer a mesma coisa.

SE11 (coletivamente): Sim, certificamo-nos de que todas estavam fazendo coisas diferentes e que todo o cenário de oportunidades para colecionar conteúdo evolutivo seria diversificado. Entenda, já tínhamos tomado a decisão de nos diversificarmos e precisávamos ter certeza de que nenhuma das outras iria seguir o mesmo caminho. É claro que algumas das entidades em cada um dos ambientes das Entidades Fontes baseiam-se na estratégia da mente coletiva, e observamos atentamente isso para nos assegurarmos de que não iriam se tornar aquilo que desejávamos nos tornar—o que de fato não aconteceu, nem depois. Sabíamos também do efeito sinergético do metaconcerto constante graças às observações das primeiras entidades plenamente coletivas a serem criadas por sua própria Entidade Fonte—que você chama de Entidade Fonte Um—e achamos que seria desejável funcionarmos e existirmos dessa maneira.

EU: Então, vocês também esperaram o produto do trabalho de suas criações antes de tomarem a decisão final.

SE11 (coletivamente): Fizemos mais do que isso—iniciamos uma diversificação gradual para ver se esse efeito poderia ser aplicado às nossas próprias energias. Não tínhamos certeza se o efeito da sinergia era função da dinâmica das energias usadas no processo de criação das Entidades Fontes ou se era independente da criação da Entidade Fonte e, portanto, uma função geral da diversificação.

Otimização dos efeitos sinergéticos através da diversificação como processo iterativo
EU: Então, essa é uma função geral ou apenas relativa à criatividade da Entidade Fonte? Quero dizer, a criatividade de uma Entidade Fonte em lugar de uma entidade criada por uma Entidade Fonte?

SE11 (coletivamente): Inicialmente, determinamos que os efeitos sinergéticos eram relativos à criatividade do coletivo pela Entidade Fonte—neste caso, "nós" enquanto estávamos num estado semidiversificado, ou seja, numa condição na fase de experimentação, na qual apenas determinado percentual estava diversificado. O resto foi mantido em singularidade e totalmente separado daquela parte de nós que tinha se diversificado. Através da maior parte de nós, separada, pudemos medir o nível do efeito sinergético versus o número de partes componentes dentro da unidade diversificada.

EU: Por que vocês mantiveram a maior parte de vocês em singularidade?

SE11 (coletivamente): Quisemos criar a estratégia perfeita para nosso trabalho evolutivo. Isto resultou na necessidade de experimentar e conseguir a condição ideal. Para dar apoio à possibilidade de certo número de iterações, portanto, precisávamos nos assegurar de que poderíamos retornar a um ponto de partida conhecido e modificar a direção estratégica conforme necessário para criar uma nova iteração para análise.

EU: Então, vocês se diversificaram em estágios, conferindo a força do efeito sinergético enquanto faziam os experimentos, digamos.

SE11 (coletivamente): Correto. Entenda, o efeito de estarmos em coletividade também estava entrando em jogo, embora não estivéssemos plenamente diversificadas e nem num coletivo pleno.

EU: Vocês tinham uma distribuição distorcida da energia da Entidade Fonte diversificada versus a energia da Entidade Fonte singular.

SE11 (coletivamente): Sim.

EU: Finalmente, vocês estabeleceram o cenário "perfeito" da diversificação que desejavam atingir.

SE11 (coletivamente): Sim. Como dito antes, percebemos que estavam acontecendo duas coisas. Primeiro, a força do efeito sinergético aumentou geometricamente com o número de entidades dentro do coletivo. Segundo, percebemos que nosso poder computacional—a capacidade de levar em consideração muitos outros cenários, inclusive outros processos mentais—aumentou à medida que aumentou o número de unidades individuais dentro do coletivo.

EU: Dá a impressão de que vocês descobriram uma razão muito válida para serem um coletivo e não uma unidade singular de energia de Entidade Fonte.

SE11 (coletivamente): Imaginávamos que sim, mas descobrimos uma limitação nessa estratégia, pois o aumento geométrico de sinergia não cresceu "ad infinitum".

EU: Prossigam.

SE11 (coletivamente): Percebemos que um número ideal de unidades dentro de um coletivo poderia ser atingido segundo a perspectiva sinergética, na qual o número de entidades no coletivo poderia aumentar, mas a força do efeito sinergético, não. Na verdade, ela se reduziu.

EU: Quer dizer, "acabou"?!

SE11 (coletivamente): Sim, e foi significativo. Foi uma grande surpresa, pois já havíamos desenvolvido uma estratégia para níveis significativos de diversificação com base num nível de efeito sinergético sugerido coletivamente, obtenível por um número conhecido de entidades dentro do coletivo.

Qualidade é melhor do que quantidade

EU: E o que aconteceu? Por que isso acabou?

SE11 (coletivamente): Houve um efeito, uma espécie de efeito de "onda de proa". Preciso explicar isso melhor para você. Permita-nos obter acesso à sua mente e memória.

EU: Por favor, façam-no.

SE11 (coletivamente): Ah sim, isto será suficiente. Vocês têm uma teoria sobre atingir uma velocidade que chamam de "velocidade da luz". Esta teoria afirma que quanto mais você se aproxima da velocidade da luz, a massa da partícula de luz, o fóton, aumenta. A massa da partícula de luz causa "arraste". O arraste aumenta com o aumento da massa, criando tanto arraste que o fóton, a partícula de luz, nunca chega a ultrapassar sua velocidade máxima, a velocidade da luz. O mesmo se aplica a qualquer outra partícula que vocês gostariam de acelerar até essa velocidade. A velocidade da luz tem um efeito de autogoverno que garante que sua função será mantida naquilo para que foi idealizada—proporcionar iluminação, calor, comunicação, transporte e alguns dos níveis inferiores do processo criativo.

EU: Também temos uma teoria segundo a qual um fóton, uma partícula luminosa, que supera essa barreira, muda de natureza e torna-se um táquion.

SE11 (coletivamente): Sim, mas isso depende de o fóton mudar de estado de antemão, deixando de lado a massa acumulada pela velocidade e tornando-se a partícula teórica, táquion, exatamente no ponto de mudança para a necessidade de ir mais depressa que a velocidade da luz. Talvez você goste de pensar que isso proporciona um efeito de "pós-combustão" à partícula. Em essência, o fóton é uma partícula táquion disfarçada. Ele atinge a velocidade possível enquanto está nas frequências físicas inferiores e depois perde parte de sua fisicalidade na medida necessária para continuar a acelerar além de sua velocidade como partícula fóton. Ela o faz alterando sua frequência no ponto de mudança de velocidade, libertando-se efetivamente das limitações das frequências do universo físico inferior.

EU: Então, levando em conta essa ilustração, vocês estão sugerindo que quanto maior o número de entidades, maior a resistência criada. Esta resistência tem o efeito de paralisar o nível de sinergia que pode ser atingido, fazendo com que se reduza e acabe.

SE11 (coletivamente): Correto.

EU: Por quê?

SE11 (coletivamente): Por causa de seu grande número. Quando atingimos certo número de unidades individuais de Entidades Fontes, que, por sinal, é o que temos agora, atingimos o equilíbrio entre a capacidade coletiva de trabalharmos juntos e o número necessário para criar o efeito sinergético ideal. Torna-se um múltiplo de um múltiplo de um múltiplo do número total de unidades individuais de energia de Entidade Fonte. É um "multipolous."

Quando ultrapassamos esse equilíbrio, os efeitos do poder de processamento das unidades coletivas de energia de Entidade Fonte começam a interferir com o efeito sinergético. Em essência, o efeito sinergético é reduzido em função da capacidade de controlar aquilo que a criou. Ela perde a sinergia!

EU: Vocês não podem mudar a dinâmica de alguma forma para permitir que o efeito sinergético continue a aumentar de maneira geométrica, como deveria fazer? Por exemplo, não poderiam unir duas unidades de algum modo, criando efetivamente uma unidade a partir de duas segundo a perspectiva do efeito sinergético, dobrando com isso o efeito e criando um múltiplo do efeito sinergético?

SE11 (coletivamente): Muito boa sugestão. Mas, na verdade, tudo que faríamos seria criar um efeito de duplicação que ainda é reconhecido pela função da sinergia. Também é mais difícil controlá-lo pela perspectiva de um "coletivo", pois os "gêmeos" precisam trabalhar juntos como um coletivo local de dois e depois trabalharem juntos com o coletivo maior do total de unidades coletivas da energia da Entidade Fonte.

EU: E que tal fazer um processamento paralelo, onde vocês têm dois coletivos maiores de energia da Entidade Fonte com o número necessário para atingir o nível ideal de sinergia, com o efeito sinergético no mais elevado nível possível e, portanto, em equilíbrio com o número de unidades. Então, os dois seriam ligados por um pequeno vínculo energético. Isso não dobraria o efeito sinergético?

SE11 (coletivamente): Sim, dobraria, mas também criaria dois coletivos, ambos limitados em sua capacidade de tirar proveito desse aumento no processamento sinergético e coletivo pelo tamanho do vínculo energético entre eles.

EU: Ah, sim. Pensando nisso, parece que temos um problema semelhante com microprocessadores dual e quad core, pois eles ainda funcionam efetivamente de forma isolada e precisam de um processador para agrupar e apresentar de forma unida e coletiva aquilo em que trabalharam individualmente, dando assim a impressão de que foi o trabalho de um único microprocessador.

SE11 (coletivamente): É verdade, e isto não vai mudar enquanto vocês não mudarem seu método de processamento de dados.

EU: Obrigado. Falamos momentaneamente sobre diferentes tipos de OM e como eles agem de modo diferente enquanto estão em metaconcerto. Poderiam me explicar isso?

SE11 (coletivamente): A qualidade da energia da entidade também afeta o nível de sinergia alcançado. Por exemplo, o efeito sinergético é maior se a entidade tiver a energia de uma Entidade Fonte. O efeito sinergético será menor se a entidade foi criada por uma única unidade de energia de Entidade Fonte ou por um coletivo de energia de Entidade Fonte. O mesmo se aplica ao OM. O OM "puro" cria um nível de sinergia mais elevado quando está em metaconcerto em conjunto do que as energias híbridas "OM/Entidade Fonte" em metaconcerto, o que então vai criar um nível inferior de sinergia. Os OM Cativos e Não-Cativos também possuem uma redução natural na sinergia com base no fato da qualidade de sua energia estar entre os dois extremos do Puro OM e dos híbridos OM/Entidade Fonte. A mistura de tipos diferentes de OM em metaconcerto reduz ainda mais o efeito sinergético.

EU: Então, o que vocês estão dizendo é que existe um problema de compatibilidade com as assinaturas energéticas das entidades que buscam o efeito sinergético da coletividade. Elas devem se agrupar em coletivos da mesma energia para terem certeza de que obterão o nível ideal de efeito sinergético. No entanto, o que vocês também estão dizendo é que entidades com assinaturas energéticas diferentes podem atingir um efeito sinergético através da coletividade, mas não conseguirão desfrutar dos níveis de sinergia disponíveis para coletivos cujos participantes são todos das mesmas energias.

SE11 (coletivamente): Correto.

EU: Adicionalmente, há um número ideal de participantes que podem ser integrados ao coletivo antes que o efeito sinergético fique ineficiente.

SE11 (coletivamente): Correto.

EU: Bem, esse é um conceito interessante a se entender, e inesperado, mostrando especificamente que, em essência, somos limitados em nossa sinergia potencial.

SE11 (coletivamente): Sim, é um conteúdo interessante, uma informação evolutiva muito importante. Como vê, ensina-nos a sermos eficientes na aplicação e na diversificação de nós mesmos.

Sinergia ideal vs. o número de entidades coletivas na solução de problemas
EU: Uma das informações que acabei de receber me diz que vocês usam esse conhecimento do efeito sinergético ideal versus o número de entidades coletivas participantes para resolver certos problemas ou efetuar mudanças naquilo que vocês manifestam em diversos níveis de aceleração.

SE11 (coletivamente): Sim, nós criamos um mapa. Seria como isso que vocês chamam de "tabela de consulta" e a inserimos em nosso eu coletivo. Esse mapa integrado nos diz instantaneamente quantas unidades individuais de nosso estado coletivo seriam necessárias para resolver um problema ou concluir uma tarefa da maneira mais eficiente possível, caso estivessem funcionando como um coletivo e, portanto, invocando o efeito da sinergia.

EU: Isso é muito interessante. Levando isso para o contexto, se vocês tivessem uma tarefa a realizar e descobrissem que precisariam, digamos, de 100 unidades do coletivo para concluir essa tarefa, vocês observariam os efeitos sinergéticos do coletivo e descobririam, de maneira instantânea, quantas unidades individuais do coletivo, trabalhando em metaconcerto, e, portanto, invocando sinergia, seriam iguais ao número ideal de 100.

SE11 (coletivamente): Sim, muito bom. Neste exemplo, e apenas como exemplo, precisaríamos de 42 unidades trabalhando em metaconcerto.

EU: Mas essa é uma mudança incrível no nível de eficiência se compararmos com aquilo que pode ser realizado por um grupo de entidades trabalhando juntas, mas não em metaconcerto.

SE11 (coletivamente): Não é mesmo? E agora, espero, você pode entender porque decidimos nos tornar um coletivo e não criar um multiverso, povoando-o com unidades individualizadas menores, que podem ou não ser capazes de metaconcerto ou, na verdade, podem ou não querer trabalhar dessa maneira eficiente. Não que qualquer forma de trabalho seja incorreta, pois todos precisam contribuir para a evolução de A Origem; quanto maior o número de formas diferentes de realizar essa tarefa, melhor. É que preferimos adotar este caminho específico para ajudar A Origem a resolver aquilo que ela deseja resolver em preferência a quaisquer outros. Como resultado, estamos atingindo um nível de experiência e um conteúdo evolutivo subsequente muito elevados.

Uma decisão que ainda está por ser tomada
EU: Estou recebendo mais informações sobre sua decisão. Espere um pouco. Está certo isto? Vocês ainda a estão tomando?

SE11 (coletivamente): Sim, estamos. Veja, estamos analisando todos os caminhos ou rotas diferentes que as outras Entidades Fontes seguiram e vendo se o que conseguiram poderia ser melhor se feito no metaconcerto coletivo, e, portanto, no estado sinergético. Estamos fazendo isso para ver se há algum erro nos cálculos fornecidos por nossa tabela de consulta sinergética. O efeito disto é que ainda podemos reverter ao estado não coletivo—mas usá-lo apenas em certas tarefas.

Além da Fonte Livro 2

EU: Como estão fazendo isso?

SE11 (coletivamente): Estamos copiando algumas das tarefas das outras entidades, aquelas criadas pelas Entidades Fontes que se dividiram para criar unidades individualizadas e menores delas mesmas para trabalhar nos mínimos detalhes de seu multiverso ou de seus ambientes. Estamos analisando para ver se nosso caminho e nossa compreensão da sinergia são válidos e/ou se precisam ser recalibrados de algum modo, forma ou formato.

EU: E a recalibração será necessária?

SE11 (coletivamente): Não muito. Fomos meticulosas em nossos cálculos e toda conferência que fizemos mostra que nossas premissas e experiências estão justificadas. No entanto, ainda não avaliamos todos os cenários que precisamos adotar para que todas concordem sobre a configuração atual de nossa tabela de consulta sinergética. Embora não exija muito trabalho, há uma modificação que podemos querer fazer devido ao nível de precisão.

EU: E quanto tempo isso levaria?

SE11 (coletivamente): Ainda vai levar algum tempo. Percorremos um quarto do caminho em nossos testes de mapeamento. Precisamos dizer que, como resultado do trabalho e das evidências criadas até agora, estamos nos tornando muito confiantes de que esta configuração é eficiente, eficaz e repetível.

EU: Como assim, "repetível"?

SE11 (coletivamente): Estamos analisando para ver se existe um relacionamento entre o número ideal de entidades empregadas, aquelas trabalhando separadamente mas juntas numa tarefa específica,

Além da Fonte Livro 2

o número de entidades em metaconcerto—e, portanto, num estado sinergético—proporcionando um número efetivo de entidades igual ao daquelas trabalhando separadamente juntas, e a tarefa propriamente dita.

EU: Desculpe; perdi o raciocínio por alguns instantes. Vocês poderiam explicar melhor?

SE11 (coletivamente): Estamos determinando se existe um nível daquilo que você chamaria de "correlação" entre tarefas que exigem certo número de entidades fora do metaconcerto, o número igual em metaconcerto e as tarefas em si. Vamos simplificar isto para você. Se a tarefa "A" exige 100 pessoas fora do metaconcerto ou 42 entidades em metaconcerto, será que o mesmo número de entidades em metaconcerto, e portanto em sinergia, também pode ser usado para a tarefa "B" que também requer 100 entidades fora do metaconcerto? Ou será que existe algum efeito criado pela tarefa no número sinergético que afeta o número de entidades necessárias para completar a tarefa fora do metaconcerto?

EU: E vocês ainda não determinaram isso?

SE11 (coletivamente): Sim e não.

EU: O que quer dizer isso, sim e não?

SE11 (coletivamente): Determinamos que essa suposição estava 99,999% correta na última vez que a testamos. Porém, queremos tirar esse último nível de erro, 0,001%, da equação. Assim, fizemos alguns ajustes e estamos testando novamente.

EU: Espere aí. Vocês estavam testando suas suposições no nível de precisão da tabela de consulta?

Além da Fonte Livro 2

SE11 (coletivamente): Sim, é claro.

EU: Mas por quê?

SE11 (coletivamente): No mínimo, para entender o fator de erro. Mas, como você pode ver pela informação que lhe demos, percebemos que temos um fator de erro de 0,001%.

EU: Sim, eu percebi isso, mas esse nível de precisão não é suficiente para vocês trabalharem?

SE11 (coletivamente): Não. Necessitamos de precisão absoluta. Veja. Como resultado de sermos capazes de calcular o fator de erro, pudemos usar uma condição provisória como um "fator de correção" como correção temporária para o problema que temos. Na verdade, além das unidades deste coletivo escolhidas para discutir diversos assuntos sobre nós mesmas com você neste diálogo, temos usado todas as outras entidades disponíveis para resolver esse problema.

EU: O problema é tão grande assim?

SE11 (coletivamente): Sim, claro que é. Esse valor, 0,001%, é o que chamam nos Estados Unidos de a proverbial "porta do celeiro" que é fechada depois que o cavalo já fugiu. Este nível de imprecisão pode causar problemas sérios no trabalho das entidades escolhidas para realizar a tarefa que lhes foi designada.

EU: Então, o que vocês estão fazendo agora é finalizar as correções nos cálculos existentes mais recentes. Quando tiverem compreendido essas correções, vão aplicá-las e usá-las no "programa de computador" ou na "tabela de consulta" para identificar o número ideal de entidades necessárias para determinado papel, tanto na condição de metaconcerto quanto na condição sem metaconcerto.

Além da Fonte Livro 2

SE11 (coletivamente): Correto. Mas não se prenda à semântica. Isso não está nos detendo. Ainda estamos avançando com o trabalho que nos propusemos a fazer. O que você experimentou aqui é apenas isso que está acontecendo em base experimental. Ainda estamos trabalhando na tarefa que A Origem nos deu no começo de nosso processo de despertar—a necessidade de experimentar, aprender e evoluir.

EU: Então, o que vocês estão me dizendo é que sua linha lateral é o seu projeto de aprimorar o efeito sinergético, modificando aquilo que as entidades fazem ou aquilo que é preciso fazer para atingir uma correlação de 100% entre a tarefa, o número de entidades em metaconcerto e o número de entidades que não estão em metaconcerto.

SE11 (coletivamente): Correto!

EU: E qual é o objetivo desse trabalho? Qual a necessidade por trás de tudo isso?

SE11 (coletivamente): Pode parecer que estamos trabalhando por trabalhar, mas saiba de uma coisa: quando tivermos estabelecido uma eficiência de 100% em nosso uso dos efeitos sinergéticos de colocarmos nossas unidades coletivas em metaconcerto para realizar qualquer tarefa, seremos capazes de aumentar o número de tarefas nas quais vamos querer trabalhar e de reduzir o número de entidades coletivas envolvidas em qualquer tarefa. Deste modo, vamos aumentar nosso conteúdo evolutivo por um fator igual ao efeito sinergético, acelerando tanto nossa própria evolução quanto a evolução de A Origem. É uma tarefa muito importante essa que temos a fazer aqui.

Quando um coletivo não é um coletivo

Além da Fonte Livro 2

Estava começando a achar que a Entidade Fonte Onze está operando como um grande computador sinergético, calculando a melhor maneira de usar os efeitos sinergéticos invocados pelo uso do metaconcerto enquanto está no coletivo. Percebi ainda que estava começando a localizar uma área de interesse pessoal na qual a Entidade Fonte Onze estava trabalhando. Estava começando a perceber que existe uma diferença distinta na maneira como um coletivo pode trabalhar e que esta era sua área de interesse, embora embutida no trabalho de otimização do efeito da sinergia. Também estava atento para o fato de termos passado um bom tempo nesse tema da sinergia, e por isso estava ansioso para encerrar o assunto e tratar de outro. Assim, resolvi usar isso como minha próxima pergunta para a Entidade Fonte Onze com a ideia de avançar depois.

EU: Ao longo de nossas conversas, percebi que vocês usam muito as palavras "metaconcerto" e "sinergia". É quase como se, embora sejam um coletivo, o coletivo tenha de trabalhar na metodologia de estar em metaconcerto antes de poder evocar o efeito sinergético.

SE11 (coletivamente): É verdade. Entenda, há muitas classificações diferentes de coletivo, e, portanto, muitas maneiras diferentes de se alcançar o efeito sinergético. Além disso, há muitos níveis diferentes de eficiência que podem ser atingidos dentro do efeito sinergético.

EU: Agora, vocês abriram meu apetite. Disseram que há muitas classificações diferentes de coletivo. Eu achava que só poderia existir um tipo de coletivo—um coletivo.

SE11 (coletivamente): Não, há muitos. Como ser singular que tem a capacidade de comungar em metaconcerto, você deve compreender isso melhor quando está no plano energético; no entanto, em sua atual condição encarnada, talvez seja difícil compreender isso. Mesmo assim, é um conceito importante para você transmitir, pois vai expandir a base de conhecimentos de sua humanidade nesta área.

Há quatro tipos principais de coletividade com variações desses quatro entre aqueles. Serão explicados a seguir.

Os quatro tipos de coletividade
Coletivo básico. O coletivo básico é um coletivo de entidades que existem como uma mente coletiva, e cada unidade do coletivo é exatamente isso—uma unidade. Nesta versão, as unidades do coletivo são desprovidas de qualquer forma de pensamento singular. Funcionam como unidades individuais sob o controle do coletivo. São, se preferir, autômatos pré-programados para fazerem a tarefa em que estão trabalhando. No entanto, mesmo sem possuir senciência pessoal, sua capacidade programável, digamos, está conectada com o todo, criando uma mente coletiva. Esta mente "coletiva" é a senciência, a inteligência, a força pensante por trás do coletivo em sua totalidade. Há um número ideal requerido para que este tipo de coletivo seja efetivo em sua função, mas o número ideal pode variar dependendo das condições ambientais em que o coletivo existe e os fatores de forma das entidades que constituem o coletivo. Só para lhe dar uma ideia, em média o número mínimo de entidades necessárias para apoiar uma funcionalidade coletiva mínima é de 300.000.

Grupos pequenos podem funcionar juntos como um coletivo, mas estarão sob o controle do coletivo como um todo e não do coletivo menor do grupo, gerado como resultado da divisão de unidades a fim de criar o grupo. Este coletivo não é capaz de invocar um efeito sinergético, pois não são eficazes quando singulares. Este coletivo sempre se mantém unido no mesmo ambiente ou movem-se juntos para um novo ambiente. A comunicação com outros coletivos ou entidades individualizadas com pensamento individual e livre é feita através da interface coletiva. Unidades singulares não podem sobreviver sozinhas.

Além da Fonte Livro 2

Você pode sugerir que suas formigas têm esse tipo de mente, mas não é o caso, uma vez que as formigas têm um nível de individualidade maior do que o que você percebe e estão, portanto, sob uma classificação diferente.

Coletivo de unidades de senciência singular. Neste coletivo, cada uma das unidades individuais do coletivo tem seu próprio conteúdo senciente. Elas são capazes de pensar de forma individualizada e de ter processos de decisão individualizados. Este tipo de coletivo é muito útil, pois unidades individuais do grupo podem se dividir do coletivo total, sendo capazes de se tornar um coletivo grupal menor. Normalmente, os membros deste coletivo se dividem em grupos de entidades similares em suas habilidades e podem, portanto, invocar um nível de sinergia baseado no grupo, no agrupamento de entidades que têm a mesma natureza segundo a perspectiva de habilidades individuais.

Este tipo de agrupamento é preferido quando o grupo precisa completar certo tipo de tarefa, e outros tipos de entidades no coletivo não seriam capazes de realizar o trabalho necessário para concluir a tarefa de maneira efetiva e eficiente. Um exemplo que você pode usar são grupos de entidades com habilidade para criar buracos e tocas, mas que não seriam muito úteis para transportar estoques de alimentos pelo ar. No entanto, criam-se grupos multifuncionais.

Esses grupos são criados quando é necessário que o coletivo crie um novo coletivo, uma nova colônia, se preferir, num novo local do ambiente. Neste caso, o grupo criado conteria o número mínimo de diferentes tipos de entidades no coletivo recém criado, necessário para assegurar a perpetuação desse coletivo como coletivo individual e autossustentado. As entidades deste tipo de coletivo possuem a capacidade de trabalhar individualmente, mas só podem trabalhar em base individual pelo bem do todo ou do coletivo e a pedido do todo ou do coletivo. Elas não buscam o trabalho individualizado como resultado de um processo mental individualizado.

Tal como ocorre com o coletivo básico, a comunicação com outros coletivos ou entidades individualizadas, com pensamento individual e livre, faz-se através da interface coletiva. Os efeitos sinergéticos são mais pronunciados neste tipo de coletivo, especificamente nos grupos ou coletivos de grupos de entidades da mesma função energética ou base de habilidades. Unidades singulares podem sobreviver sozinhas, mas precisam encontrar um grupo para assegurar a sustentação da existência. Seus insetos são uma versão deste tipo de coletivo em um nível mais baixo.

Nós, a Entidade Fonte Onze, somos deste tipo de coletivo, mas nossas funções individualizadas baseiam-se em nosso conteúdo energético e em nossas habilidades computacionais. Embora raramente trabalhemos sozinhas, somos capazes de fazê-lo.

Coletivo separadamente juntos. O coletivo "separadamente juntos" é um híbrido do coletivo e é formado por unidades individualizadas de senciência singular, e a entidade plenamente individualizada que por algum motivo não precisa estar no coletivo. Neste caso, cada unidade do coletivo tem senciência e processo mental plenamente individualizados. Também possuem funcionalidade plenamente individualizada, tanto energeticamente quanto em termos criativos. Este coletivo é poderoso porque é o melhor dos dois mundos, digamos assim. Pode operar em sua funcionalidade coletiva plena de todas as maneiras especificadas na versão do coletivo de unidades de senciência singular mostrada acima, e pode operar como unidade individualizada plenamente funcional, com livre arbítrio individual e a capacidade de acompanhar ou não o coletivo, conforme o caso, se e quando estiver associada a ele. Como coletivo, sua natureza é bem difusa. Podem estar juntas no mesmo local do ambiente, ou podem estar espalhadas em todas as localizações possíveis dentro de cada uma das Entidades Fontes ou mesmo de A Origem, e algumas estão assim. Estão sempre em contato e comunicação umas com as outras e geralmente são encontradas trabalhando por conta própria em seu próprio conteúdo evolutivo. Trabalham juntas em plena coletividade quando existe um benefício específico para focarem coletivamente numa tarefa em vez de fazê-lo na condição "separadamente juntas". Comunicam-se com outras entidades, tanto coletiva quanto singularmente. São entidades criativas plenamente autossustentáveis. Os OM são deste tipo de coletivo, mas só quando desejam fazê-lo, pois podem optar por sair dele caso um OM deseje.

Coletivo temporário. O coletivo temporário é aquele no qual unidades individualizadas de determinada Entidade Fonte desejam trabalhar em metaconcerto a fim de focar numa tarefa que seria melhor trabalhada coletivamente do que com um grupo de indivíduos simplesmente trabalhando juntos. Este tipo de coletivo também tem a capacidade de invocar uma sinergia que vai beneficiar todos os membros do metaconcerto aumentando a eficiência e, portanto, o trabalho por todo o coletivo. Geralmente, este tipo de coletivo é uma condição coletiva temporária, nascida da necessidade de se obter uma solução mútua para um problema ou tarefa mútua. As entidades individuais neste coletivo precisam ser altamente evoluídas para invocar os efeitos sinergéticos associados com o metaconcerto, especificamente em virtude da natureza temporária do coletivo. Embora os coletivos temporários costumem ser criados por pequenos números de entidades individualizadas, podem atrair grandes números de entidades quando a tarefa exige uma participação coletiva elevada. As comunicações com entidades ou coletivos externos quando estão no coletivo são feitas por uma entidade "porta-voz".

EU: Devo dizer que não esperava encontrar tantas versões de um coletivo. Nem esperava a diferença na sinergia.

SE11 (coletivamente): Não são só essas.

EU: Como assim? São apenas exemplos?

SE11 (coletivamente): Há versões híbridas dessas que acabamos de lhe descrever, mas são autoexplicativas, pois dependem da compartimentalização do coletivo para permitir que tal atividade ocorra enquanto o resto do coletivo opera no formato coletivo dominante. Um coletivo adicional aos quatro acima é aquele que tem natureza fluida.

Coletivo fluido.
EU: Quer dizer que ele está sempre mudando?

SE11 (coletivamente): Sim, o coletivo todo muda constantemente em resposta às demandas de sua tarefa atual.

Recebi uma imagem com qualidade crescente; é a imagem de uma ampla rede à qual todas as entidades estão unidas. Parece ser uma enorme rede de pesca. Cada um dos pontos onde o fio da rede de pesca se unem representa uma entidade, uma unidade do coletivo no qual o fio da rede é a linha de comunicação entre as entidades e grupos de entidades em metaconcerto. Olhando para essa rede, vi-a conectando-se e desconectando-se com entidades singulares ou grupos de entidades sendo incluídas ou "removidas" do metaconcerto. As conexões que estão em uso são representadas pelos fios que brilham em tom branco. Elas lampejam e se apagam e grandes áreas de entidades, que só posso descrever como uma rede tridimensional, acendem e se apagam em conectividade com o todo. Parece-se com o modo como uma rede neural deve se comportar. Por um momento, pensei que se parecia com uma "rede" de luzes natalinas de LED, todas se acendendo e apagando de forma aleatória. Ao olhar melhor e com mais foco, vi que existe um padrão na frequência de iluminação das linhas de comunicação e nas entidades ou grupos de entidades sendo incluídos no metaconcerto. Decidi pedir ao coletivo que era a

Além da Fonte Livro 2

Entidade Fonte Onze que esclarecesse o que eu estava vendo e se aprofundasse onde necessário.

EU: Esta é uma representação autêntica da funcionalidade deste tipo de coletivo?

SE11 (coletivamente): É, sim. Mas por favor, saiba que este é apenas um pequeno exemplo para você lidar. Na realidade, o que você está vendo é a representação microscópica da maneira como este tipo de coletivo funciona. Pense que você está olhando por um microscópio eletrônico que consegue focalizar os componentes dos componentes dos componentes de um átomo em seu universo físico. Depois, pense que todo o coletivo tem o tamanho "físico" de seu universo "físico". Isto vai lhe dar uma ideia da escala envolvida aqui.

EU: Mas então, o nível de detalhe é imenso?

SE11 (coletivamente): Sim, é claro.

EU: E o que eu estava vendo? Quero dizer, qual o significado das áreas iluminadas e das áreas com fios iluminados?

SE11 (coletivamente): Exatamente o que você viu. Percebo que sua testa franziu, e por isso vou explicar melhor. A "pulsação" das luzes nas linhas de comunicação foi, de fato, um exemplo da inclusão de diversas unidades do coletivo. Mas as comunicações não são na forma que você chama de 3D, pois são uma estrutura multidimensional com cada uma das unidades do coletivo capaz de ser introduzida na função de metaconcerto como parte do todo, como unidade separada e independente, como parte de um grupo de entidades, como parte de uma série de grupos ou como uma entidade operativa de grupos múltiplos operando tanto independentemente quanto coletivamente.

317

Além da Fonte Livro 2

EU: Vocês estão sugerindo que uma entidade pode ter diversas funções e associações com grupos ao mesmo tempo?

SE11 (coletivamente): Sim, é claro. Esse é o objetivo da multidimensionalidade deste tipo de coletivo. Em essência, o que está acontecendo é que o coletivo está operando como um todo, um coletivo de grupos e um coletivo de entidades singulares. A funcionalidade deste tipo de coletivo é que ele é capaz de entrar e sair do coletivo, de diversos grupos ou de unidades singulares à vontade, dependendo do tipo de trabalho à frente. As unidades singulares são usadas isoladamente ou como parte integral de diversos grupos. A direção das linhas de comunicação é comutada para as áreas do coletivo onde há uma redução da demanda do estado de metaconcerto quando existe o aumento da demanda por esse estado noutro ponto do coletivo. Uma vez realizado o "trabalho", o número de entidades é reduzido para assegurar a manutenção do uso ideal do "recurso".

EU: E como isso é controlado? Deve ser extremamente difícil.

SE11 (coletivamente): Neste tipo de estrutura coletiva, há um grupo de entidades que fazem parte de uma rede integrada que se "infiltra" na totalidade do coletivo e monitora o nível de trabalho sendo realizado versus o número de entidades e os níveis de sinergia sendo atingidos. Esse grupo controla tanto a conectividade das entidades individuais que formam o todo, sabendo quais são as melhores entidades individuais para realizar a tarefa apresentada.

EU: Vocês estão sugerindo que as unidades individuais do coletivo são "individuais" em termos da funcionalidade e são selecionadas pelo grupo "controlador" de entidades para realizar suas tarefas relativas a seu nível ou tipo de funcionalidade?

SE11 (coletivamente): Em resumo, sim. Mas há outra informação que você precisa receber.

EU: E qual seria?

SE11 (coletivamente): Que as supostas entidades "controladoras" também fazem parte da "sacola" de ferramentas baseadas nas entidades, digamos.

EU: Portanto, elas não apenas controlam a função do coletivo, observando e alternando as entidades necessárias para garantir um nível eficiente de funcionalidade sinergética, como também fazem parte dessa funcionalidade, entrando e saindo dos grupos coletivos como e quando necessário.

SE11 (coletivamente): Sim.

EU: Esse tipo de coletivo é popular?

SE11 (coletivamente): Não, porque é difícil de se manter e controlar. Ele também exige uma massa crítica de certo tipo de entidade para se tornar viável.

EU: Eu imagino que seria bem lento em sua aplicação ao conteúdo evolutivo ou de solução de problemas em função da necessidade de usar algo que, imagino, seria um número elevado de entidades para gerenciar um metaconcerto tão fluido.

SE11 (coletivamente): Não é lento. É bem rápido em comparação com as outras configurações de coletivos. É que não é totalmente eficiente o tempo todo.

EU: E por que ele é assim?

SE11 (coletivamente): Porque precisa ser mantido pelas entidades que mantém seu nível ideal de funcionalidade, o que os torna ineficientes.

Além disso, deixa vastas áreas de entidades sem uso, e, portanto, fora do metaconcerto quando o coletivo está operando no que supostamente seria sua eficiência ideal.

EU: Isto me diz que o número de entidades individuais dentro do coletivo poderia ser reduzido, em última análise.

SE11 (coletivamente): Correto.

EU: Então, por que um coletivo que estabelece este caso quando está nessa configuração não faz exatamente isso—reduz seu número?

SE11 (coletivamente): Eles o fazem, e nesse processo criam um novo coletivo, que adota qualquer uma das outras configurações, dependendo da qualidade das entidades individuais envolvidas.

EU: Então, a qualidade das entidades dentro do coletivo exerce um efeito sobre o tipo de coletivo em que se tornam como um todo?

SE11 (coletivamente): Sim, sempre.

Entidade Fonte Onze, um coletivo de unidades de senciência singular

Eu tinha percebido que havíamos passado um tempo considerável tratando dos coletivos e de seu modo de operação, e por isso resolvi deixar de lado as perguntas sobre esse tema específico e passar para o próximo. Mas o que achei interessante foi o número de coletivos diferentes e a possibilidade de haver híbridos, misturas de tipos básicos em diferentes proporções. Também achei interessante ver que o tipo no qual haviam se tornado era uma função da qualidade das entidades individuais dentro do coletivo, especificamente essas entidades individuais que claramente não precisavam se manter dentro de um coletivo mas escolheram fazê-lo pelo bem do todo, digamos. Do meu ponto de vista, os efeitos sinergéticos foram a principal motivação para passarem de uma entidade individual, autônoma e abrangente para outra que é uma parte menor numa entidade de base coletiva muito maior.

Minha mente voltou-se para a tarefa à minha frente e resolvi me concentrar nas entidades individuais, mas coletivas, que eram a Entidade Fonte Onze. No entanto, embora desejasse seguir em frente, não pude deixar de sentir que a questão sobre tipos ou "gêneros" de coletivos não ia embora. E como poderia? Eu estava me comunicando com o maior coletivo com que alguém na Terra já havia se comunicado. Parei um pouco e recuperei o fôlego mental. De posse do fôlego mental e determinando que meu vigor para mudar a direção do diálogo tinha sido renovado, tornei a manter contato com o coletivo que era a Entidade Fonte Onze.

EU: Tendo passado estes últimos dias discutindo as virtudes dos diversos tipos de coletivos, estou ansioso para entender o que vocês são na verdade. Uma entidade tão grande e expansiva quanto vocês, mesmo num estado coletivo diversificado, deve ser mais do que aquilo que vocês descreveram como "o coletivo de unidades de senciência singular".

SE11 (coletivamente): Sim, somos, e o título já diz tudo—caso queira decifrá-lo.

Li o título duas ou três vezes antes que "caísse a ficha". A funcionalidade da Entidade Fonte Onze era dupla. O título da descrição mostrava os dois lados da moeda. No primeiro diálogo que descreveu este tipo ou gênero de coletivo, nós havíamos focalizado as entidades individualizadas que constituíam a Entidade Fonte Onze como sendo justamente isso—um coletivo de unidades individualizadas agrupadas para formar um coletivo. Um coletivo que poderia usar qualquer número de permutações de singularidade, coletividade e sinergia para realizar o que desejasse em qualquer momento. Mas o que eu estava vendo agora era um eco—a lembrança daquilo que ela foi antes de se diversificar naquele bilhão de unidades individualizadas que poderia ou não trabalhar em metaconcerto, fazendo sua opção em função da tarefa. Portanto, o "coletivo de unidades de senciência singular" referia-se à singularidade que a Entidade Fonte Onze foi antes de se diversificar. A descrição, literalmente verdadeira para ambas as condições, ficava mais visível em seu estado atual.

À medida que pensava mais sobre isso, comecei a receber alguma ajuda em termos de informação. Quando num coletivo, a Entidade Fonte Onze era apenas isso, um coletivo. Mas o problema era que ela não estava sempre num coletivo "em totalidade" porque outras de suas partes tinham tarefas diferentes a realizar, e assim ela não podia ser chamada realmente de coletivo. Portanto, só quando estava num coletivo "em totalidade" é que ela se tornava singular. Tornava-se um coletivo com um nível de senciência combinado e coletivo, mas singular. Embora fosse um estado coletivo, nesse estado ela havia atingido aquilo que era quando estava na verdadeira singularidade— uma mente singular, com cada uma das unidades individuais abrindo mão de sua individualidade temporariamente para apoiar a necessidade de ser singular "em totalidade". Cada uma delas, portanto, tornou-se apenas uma célula, um neurônio de uma entidade maior, realizando apenas aquela função necessária para aquela parte da totalidade dentro da qual era uma parte. Achei isso fascinante.

SE11 (coletivamente): Achamos que você iria gostar deste pequeno enigma. Veja, precisávamos saber se você seria capaz de pensar expansivamente ao ser exposto a condições conflitantes que são corretas mas que parecem improváveis quando vistas juntas. Pense que seria como ter de descrever o preto como sendo branco, que, por sua vez, é preto. É uma possibilidade impossível, que é, mesmo assim, tanto possível e provável, e, de fato, altamente provável, caso você tenha a capacidade de ser suficientemente expansivo para trabalhar

Além da Fonte Livro 2

com os dados que são postos à sua frente—e que você tem. Com base nisso, vamos prosseguir em nosso diálogo e lhe apresentar mais detalhes sobre as unidades individualizadas que somos coletivamente.

EU: Espere um pouco. Vocês estão sugerindo que estiveram testando a minha capacidade de entender vocês?

SE11 (coletivamente): Sim, claro. Por que a surpresa?

EU: É que eu não esperava por isso.

SE11 (coletivamente): Se somos todos um, como podemos ser singulares, e se somos todos singulares, como podemos ser todos um! A resposta é que somos todos a totalidade coletiva da entidade que chamamos de A Origem. Você percebeu isso, não?

EU: Sim, é claro. Essa é uma das grandes realidades do omniverso, de "O Absoluto", "A Origem".

SE11 (coletivamente): Muito bem. Então, vamos continuar.

As unidades individualizadas da Entidade Fonte Onze—Um enigma sinergético

Depois daquela pequena "revelação", fiquei um pouco intrigado. Por que a Entidade Fonte Onze estaria me testando? Segundo a minha perspectiva, estava claro que eu era capaz, ou, devo dizer, eventualmente seria capaz de entender as informações que me estavam sendo dadas, mesmo que estivessem significativamente truncadas e direcionadas às minhas supostas limitações "físicas". Enquanto digitava, fui recebendo mais informações da Entidade Fonte Onze—informações que me diziam que havia muito, muito mais para se discutir sobre o tema das Entidades Individuais da Entidade Fonte Onze. Aquilo que vislumbrei com o olhar da mente era alucinante, para dizer o mínimo. Resolvi "refocalizar" e continuar o diálogo tentando chegar ao fundo daquilo que estava vendo.

EU: Ao longo de todo este diálogo, vocês aludiram ao "fato" de que são feitas de entidades individualizadas, mas acabei de captar outra coisa sobre a estrutura de suas entidades. Aparentemente, elas mesmas são coletivos. Estou no caminho certo?

SE11 (coletivamente): Sim, está.

EU: Podem me explicar a razão para isso? Parece aumentar ainda mais o enigma daquilo que vocês são.

SE11 (coletivamente): E agora você sabe porque lhe demos aquele pequeno teste. Precisávamos saber se você seria capaz de aceitar as informações que estávamos lhe passando da forma como são, sem filtrá-las de qualquer maneira para tornar os dados mais aceitáveis para sua própria base de memória, deixando de fora, portanto, detalhes necessários.

EU: Oh, OK. Agora, percebo de fato o ímpeto por trás da necessidade de me testar. Concordo com vocês. Teria sido limitador saber que a maioria daquilo que vocês iriam me transmitir seria "perdido na tradução", digamos.

SE11 (coletivamente): Além disso, não teria feito sentido sob nossa perspectiva.

EU: OK. Então, vamos em frente. Qual o benefício de ter entidades que, com efeito, são coletivos por si sós?

SE11 (coletivamente): Para responder a essa pergunta, vamos precisar voltar à época da diversificação. Lembra-se de quando diversificamos e estávamos conferindo a eficiência do número de entidades em metaconcerto, em coletividade, versus os efeitos sinergéticos ideais disponíveis como resultado desse número em metaconcerto?

EU: Sim, eu me lembro.

SE11 (coletivamente): Então, você também vai se lembrar de que não poderíamos aumentar o número de entidades em metaconcerto acima de certo nível devido à redução subsequente do efeito sinergético.

EU: Sim, eu também me lembro disso. Lembro-me ainda que vocês disseram que não havia maneira de aumentarem o número de entidades furtivamente, "contornando" com isso a "lei" que limita o número de entidades que podem estar em metaconcerto ao mesmo tempo em que atingem os níveis ideais de sinergia.

SE11 (coletivamente): Bem, existe um modo. Acabamos de descobrir.

EU: O quê! Como isso pôde acontecer? Há duas semanas, vocês tinham certeza de que isso não poderia ser contornado, e deve haver linhas de comunicação entre os grupos de entidades em metaconcerto, e essas linhas de comunicação retardariam invariavelmente as coisas.

SE11 (coletivamente): Sim. Mas isso foi há muito tempo.

EU: Não, não foi. Não faz mais do que duas semanas!

SE11 (coletivamente): Isso, no seu tempo linear. Lembre-se, só existe o espaço de eventos e não o tempo linear, esse que às vezes vocês chamam de tempo do "relógio". Se fôssemos usar o tempo do relógio como medida que você poderia usar para compreender o que estava acontecendo nos bastidores, então podemos dizer que se passaram várias centenas de milhares de anos. Ou deveríamos dizer que diversos espaços de eventos foram navegados desde então.

Além da Fonte Livro 2

EU: Agora eu percebi porque vocês estavam me avaliando! Bem, e então, qual a última notícia?

SE11 (coletivamente): Decidimos voltar à base daquilo que agora chamamos de coletivo "macro" de uma entidade individual. Vimos que quando estávamos naquela configuração, tínhamos um número ideal de entidades que poderiam estar em metaconcerto antes que os efeitos sinergéticos fossem reduzidos ou desaparecessem.

EU: Sim, comentamos sobre isso antes.

SE11 (coletivamente): Sim, comentamos, mas essa foi a pista. Enviamos de volta a explicação do que éramos durante nossa discussão com você para um novo espaço de eventos, um espaço de eventos necessário para permitir novas experimentações. Em essência, estávamos executando dois espaços de eventos ao mesmo tempo, um em comunicação com você e o outro experimentando essa nova "estratégia". A nova estratégia levou o que você reconheceria como várias centenas de milênios para ser executada, mas os resultados foram fantásticos.

EU: Então, poderiam me falar sobre a teoria por trás da construção de suas entidades, tal como são agora?

Eu tinha de trabalhar muito para acompanhar isso!

SE11 (coletivamente): Cada entidade é um coletivo de uma entidade singular. Como tal, apresenta-se ao mundo exterior como uma entidade singular, não como um coletivo, e, portanto, contorna a lei da sinergia, pois cada coletivo é considerado uma única entidade e, portanto, fica registrado como tal enquanto está em metaconcerto. Logo, é possível ter um número ideal de "coletivos individuais de unidades de senciência singular" e ainda obter os efeitos sinergéticos requeridos. E mais: descobrimos que podemos criar coletivos de coletivos de um coletivo de unidades de senciência singular. Cada coletivo em metaconcerto estaria de acordo com a lei da sinergia.

EU: Vocês descobriram uma maneira de criar "ninhos" de coletivos e, portanto, de maximizar seus efeitos sinergéticos além do que estaria disponível por meio de unidades singulares unindo-se em metaconcerto.

SE11 (coletivamente): Sim, descobrimos. E mais: com isso, fomos capazes de usar todas as unidades individualizadas que foram criadas na diversificação, afetando assim uma série clara de coletivos de unidades de senciência singular ganhando sinergia otimizada desde a camada inferior até a camada superior do coletivo de unidades de senciência singular, digamos. Multiplicamos nossa eficiência sinergética de metaconcerto por incontáveis quantidades "multipolous" em função disso. Ficamos satisfeitas.

EU: Imagino que sim!

Para ser sincero, eu estava um pouco desconfortável diante da perspectiva de estar "aqui na hora certa". Parece que isso estava acontecendo com demasiada frequência. Quando a Entidade Fonte decidiu entrar noutro espaço de eventos e realizar uma série de experimentos sobre coletividade e metaconcerto, ao estabelecer não só que ela tinha conseguido contornar a lei da sinergia relativa à coletividade e o número ideal de entidades dentro de um coletivo, comecei a pensar que eu estava inventando este "cenário". Esta "preocupação" aumentou quando voltei à perspectiva previamente anunciada de estar novamente "aqui na hora certa" quando a Entidade Fonte Doze iniciou seu processo de tornar-se autoconsciente.

"Como posso", pensei, "estar no lugar certo na hora certa nesta realidade maior se não consigo sequer ganhar um prêmio mínimo na loteria na Terra?"

Como se sentisse a minha preocupação, o coletivo que era a Entidade Fonte Onze resolveu trazer-me de volta à realidade—fosse ela qual fosse! Bem, eu sabia onde ela (a realidade) está, mas estava me sentindo um pouco inseguro.

SE11 (coletivamente): Não pense, nem por um instante, que tudo foi disposto para VOCÊ. Você não tem um grau de importância suficiente para ativar TODOS os eventos importantes que estão acontecendo enquanto você está se comunicando conosco.

EU: É isso. Tragam-me de volta para a Terra!

SE11 (coletivamente): Não, não queremos fazer isso. Ela fica numa frequência muito baixa. O que queremos lhe dizer é o seguinte: você é um em um milhão, uma raridade, digamos, especialmente por estar encarnado nas frequências associadas com a Terra. Em alguns casos, a comunicação com uma entidade como você vai provocar um processo mental no qual não teríamos embarcado tão cedo quanto fizemos ao nos comunicarmos com você. Foi simplesmente porque você é uma entidade tão individual e apresenta um ponto de vista que não está necessariamente no alto de nossas prioridades que resolvemos adotar uma abordagem alternativa em nossa análise da sinergia. Usamos você como uma "variável desconhecida". Você "pensou" numa coisa, embora momentaneamente, e agimos de acordo com isso. O que você não sabe é quanto tempo ficamos pensando nisso antes de agir.

EU: Quanto tempo vocês ficaram pensando nisso?

Além da Fonte Livro 2

SE11 (coletivamente): Vários milhares de anos no seu livro. Quando recebemos a ideia, decidimos "separar" um percentual considerável de nossa "totalidade" para trabalhar com a possibilidade que essa ideia poderia nos apresentar.

EU: E qual foi a ideia?

SE11 (coletivamente): Não foi tanto a ideia quanto o título e a ideia por trás do título.

EU: Vocês se referem a quando eu estava digitando as palavras que usei para descrever os diversos tipos de coletivo.

SE11 (coletivamente): Sim. Especialmente aquele usado para descrever nosso estado. Isso levou uma boa parte de nós a pensar e a calcular, e quando você acabou de digitar, havíamos reunido dados suficientes para podermos tomar a decisão de interromper alguns de nossos experimentos e trabalhar naquele que se baseou em sua ideia.

EU: Então, eu estava aqui no momento certo!

SE11 (coletivamente): Não, nós já tínhamos mapeado aquela possibilidade. É que ela era próxima demais de outra estratégia possível que tínhamos calculado como tendo sucesso limitado para aproximá-la o suficiente de nossa atenção e justificar uma consideração mais focada. Você simplesmente deslocou o fiel da balança, digamos.

EU: Bem, fico feliz por ter peso suficiente para ter deslocado essa balança específica.

SE11 (coletivamente): Como dissemos recentemente, você não está no centro das atenções aqui, embora seja de nosso interesse. É que você teve uma ideia aleatória que chamou nossa atenção, imaginação e ação subsequente. Agora, vamos prosseguir, pois estamos começando a ficar sem aquela commodity do espaço de eventos que vocês gostam de chamar de tempo.

Você queria obter mais detalhes sobre a funcionalidade das unidades individualizadas de nosso coletivo.

EU: Sim, quero.

SE11 (coletivamente): Então, vamos lhe falar das três variantes principais que temos aqui. Assim como ocorre na maior parte da criatividade, há um elemento de variabilidade no processo de manufatura. Esta variabilidade se manifesta na funcionalidade ideal da unidade individual em questão. Quando diversificamos, atingimos esta condição em estágios. Talvez você se lembre que, no começo deste diálogo, estávamos fazendo experimentos consideráveis com a eficiência da configuração coletiva e pouco antes decidimos dedicar nossa totalidade a estar no estado coletivo.

EU: Sim, lembro-me que vocês sugeriram que tinham certo percentual coletivo e certo percentual de singularidade em certos pontos de sua existência.

SE11 (coletivamente): Sim, muito bem. Então, você também vai se lembrar daquilo que sua própria Entidade Fonte lhe falou sobre seu próprio processo criativo, que não era "perfeito" em sua repetitividade.

EU: Sim, lembro-me claramente disso. Essa foi a razão para termos entidades que são "sencientes", a humanidade energética e acima; aquelas que são animais "semissencientes" e as raças de entidades instintivas; e as entidades "não-sencientes", os autômatos, por assim dizer; os puramente instintivos ou menos, como os reinos das plantas e dos minerais na Terra.

Além da Fonte Livro 2

SE11 (coletivamente): Boa memória. Então, você estará ciente do fato de que cada um desses "tipos" ou "classes" de entidades também são capazes de avanços evolutivos num ritmo compatível com seu nível de senciência.

EU: Sim, também reconheço essa oportunidade.

SE11 (coletivamente): Fantástico, pois esta é uma função similar a aquela que nós experimentamos quando nos diversificamos. Porém, não perdemos a concentração durante o processo criativo como sua própria Entidade Fonte fez, pois estávamos 100% concentradas no que estávamos fazendo quando entramos no processo final de diversificação.

EU: Então, o que aconteceu? O que resultou nas três variantes principais de entidades?

SE11 (coletivamente): Cálculo.

EU: Como? Cálculo? O que quer dizer isso?

Entidades que se organizam num estado hierárquico

SE11 (coletivamente): Em essência, decidimos criar entidades que se organizam num estado hierárquico.

EU: E como era esse estado hierárquico?

SE11 (coletivamente): a) Comando e Controle; b) Função, resultando do comando e controle; e c) Adaptação. Vou lhe explicar os papéis em detalhes porque alguns papéis e responsabilidades são óbvios, e outros não são. Nenhuma dessas entidades é superior às demais, de qualquer maneira, forma ou modo—todas são tão importantes quanto as demais.

Comando e Controle. As entidades incumbidas do papel de Comando e Controle são aquelas capazes de tomar decisões sobre como e quando criar as diversas densidades de coletividade e os subsequentes efeitos sinergéticos relevantes às tarefas que lhes são apresentadas, como resultado de estarem numa existência coletiva que trabalha visando a condição evolutiva ideal. Elas podem designar entidades da classe de "função" para trabalharem naquilo que for necessário. Um exemplo recente seriam os cálculos e experimentações que nos permitiram contornar a lei sinergética de coletividade máxima. Essas entidades planejam aquilo que precisa ser feito e negociam com outras de sua classe os recursos "funcionais" e "adaptativos" necessários para que seu projeto tenha sucesso. Além disso, são de uma energia que lhes permite participar do trabalho das classes de entidades "funcional" e "adaptativa".

Função. As entidades de Função são aquelas cujo papel é pegar o que foi planejado pelas entidades de Comando e Controle e tornar aquilo algo relativo, repetível e robusto. Isto só pode ser feito aplicando-se múltiplas abordagens para resolver o problema específico que lhes foi passado pelas entidades de Comando e Controle. Na maioria dos casos, as entidades de Comando e Controle e de Função trocam de papéis para verificar a funcionalidade daquilo que foi desenvolvido. Fazendo-o, asseguram-se de que não há áreas de erro que podem ter sido introduzidas. Essas entidades também são capazes de se tornar aquilo que criam, permitindo assim o transporte fácil daquilo que foi bem sucedido para outras áreas do coletivo.

Adaptação. As entidades de Adaptação são o "golpe final" das três entidades, pois são capazes de se tornar qualquer uma das outras duas entidades para trabalhar sem emendas e sem um período de normalização com aquilo que as outras estão fazendo. São a ferramenta multitarefas da caixa de ferramentas, digamos, e são capazes de fazer qualquer coisa necessária, quer individual, quer coletivamente. Seus principais pontos fortes são sua capacidade de se compartimentalizarem a ponto de poderem comungar simultaneamente com indivíduos ou coletivos das três condições— criando assim uma ponte entre funções de trabalho dos diversos coletivos. Como podem replicar cada estado ou tipo de entidade numa condição totalmente fiel, criam uma conexão sem emendas entre coletivos de tipos de entidades dedicadas, o que permite o desenvolvimento de uma condição coletiva maior e multifuncional.

EU: Isso se parece com o início de um circuito integrado, ou, melhor ainda, a arquitetura de um microprocessador no qual certas partes do processador são dedicadas a certos tipos de funcionalidade.

SE11 (coletivamente): Sim, podemos entender porque você fez essa analogia, pois em certos casos é nisso que quase nos tornamos, um processador imenso numa escala de Entidade Fonte. Esta é uma das maneiras pelas quais trabalhamos com as tarefas evolutivas às quais nós nos propusemos.

Uma visualização de alto a baixo da "Nova Entidade Fonte Onze"
Recentemente, neste diálogo com a Entidade Fonte Onze, fui informado de uma mudança que resultou em sua capacidade de contornar a lei do efeito sinergético. Ela também se esforçou para me mostrar que eu não era a razão para sua solução desse enigma específico, apenas um catalisador. Senti-me muito mais confortável, pois estava mais do que preocupado com meu próprio ego interferindo e criando aquilo que queria ver, sobrepondo isso à informação canalizada em vez de me permitir receber a informação pura e sem filtro da Entidade Fonte Onze. Eu estava totalmente ciente, é claro, de que havia certo nível de filtração da informação por parte da própria Entidade Fonte Onze. No entanto, eu sabia que era um requisito necessário para ter certeza de que eu seria capaz de lidar

com a informação e os conceitos envolvendo as informações recebidas, sem deixá-las rasas por conta da minha falta de compreensão.

O sucesso da Entidade Fonte Onze em contornar a lei do efeito sinergético resultou na sua alteração de configuração como coletivo para aquilo que ela poderia ter realizado com todas as suas unidades de "senciência singular" em ação. Isso incluiu aquelas que se reuniram para se comunicar comigo. Subitamente, elas pareceram diferentes: mais limpas, mais eficientes, sem desperdício, precisas! Novas!

Poucos dias depois de receber a notícia deste sucesso maravilhoso, comecei a receber uma imagem muito interessante de alguns detalhes da nova configuração da Entidade Fonte Onze. Foi incrível de se ver, e resolvi compartilhá-la com os leitores deste texto, quer em perspectiva ilustrativa, quer descritiva.

EU: Preciso aproveitar a oportunidade para discutir com vocês esta nova configuração, descrevendo-a para os leitores deste livro.

SE11 (coletivamente): Sim, você deveria fazer isso. Se quiser, podemos fazê-lo juntos para que você não duplique demais algum texto anterior.

EU: Sim, eu gostaria muito de fazer isso.

Acomodei-me para me concentrar na imagem que se apresentou à minha frente novamente. Eu tinha percebido antes que o fato de ser um coletivo de unidades de senciência singular teve o efeito de contornar a lei da sinergia, com o coletivo apresentando-se ao ambiente externo como uma unidade singular. Afastei-me dessa parte da Entidade Fonte Onze que estava se comunicando comigo. Ao olhar desde uma distância maior, percebi que vi a totalidade da Entidade

Fonte Onze como uma única Entidade; ela pareceu ser apenas uma esfera com um limite ou perímetro muito fino. Não havia indicação alguma de coletividade. Achei isso muito interessante.

Levei novamente meu ponto de vista para a área na qual tinha estado me comunicando antes com aquela parte da Entidade Fonte Onze que fora designada para se comunicar comigo. Ao fazê-lo, obtive mais nitidez e pude ver cada uma das entidades individuais à minha frente. Inicialmente, elas estavam com a mesma aparência que a Entidade Fonte Onze tinha à distância—ou seja, pareciam ter aparência e perfil singulares.

Então, senti necessidade de me aproximar de uma ou duas delas. Ao me aproximar, puder enxergar através do perímetro externo daquela que estava mais perto de mim. Dentro dela, havia uma multidão de unidades individuais em coletividade, todas em metaconcerto. A sensação de unidade era abrangente, cativante, convidativa e envolvente. Afastei-me um pouco e a imagem de todas essas entidades em coletividade dentro desse perímetro desapareceu, e defrontei-me novamente com aquilo que parecia ser uma única entidade.

"Esta é uma boa ilusão", pensei, "boa o suficiente para enganar uma lei omniversal, a lei do efeito sinergético!"

Voltei a observar a entidade. Na extremidade do perímetro, a verdade por trás da entidade tornou-se perceptível novamente e vi todas as entidades lá dentro em coletividade e metaconcerto. A totalidade dessa entidade era tal que ela estava com o número máximo de componentes para permitir que ocorresse o maior efeito sinergético— e nada mais. Fora do perímetro desta entidade, percebi que ela mesma era uma dentre um número ideal de entidades necessárias para se atingir a sinergia máxima. Era um efeito com duas camadas.

Algo chamou a minha atenção. Dentro desta entidade da segunda camada, ela própria um coletivo disfarçado, precisei usar novamente o zoom para analisar uma de suas unidades singulares. Novamente, segundo a perspectiva externa, ela parecia ser apenas aquilo—uma unidade singular, mas quando desloquei minha percepção para a área sob o perímetro externo, fui recebido por outro coletivo no número ideal em metaconcerto para efetivar o maior resultado sinergético possível. Comecei a me perguntar até onde iriam essas camadas quando a Entidade Fonte Onze resolveu me explicar. Afastei-me para observar aquela parte dela que estava se dirigindo a mim.

O coletivo que se tornou singular enquanto era um coletivo!

SE11 (coletivamente como uma só): Deixe-me explicar, pois no total são doze camadas.

Percebi que a Entidade Fonte Onze tinha adotado um método de nomenclatura singular--daí a mudança no cabeçalho dos diálogos.

EU: Gostaria muito que você fizesse isso, pois a coisa está ficando um pouco confusa para mim.

SE11 (coletivamente como uma só): Não vou me deter nas camadas em si, pois elas se repetem. Esta é a beleza delas e o método para contornar o efeito sinergético.

As entidades que você percebeu estavam mantidas num estado de singularidade coletiva. Este é o processo que descobri. Quando em coletividade e metaconcerto, se as extremidades externas do coletivo são mantidas num estado de singularidade coletiva, isso tem o efeito de apresentar uma nova imagem para aquilo que estiver fora do coletivo. Essa imagem, digamos, tem aparência, função e comunicação unitária e singular. Para atingir esse estado, o coletivo considera-se como um só e se refere a si mesmo como "eu" num processo de comunicação particular, e não como "nós". As energias envolvidas são totalmente diferentes neste caso, pois a assinatura energética "apresentada" quando um coletivo se considera como "nós" é significativamente diferente das energias apresentadas quando uma entidade ou coletivo se considera como "eu". Este é o cerne do problema quando se contorna a lei do efeito sinergético.

A negação da lei do efeito sinergético é relativa a aquilo que está em singularidade coletiva. Ela também é funcional quando se refere a aquilo que está em coletividade—e apenas ao que está em coletividade. Isso significa que o efeito sinergético deve ficar limitado de alguma maneira entre o coletivo em si e o perímetro enquanto ainda fica dentro do perímetro do coletivo sendo apresentado como entidade singular. Assim, o efeito sinergético está funcionando, mas não está sendo apresentado a aquilo que for externo ao coletivo; ou seja, as energias sinergéticas ficam cativas dentro do perímetro da singularidade coletiva. Se o efeito sinergético foi apresentado ao ambiente exterior, ele se somaria ao efeito sinergético que estava noutra camada. Isto criaria a condição descrita antes, na qual o efeito sinergético fica abaixo do ideal ou se reduz drasticamente quando o número de entidades em metaconcerto coletivo é maior do que o número máximo de entidades necessárias para criar o efeito sinergético ideal.

EU: Então, você está me dizendo que cada uma das entidades que vi na minha visualização tem sua própria população de entidades na população máxima requerida para atingir o efeito sinergético máximo.

SE11 (coletivamente como uma só): Correto.

EU: E cada entidade, portanto, está em sua plena capacidade sinergética e produção.

SE11 (coletivamente como uma só): Correto.

EU: Isso é incrível, para dizer o mínimo.

SE11 (coletivamente como uma só): Eu concordaria com você. Significa que agora todas as minhas unidades individuais estão operando com seu potencial sinergético máximo. Minha capacidade como coletivo aumentou além da minha própria compreensão.

EU: Espere um pouco. Tenho uma pergunta rápida. O nível mais alto, ou seja, esse que está se comunicando comigo, também está sujeito a esse efeito sinergético?

SE11 (coletivamente como uma só): Sim, cada um dos coletivos em cada uma das camadas está funcionando de acordo com os níveis otimizados de funcionalidade disponíveis pelo fato de estarem num estado de efeito sinergético máximo.

EU: E qual é a primeira coisa que você vai fazer, agora que atingiu esta funcionalidade maciçamente aumentada?

SE11 (coletivamente como uma só): Depois de acabar de conversar com você, vou calcular exatamente quanto cresci em capacidade funcional.

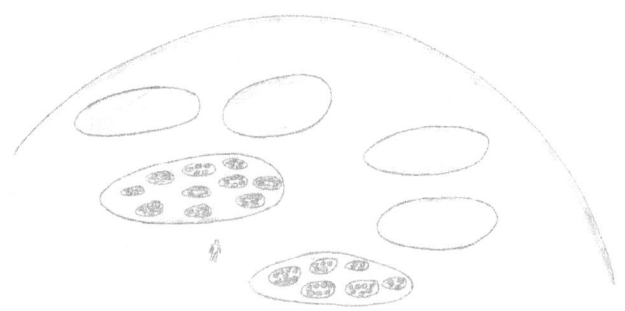

Figura 2: A nova Entidade Fonte Onze
(Coletivamente como uma só – Contornando a lei do efeito sinergético)

EU: Então, suponho que você não tem ideia do quanto aumentou sua capacidade funcional como resultado dessa mudança em seu estado sinergético.

SE11 (coletivamente como uma só): Não neste exato momento de seu espaço de eventos, embora possa dizer uma coisa.

EU: E o que seria?

SE11 (coletivamente como uma só): Será um múltiplo de doze elevado à décima segunda, e, naturalmente, incluirá todos os efeitos sinergéticos como múltiplo deste efeito de multiplicação.

EU: Mas eu imaginava que doze elevado à décima segunda seria um número pequeno para você trabalhar.

SE11 (coletivamente como uma só): Normalmente, sim, mas isso inclui os efeitos sinergéticos e como são afetados por esse aumento. Percebo que você está se esforçando para compreender por que um multiplicador tão pequeno faria com que eu tivesse um problema.

EU: Sim, de fato. Mesmo com minha rudimentar habilidade matemática eu poderia deduzir isso numa planilha razoável ou com uma calculadora científica.

SE11 (coletivamente como uma só): Ah, a arrogância da humanidade! Sim, concordo com você em termos dos cálculos básicos, mas, como disse antes, isso não inclui os efeitos sinergéticos e como são afetados pela multiplicação. Deixe-me dizer uma coisa. Até agora, nem "eu coletivamente", nem "como um em singularidade", nem "nós antes coletivamente" fomos expostas à oportunidade de multiplicar o efeito sinergético. É que não haveria razão para isso. Simplesmente não havia necessidade de ir lá, pois não poderíamos realizar o que não era realizável. E através deste diálogo com você, "nós", naquele ponto do espaço de eventos, identificamos o potencial para uma "brecha". Percebemos que seria necessário um bom trabalho retrospectivo para quantificar os efeitos dessa oportunidade. Isso só poderia e iria ser realizado depois que a oportunidade fosse acionada, digamos.

EU: Você não quis calcular os efeitos dos "novos" efeitos sinergéticos primeiro, só para se assegurar de que valia a pena passar por algo que, imagino, tenha sido um imenso trabalho e uma enorme preparação?

SE11 (coletivamente como uma só): Não, porque eu/nós, naquele ponto do espaço de eventos, sabíamos onde estávamos atualmente do ponto de vista da eficiência com o nível de sinergia disponível atualmente. O grande fator foi que eu tinha uma reserva de unidades individualizadas e, por isso, não poderia fazer o melhor uso dessas unidades segundo uma perspectiva sinergética. Para mim, seria uma oportunidade desperdiçada ter todas essas minhas unidades e não conseguir o uso máximo de se estar em metaconcerto e, portanto, de atingir a sinergia máxima.

EU: Então, parece que essa foi uma oportunidade boa demais para deixá-la passar e você mergulhou de cabeça no trabalho necessário para se reconfigurar no maior número de entidades em metaconcerto a fim de atingir os efeitos sinergéticos máximos em todos os doze níveis. Foi uma oportunidade tão boa que você decidiu trabalhar na especificação de quem era ou é, digamos, com base totalmente retrospectiva.

SE11 (coletivamente como uma só): Correto.

EU: Mas uma coisa está me incomodando. Você deve ter tido um número de entidades que restaram do trabalho que você queria fazer ou um déficit de entidades requeridas para criar o número ideal de coletivos sinergeticamente singulares em todos os doze níveis.

SE11 (coletivamente como uma só): Calculei um déficit de um número significativo de entidades.

EU: E o que você fez, levando em conta que já havia conversado comigo e se afastado daquele espaço de eventos que estava sendo usado comigo, criando um novo espaço de eventos no qual seria capaz de fazer esse novo trabalho com sinergia?

SE11 (coletivamente como uma só): Primeiro, voltei a ser uma só. Segundo, resolvi tornar as entidades que estavam dialogando com você uma função temporária daquela que agora era novamente uma entidade singular. Terceiro, diversifiquei-me no número total de entidades necessárias para criar o número ideal de entidades requeridas para afetar o número máximo de unidades sinergeticamente singulares dentro delas mesmas e em cada um dos doze níveis de sinergia. As entidades que mantinham diálogo com você estavam integradas a uma das unidades sinergeticamente singulares no nível mais alto de sinergia e tornaram-se parte da camada externa de uma dessas unidades. A mudança dessas entidades em diálogo coletivo com você e aquilo que hoje sou eu foi notada quase que instantaneamente por você, pois você começou a me chamar de SE11 (coletivamente como uma só) em lugar de SE11 (coletivamente).

EU: Tem razão, percebi a diferença bem depressa. Considero que isso seria uma função do "efeito da singularidade".

SE11 (coletivamente como uma só): Sim, é, e é por isso que foi um método bem sucedido para se contornar a lei do efeito sinergético máximo.

EU: Claro, faz todo sentido. Mas preciso dizer que me sinto honrado por ter estado na posição de ver uma Entidade Fonte mudar sua configuração diante de meus olhos espirituais, digamos assim.

SE11 (coletivamente como uma só): Muitas das mudanças feitas pelas Entidades Fontes ficam de fora de seu olhar espiritual—mudanças conferidas, planejadas, otimizadas e modificadas num espaço de eventos novo ou temporário. Quase todas as Entidades Fontes fizeram pequenos ajustes em seus ambientes durante o período usado por você para comungar com elas. Esta não é uma função incomum; é evolução. Sua própria Entidade Fonte fez muitas mudanças de maneira discreta, e muitas delas beneficiaram as entidades que existem em seu ambiente. Uma delas é a ascensão de seu planeta. As modificações que ela fez em seu ambiente são o resultado da sua reação—ou seja, da humanidade energética—à recepção de energias de frequências superiores para seu trabalho.

EU: Eu achava que a própria humanidade tinha criado essa ascensão nas frequências. Além disso, como resultado de nossa criatividade, despertamos enquanto estamos no físico, e o despertar cria acesso às frequências mais elevadas que, por sua vez, provocam novo despertar, e assim por diante.

Além da Fonte Livro 2

SE11 (coletivamente como uma só): Sim, isso é verdade. É verdade para todas as entidades criadas por seu criador. No entanto, vocês só podem ascender até aquilo que foi criado para a sua ascensão—o cavalo espiritual pode ser levado até a água espiritual, mas cabe ao cavalo espiritual beber a água espiritual. O criador da água espiritual não pode forçar o cavalo espiritual a bebê-la. Ele deve beber por vontade própria. Sem a participação das entidades naquilo para que foram criadas, elas não podem experimentar, aprender e evoluir. A humanidade existiria apenas em estase evolutiva.

EU: Então, nossa Entidade Fonte cria literalmente os degraus da escada pela qual devemos subir. Cabe a nós, individualmente, subirmos até o próximo degrau e vermos as mudanças no cenário à medida que subimos.

SE11 (coletivamente como uma só): Correto. Esta é a modificação para todas as entidades—continuem a subir, não parem. Não olhem para trás. Incentivem os demais a subir com você. Ajude-os quando vacilam e estimule-os quando conseguem. Busque a ajuda deles quando precisar; trabalhem juntos em gratidão, humildade e serviço.

EU: Obrigado. Sei que estivemos falando sobre a minha própria Entidade Fonte e seu ambiente, mas este era um enigma que já estava no fundo da minha mente há algum tempo—especificamente a dicotomia de que há ondas de energias superiores sendo enviadas à Terra e ao universo local, juntamente com os processos mentais com que estamos criando nossa própria ascensão.

SE11 (coletivamente como uma só): Ambas trabalham juntas. Vocês criam sua própria ascensão ao escolherem trabalhar com essas novas frequências que lhe são apresentadas. Vocês não "foram ascendidos". Vocês ascendem, mas ascendem apenas até onde é possível ascender. Portanto, sua ascensão é função de sua própria disposição para trabalhar com aquilo que lhe é apresentado. Fazendo isso, vocês são recompensados com as funções atribuíveis a uma entidade de conteúdo evolutivo superior.

EU: Obrigado. Essa foi uma mensagem muito importante; ela precisa ser transmitida agora que foi compreendida.

O retorno e a reabsorção das entidades na Unidade

Enquanto comentava as modificações feitas no ambiente de nossa própria Entidade Fonte para auxiliar na ascensão localizada da Terra e do universo físico onde ela existe, surgiu uma pergunta importante para fazer em relação às unidades individualizadas da Entidade Fonte Onze. Ela envolve a reintegração transitória das unidades individualizadas da Entidade Fonte Onze e seu retorno de volta à coletividade, uma coletividade que asseguraria os maiores efeitos sinergéticos em todos os doze níveis, sem erros. A Entidade Fonte Onze (coletivamente como uma só) havia afirmado "como fato" que havia chamado todas as unidades individualizadas que estavam nela em coletividade para retornarem à unidade e depois voltarem a se diversificar no número correto de entidades necessárias para criar o efeito sinergético, mas os comentários não passaram deste ponto.

Portanto, eu estava muito interessado em compreender o que havia acontecido com a "individualidade" que fazia parte das entidades coletivas que foram "retrabalhadas", digamos. Por exemplo, elas simplesmente "piscaram" e sumiram da existência, perdendo tudo que haviam experimentado pessoal ou coletivamente? Ou suas essências foram mantidas de alguma forma? Eu precisava fazer esta pergunta, e fazê-la agora, especificamente porque estava começando a perceber claramente que o diálogo com a Entidade Fonte Onze (coletivamente como uma só) estava começando a terminar. Eu sentia que meu tempo com esta interessantíssima Entidade Fonte era limitado porque o vínculo, a conexão entre nós, estava começando a se tornar menos coerente. Resolvi agir rapidamente para fazer aquela que poderia ser a última pergunta importante para a Entidade Fonte Onze (coletivamente como uma só).

EU: Quase me esqueci de lhe perguntar sobre essas entidades, ou seja, todas elas que retornaram e foram reabsorvidas numa unidade antes que suas energias fossem reutilizadas no processo criativo necessário para lhe permitir criar os números requeridos para dar apoio ao efeito sinergético máximo em todos os doze níveis. Elas deixaram de existir? Suas memórias foram perdidas? Você manteve aquilo que elas "eram" para uso futuro ou simplesmente perdeu tudo isso, visando começar novamente com essa nova configuração?

SE11 (coletivamente como uma só): Nada se perde; tudo se ganha.

EU: Bem, isso é que eu chamo de resposta enigmática. Poderia aprofundar um pouco isso para mim?

Eu estava com um sorriso irônico no rosto, pois sabia qual seria a resposta!

SE11 (coletivamente como uma só): Eu não perco nada e elas não perdem nada.

EU: Gostaria de expandir essa ideia? Você está dizendo que guardou suas essências, suas memórias?

SE11 (coletivamente como uma só): Quando chamei as entidades individualizadas para a unidade, analisei as contribuições de cada uma delas isoladamente, mas em benefício do coletivo que eu era naquela época. Registrei seu trabalho: como o fizeram, como começaram, porque começaram, as estratégias utilizadas, se mudaram depois as estratégias, porque as mudaram, o que deu certo e o que foi considerado fracasso. Na verdade, registrei tudo sobre elas—o trabalho que fizeram isoladamente, na coletividade, em metaconcerto e, portanto, em sinergia. Por um momento, pensei em reproduzir apenas as entidades com melhor desempenho, clonando-as, mas então eu percebi que com isso iria deixar de lado detalhes de tudo que foi criado pelas entidades de menor desempenho, que, embora fosse insignificante em termos de conteúdo se comparado com o trabalho de maior qualidade, era significativo em termos dos detalhes menores e menos empolgantes. Portanto, cheguei à conclusão de que seria melhor criar uma memória coletiva que continha tudo que as entidades combinadas tinham experimentado, aprendido e usado para evoluir. Em essência, absorvi na coletividade tudo aquilo que cada entidade era.

EU: E o que você fez com todo esse conhecimento, que, sem dúvida, incluiu as personalidades individuais das entidades que voltaram à unidade?

SE11 (coletivamente como uma só): Como cada uma das entidades era, em essência, uma unidade individualizada de mim mesma, não vi necessidade de mantê-las na mesma configuração em termos de personalidade. Deixe-me explicar melhor. A personalidade é algo que se desenvolve quando uma entidade está separada de um grupo. É essencialmente o que acontece com a energia usada por uma entidade quando ela deseja a oportunidade evolutiva que lhe é apresentada por meio da encarnação. É, portanto, o que a humanidade experimenta quando está encarnada. É diferente do que é experimentado quando a energia é usada para criar uma entidade que faz parte de um coletivo com funções similares ou idênticas. Embora cada entidade possa ter níveis diferentes de contribuição para o coletivo em sua totalidade, todas ainda mantém a essência do que são, individual e coletivamente. Fazem isso além da necessidade de uma individualização completa, que cria o ego ou a personalidade.

Como minhas entidades não desenvolveram personalidades individualizadas, a necessidade de perpetuar a personalidade não

Além da Fonte Livro 2

existiu, e por isso fiquei com tudo o mais que haviam realizado ou estavam realizando. A seguir, decidi-me por uma progressão natural para atingir um nível momentâneo de unidade, registrando tudo, algo que é uma função padronizada de todas as Entidades Fontes e nossa razão para existir. Dei a cada uma das novas unidades individualizadas do coletivo singular tudo que havia registrado de todas as entidades que tinham voltado para a unidade. Toda entidade recebeu tudo sobre seus colegas. Criei um fac-símile completo em miniatura de meu novo eu temporário. Cada nova entidade que faria parte do novo coletivo recebeu tudo que já foi realizado, por maior ou menor que seja, não importando qual tivesse sido o papel ou as memórias desse papel; cada uma recebeu tudo.

EU: E você criou um número suficiente delas para maximizar o efeito sinergético em todos os doze níveis.

SE11 (coletivamente como uma só): Não, não foi bem assim.

EU: Como!? Eu achava que você havia dito, numa conversa anterior, que tinha criado um número suficiente para satisfazer os requerimentos para um efeito sinergético máximo em todos os doze níveis.

SE11 (coletivamente como uma só): Foi o que fiz.

EU: OK, agora estou confuso. Parece que não estou usando a sintaxe correta em minhas perguntas.

SE11 (coletivamente como uma só): Vou ajudar você. Dei às entidades a oportunidade de usarem a funcionalidade que tenho em muitas de minhas próprias funções. Uma delas foi a capacidade de se diversificarem até o número necessário para criar um grupo ou coletivo que, quando em metaconcerto, seria igual ao número ideal de entidades necessárias para se atingir o efeito sinergético máximo.

Diversifiquei-me nos números requeridos para criar os quatro níveis iniciais "apenas" em sinergia. As próprias entidades assumiram a partir desse ponto.

EU: Você está dizendo que elas se diversificaram para criar o número de entidades necessárias para atingir o número mágico da sinergia maximizada?

SE11 (coletivamente como uma só): Numa palavra, sim.

EU: E como fizeram isso?

SE11 (coletivamente como uma só): Duplicação. Não me refiro à mera duplicação de uma entidade por "x" vezes; quero dizer que as entidades entraram num estado de diversificação em grupo e não como indivíduos. Isso significa que o indivíduo se tornou um coletivo menor, um coletivo por direito próprio. O efeito da entidade singular que se tornou um coletivo enquanto era singular é que abriu caminho para contornar a lei do efeito sinergético.

EU: Não foi o coletivo tornando-se uma entidade singular com o efeito sinergético sendo restringido de alguma forma entre o próprio coletivo e o perímetro, enquanto ainda estava dentro do perímetro sendo apresentado como uma entidade singular. Logo, o efeito sinergético funcionou mas não era apresentado a qualquer coisa externa ao coletivo—ou seja, as energias sinergéticas ficam cativas dentro do perímetro da singularidade coletiva.

SE11 (coletivamente como uma só): Estou vendo que você citou aquilo que usei para descrever esse efeito antes.

EU: Foi a única maneira de poder fazer isso.

SE11 (coletivamente como uma só): Entendi. Mas o efeito que você acabou de descrever é o efeito funcional da entidade individual diversificando-se em coletividade autocontida e singular, que, por sinal, também contém entidades que se diversificaram em coletivos singulares menores do número requerido para se atingir o efeito sinergético máximo.

EU: Então, ficam todas aninhadas?

SE11 (coletivamente como uma só): Sim. Cada uma das entidades que você consegue ver nesta camada externa é o último componente no ninho de coletividade singular em metaconcerto. Cada uma delas está em uníssono e cada uma delas está trabalhando em sinergia, com o maior efeito sinergético, sem perturbar a lei sinergética. É o contorno total desta lei, e os efeitos de oportunidade evolutiva estão situados atualmente além do meu nível de computação.

O que nos traz de volta ao ponto onde estávamos antes.

Preciso computar com precisão os níveis sinergéticos de eficiência atingidos dentro desta configuração atual. Agora, este é o meu trabalho mais urgente, pois A Origem está muito interessada nos efeitos sobre sua aceleração evolutiva e eu estou muito interessada no que posso realizar quando uso esta configuração em sua capacidade máxima.

Você foi afortunado por ter mantido comunicação comigo neste ponto de minha existência. Foi mais afortunado ainda por ter ajudado também. Esta assistência, mesmo pequena e de passagem, foi muito útil, e lhe agradeço por ela. Agora, PRECISO deixá-lo, pois tenho o que você chamaria de vários de seus milênios para calcular minha nova capacidade.

Agora, vou deixá-lo.

Mas saiba de uma coisa:

Vamos voltar a nos falar, pois você comungará com A Origem de maneira muito concentrada em breve, e nesse processo estará comungando com todas as Entidades Fontes em certos pontos do diálogo. Não se apresse; vá com calma, pois há muitas informações que a humanidade encarnada precisa contemplar. Deixo-o agora com a saudação de uma das áreas mais iluminadas da Terra: Namaste!

E foi isso. A Entidade Fonte Onze (coletivamente como uma só) cortou seu vínculo de forma eficiente, exceto por um fio muito pequeno. Segui-o, pois presumi que seria necessário para minha comunicação espontânea com ela durante a comunicação com A Origem. Mas estava enganado; senti que não seria mais necessário, pois neste diálogo foi estabelecido um vínculo permanente entre mim e a Entidade Fonte Onze (coletivamente como uma só. Percebi ainda que eu tinha um vínculo permanente com todas as outras Entidades Fontes com quem havia me comunicado anteriormente. Não eram vínculos sólidos; eram vínculos entre amigos—informais, instantâneos, amáveis, atenciosos, poderosos e sábios. Eu estava maravilhado. Segui o pequeno fragmento de vínculo que a Entidade Fonte Onze (coletivamente como uma só) havia me deixado. Vi todas as entidades que eram as unidades individualizadas de coletividade singular em metaconcerto. Em seu efeito sinergético pleno, pareciam ser lampejos de luz numa velha e imensa tela de computador, cada uma piscando e relampejando em singularidade e em sincronicidade. Grandes ondas de luz piscando e fluindo em todos os doze níveis. A Entidade Fonte Onze (coletivamente como uma só) não perdeu tempo. Diante dos meus próprios olhos, ela estava calculando sua nova capacidade sinergética. Mais uma vez, fiquei maravilhado!

Capítulo Seis
A Entidade Fonte Doze desperta

Tendo encerrado a comunicação com a Entidade Fonte Onze (coletivamente como uma só)—por enquanto, anotei mentalmente— dirigi minha atenção para a Entidade Fonte Doze, a última das Entidades Fontes, aquela que não havia se tornado autoconsciente. Flutuei mentalmente—aquele espaço que, conforme descobri, era para onde eu ia quando estava fora do corpo e me comunicava com essas entidades que estão fora das frequências associadas com a parte energética de meu corpo encarnado. Pelo menos, era uma parte minha da qual eu tinha consciência. Esse "espaço" era aquele que eu usava para viajar para fora da Entidade Fonte Um, aquela com que eu me considerava associado, embora energeticamente eu esteja ficando cada vez mais consciente de que não estou necessariamente associado com a Entidade Fonte à qual me refiro carinhosamente como a Entidade Fonte/Entidade Fonte Um/Deus.

Será que eu estava delirando? Achei que não, mas quem sabe como é a realidade quando se está cativo do ato da encarnação? Quando descobrimos nossa herança energética, ficamos mais e mais críticos de nosso estado mental, e eu estava me assegurando de que me encontrava num campo energético. Mas por mais que eu me analisasse, senti simplesmente que parecia correto estar onde eu estava, fazendo o que eu estava fazendo e falando ao mundo sobre isso. Mas uma coisa era certa: eu estava começando a perder quaisquer inibições sobre revelar minha capacidade e meus diálogos com essas Entidades Fontes que são as criações de A Origem. Este era um conhecimento antigo que precisava ser divulgado. A humanidade precisava ter estas informações com urgência.

Olhei à minha volta e vi as outras Entidades Fontes ao meu redor. Elas e suas entidades estavam "fazendo suas coisas" pela evolução de A Origem, e estavam se esforçando muito e fazendo tudo muito bem. Focalizei a Entidade Fonte que ainda não havia iniciado sua jornada evolutiva, a Entidade Fonte que eu já havia chamado de Entidade Fonte Doze. Visto de fora, seu perímetro energético parecia descontrolado. Ondulava como se estivesse travando uma batalha consigo mesma, como duas substâncias químicas misturadas num frasco selado e que aparentemente não se misturavam, esforçando-se desesperadamente para se distanciar uma da outra.

Movi-me em sua direção, e A Origem me disse para ser gentil em minha abordagem e métodos de comunicação com esta Entidade Fonte infantil. Sondei-a suavemente, imaginando como seria sua sensação energética. Quando estava quase me afastando, percebi que houve um surto de energia, como se algum tipo de foco tivesse sido aplicado às energias que existiam dentro da Entidade Fonte Doze. Senti dimensões, componentes subdimensionais, frequências e espaços de eventos, além de milhares de outras energias que não identifiquei, todas alinhadas como se estivessem de prontidão. Subitamente, ela ganhou estrutura, propósito, incentivo, iniciativa, desejo e foco!

A seguir, percebi que fui afastado gentilmente por um poder enorme, imenso. A Origem havia entrado em ação e assumido o controle da Entidade Fonte Doze. Um enorme cordão umbilical de energia, um enorme vórtice apareceu do nada e envolveu a Entidade Fonte Doze. Eu tinha visto essa imagem antes. Ela me fora passada por alguma das outras Entidades Fontes para explicar como A Origem iniciou o contato com elas quando se tornaram autoconscientes. A Origem estava em comunicação com a Entidade Fonte Doze. Durante a comunicação, o cordão umbilical energético—o imenso vórtice de energia que envolveu a Entidade Fonte Doze em sua totalidade— pulsou com energias que não eram nem um pouco parecidas com aquelas que eu tinha experimentado nos meus diálogos com as outras Entidades Fontes—nem mesmo com a própria Origem. Observei tudo maravilhado, a boca aberta, atônito diante do magnífico quadro que estava testemunhando—A Origem em contato direto e íntimo com uma de suas criações visando educá-la, informá-la da razão e do propósito para sua existência. Fiz uma pergunta para A Origem.

Prelúdio ao contato com a Entidade Fonte Doze
EU: Estou totalmente maravilhado diante da honra que você me concedeu.

O: Explique, por favor.

EU: Testemunhar o primeiro contato com uma Entidade Fonte que desperta.

O: Ah, sim, bem. Na verdade, não foi o primeiro contato, pois este aconteceu há algum tempo.

EU: Então, o que estou testemunhando?

O: Exatamente o que você descreveu. Estou dizendo à Entidade Fonte Doze por que ela existe. Este, no entanto, é o contato secundário; só posso fazê-lo depois que ela "acorda", digamos. O contato inicial foi para saber se o processo de despertar estava iminente, e estava—há vários bilhões de anos, segundo sua contagem. Eu gostaria que você não precisasse usar o tempo como métrica, mas é a única maneira pela qual posso descrever o momento do espaço de eventos para você. Naquele ponto, percebi que as energias da Entidade Fonte Doze estavam se alinhando com a configuração necessária para que ela se tornasse autoconsciente.

Além da Fonte Livro 2

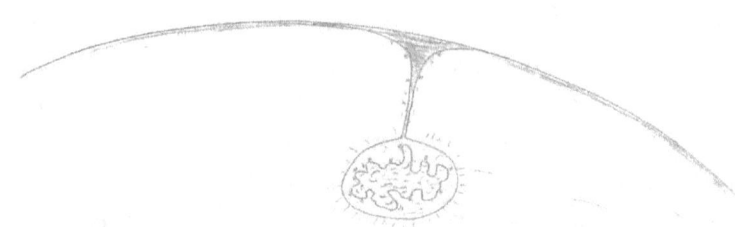

Figura 1: O contato inicial de A Origem com a Entidade Fonte Doze

Há alguns momentos, calculei o próximo ponto, o do despertar propriamente dito: o espaço de eventos do contato secundário. Depois de calcular esse ponto, trouxe você até ele. Vejo que vou precisar acelerá-lo, pois você ainda está se esforçando para acompanhar o que está acontecendo aqui.

EU: Pode apostar que sim.

O: E esta não é a primeira vez que você vê isto.

EU: Nãoooooo? Por favor, diga-me. Sou todo ouvidos.

O: A Entidade Fonte Doze tornou-se consciente há algum tempo— alguns milhões de anos em sua linguagem.

EU: E por quê continuo a ver imagens dela em seu estado pré-consciente?

O: Simplesmente porque você foi atraído para aquele espaço de eventos. Foi uma coisa que você desejou subconscientemente, ou seja, seu eu superior ou energético levou-o até lá. Ele também teve o efeito de tornar a imagem completa segundo a perspectiva educacional da humanidade. O processo de despertar experimentado por uma Entidade Fonte é um evento especial a se observar; a Entidade Fonte

Doze foi a última Entidade Fonte a passar por ele, e por isso foi uma escolha óbvia ser levado até lá—especificamente porque a Entidade Fonte Doze ainda se encontra num estado de existência um tanto infantil e "novo".

EU: Mas mesmo a minha própria Entidade Fonte, ou, devo dizer, aquela Entidade Fonte que atualmente chamo de minha, concordou que a Entidade Fonte Doze ainda não havia se tornado consciente quando eu estava digitando os diálogos que se tornaram A História de Deus! O que está acontecendo aqui?

Fiquei um pouco perturbado por ver que até meu eu energético maior e superior pareceu estar planejando e fazendo coisas sem que eu soubesse. Mas suponho que eu deveria ter esperado isso.

O: Sua Entidade Fonte viu onde você estava, em termos de espaço de eventos, e concordou com o que você estava vendo. Atualmente, você está se movendo pelo espaço de eventos de maneira descontrolada. Você não está nem ciente de que está fazendo isso. Embora seja uma coisa que você faz naturalmente no plano energético, esta parte de você que está encarnada resolveu assimilar esse conhecimento numa data posterior à sua encarnação. Só posso lhe dizer isto agora porque você acumulou experiência suficiente para poder entender o que está acontecendo com você quando eu/nós, ou seja, as outras Entidades Fontes, lhe dizemos. Quando você viu a Entidade Fonte Doze em seu estado pré-desperto, você estava naquele espaço de eventos específico e não em seu atual espaço de eventos. Numa tentativa de manter as coisas simples para você, sua Entidade Fonte, a Entidade Fonte Um, simplesmente concordou com aquilo que você viu e poupou-o da necessidade de compreender aquilo que teria dificuldade de compreender naquele momento de seu próprio despertar—seu espaço de eventos daquele momento. Segundo sua perspectiva, aquilo que você estava vendo era verdade porque você estava "dentro" daquele espaço de eventos.

EU: Então, onde estou agora em termos do espaço de eventos?

O: Em essência, você está num espaço de eventos fora daquele em que seu corpo físico existe atualmente. A Entidade Fonte Doze já está autoconsciente há algum tempo em seu "atual" espaço de eventos. Este espaço de eventos onde estamos agora é aquele espaço de eventos que contém seu despertar. Você está aqui para testemunhar seu despertar. Depois disto, podemos passar para o atual espaço de eventos que a Entidade Fonte Doze está experimentando e começar o diálogo.

Tudo estava começando a fazer sentido novamente. Fiquei aliviado, pois isso significa que as coisas foram, em alguns aspectos, preparadas para mim (ou, às vezes, para meu eu superior) em vez de eu estar no lugar certo na hora certa. Sendo o espaço de eventos como ele é, eu poderia testemunhar qualquer evento que desejasse e realmente "estar lá" enquanto as coisas aconteciam, o que naturalmente estava acontecendo! Senti-me muito mais confortável com isto, pois significa que eu não estava alucinando e nem introduzindo fantasias ou ficção. Tudo era meramente uma função da realidade maior—uma realidade maior que, no meu estado encarnado, mostra que sou apenas um pobre principiante. Minha sanidade foi mantida—ufa!

EU: OK, agora que estou atualizado, você quer me deixar descrever o resto do evento?

O: Prossiga. É importante que você coloque em suas próprias palavras, pois você colherá informações que não são descritíveis instantaneamente.

EU: Obrigado.
Resolvi voltar ao modo narrativo.

Tornei a focalizar a imagem onde a Entidade Fonte Doze estava, naquele que agora eu sabia que era o segundo contato com A Origem—aquele em que a Entidade Fonte Doze está sendo educada sobre seu papel e a razão para sua existência. Vi-me nesse espaço de eventos.

"Então, é assim que nos movemos de um espaço de eventos para o outro", pensei, mas A Origem me disse que esse método só se aplica se você sabe aonde está indo, e não se aplica a viagens aleatórias entre espaços de eventos.

"Mas é um bom começo", pensei.

Diante dos olhos da minha mente estava o grande e indescritivelmente vasto cenário da área de autoconsciência de A Origem. À distância, estava a Entidade Fonte Doze. Ela estava ligada à Origem por um "cordão" umbilical energético, o vórtice de energia que A Origem usava para envolver as Entidades Fontes, isolando-as do ambiente que era a área de autoconsciência de A Origem e educando as de forma intensiva. A energia pulsava através desse vórtice umbilical. Quando as informações que continham a educação da Entidade Fonte Doze eram transmitidas, ele mudava de cor, de intensidade energética, de frequência, dimensionalidade e milhares de outras energias das quais eu sequer suspeitava, mas mesmo assim conseguia sentir. A Entidade Fonte Doze brilhava com uma iridescente cor dourada.

A Entidade Fonte Doze tinha acabado de se tornar consciente de si mesma quando A Origem entrou em contato com ela. Subitamente, suas energias se alinharam e se estruturaram para permitir que surgisse o pensamento inteligente e independente—a energia nascida na senciência. Enquanto observava o processo de educação, percebi que embora esta recém-consciente Entidade Fonte estivesse recebendo o repositório de tudo que A Origem sabia—e que incluía todas as experiências, aprendizado e conteúdo evolutivo reunido pelas outras onze Entidades Fontes até então—isso não lhe deu maturidade. A maturidade seria algo em que ela mesma precisaria trabalhar como parte de seu próprio trabalho evolutivo.

Enquanto observava esse evento tão profundo, percebi que a Entidade Fonte Doze estava agindo como uma esponja de memórias, absorvendo todo o conteúdo e usando todos os canais sensoriais de que dispunha para assimilar aquilo que estava recebendo. Enquanto captava essas informações, ela ondulava, girava e se retorcia, tremendo e meneando-se enquanto ainda estava presa às energias do vórtice umbilical que A Origem havia criado para dar início a esse processo de comunicação tão importante. O movimento observado não era fruto de resistência, apenas a resposta ao trabalho, à experiência e à compreensão das informações que estava recebendo— acelerando-se com o mais recente conteúdo evolutivo.

Enquanto absorvia essa torrente de informações indescritivelmente grande, sua estatura estrutural cresceu e sua assimilação dos dados ficou mais organizada. Com a organização, seu exterior tornou-se mais calmo e as ondulações foram diminuindo e diminuindo até ela vibrar com uma vibração fina e constante diante do deleite e da alegria diante do que estava recebendo. Finalmente, as informações que estavam sendo baixadas para as energias que constituíam a Entidade Fonte Doze foram concluídas e o vórtice umbilical retraiu-se nas energias de fundo que eram a área de autoconsciência de A Origem.

Toda aquela iridescência envolvendo a Entidade Fonte Doze diminuiu, e ela flutuou diante de mim. Uma esfera perfeita de energia estruturada—com uma superfície energética externa acinzentada, opaca mas brilhante, parecida com a tensão superficial que vemos em gotículas de água—tinha substituído a porção desorganizada e desestruturada de energia que era a Entidade Fonte Doze antes de manter contato direto com A Origem. A esfera representava a forma neutra exibida pela energia organizada antes de receber propósito e direção por aquilo que está na senciência.

Sentei-me em silêncio diante do meu computador, quieto, maravilhado e encantado com o que tinha acabado de presenciar—sabendo plenamente que as palavras que tinha acabado de digitar seriam, na melhor das hipóteses, inadequadas para descrever o que havia visto, sentido e experimentado em todos os níveis. Meu idioma era simplesmente incapaz de ser usado como ferramenta de comunicação neste caso. A telepatia teria sido melhor, mas não muito. Decidi me assegurar de que a gravação das energias que recebi nesse evento tão importante estariam embutidas no texto que eu estava digitando para que o leitor tivesse uma impressão, por menor que fosse, de toda a carga sensorial que eu tinha experimentado durante essa observação.

Foi como ser varrido por um tornado e revirado pela imensa força de seu vento, mantendo-me totalmente seguro, simplesmente observando e desfrutando o evento, sem tempo ou capacidade para assimilar ou compreender o que estava sendo experimentado. Olhando para dentro da Entidade Fonte Doze, vi que ela estava sendo compartimentalizada, e cada compartimento representava aquilo que lhe havia sido dado por A Origem, inclusive as experiências, o aprendizado e a evolução de cada Entidade Fonte. Percebi que todas as outras Entidades Fontes tinham uma disposição similar em alguma parte de suas energias.

Figura 2: A forma progressiva da Entidade Fonte Doze enquanto estava sendo educada por A Origem (da esquerda para a direita)

EU: Posso me comunicar com ela agora?

O: Pode, mas seja brando em sua abordagem, pois ela ainda não está acostumada a manter contato com outra entidade além de Mim.

Contato inicial com a Entidade Fonte Doze
Entrei suavemente em suas energias, ultrapassando a periferia de seu limite energético, o limite que designava a diferença entre a área de autoconsciência de A Origem e essas energias que foram atribuídas à entidade que era a Entidade Fonte Doze.

SE12: Quem é você? O que é você? Você não faz parte de mim. Por que você está aqui? Não reconheço a sua energia. Você tem a assinatura do meu criador, mas não é meu criador. Acabei de conhecer meu criador, e você não é ele, mas você é ele. O que é você? Como você consegue entrar nas minhas energias sem que eu o detenha? Isto é muito perturbador. Não estou contente com esta condição.

Criador, o que é isto? O que está acontecendo?

O: Fique calmo, meu filho, pois o que está dentro de você também é uma de minhas criações. Somos um com ele e ele é um conosco, embora também tenha singularidade, como você.

SE12: Mas ele é tãoooo . . . pequeno! Como algo tão pequeno pode ter suas energias?

O: Lembre-se do começo!

Identifiquei um comando nessas palavras. Com esse comando, a Entidade Fonte Doze recolheu-se momentaneamente e voltou. Ela estava muito mais feliz quando tornou a falar.

Além da Fonte Livro 2

SE12: Ele é do OM. Compreendo. Mas eu não tenho OM. Ele será o meu OM?

O: Não, ele não será o seu OM, pois ele independe da necessidade de estar associado a determinada Entidade Fonte. Ele é amado pelo OM, é Puro do OM, é da manifestação original e é independente.

SE12: E ele quer comungar comigo por algum tempo?

O: Quer, e vai seguir você em certos espaços de eventos que estão próximos deste.

SE12: Ele pode fazer isso? Puxa, vai ser divertido. Eu desejo me mover pelo espaço de eventos. Isso me interessa.

O: Bom, é bom ter um interesse inicial; isso lhe dá propósito e ideias sobre o que você vai fazer para apoiar seu crescimento evolutivo.

SE12: Gosto da evolução. Parece ser divertido. Esta entidade dentro de mim, esta energia OM, quer comungar comigo?

O: Quer.

SE12: Quando isso vai começar?

O: Pode começar agora.

EU: Sim, posso começar agora, se você quiser.

SE12: Oh, que estranho, eu consigo entendê-lo.

O: É claro. Sua intenção é comunicada em sua própria linguagem, que é captada por você como uma comunicação energética padrão.

Além da Fonte Livro 2

EU: Como isso funciona?

O: Sua intenção é irradiada por seu eu energético e não por seu eu físico. Seu eu energético comunica-se pelos canais comuns de frequência usados para comunicação. Enquanto você está no energético, você se comunica em TODOS os níveis sensoriais, e é isso que você usa enquanto se comunica comigo e com as Entidades Fontes. Este método de comunicação por banda larga é reduzido quando desce pela cadeia energética entre o seu eu energético e aquela sua parte que está encarnada. Finalmente, é representado pela palavra falada, pelos cinco sentidos, inclusive os canais telepáticos e empáticos que também incluem o psicométrico e as reações da clariaudiência, da clarividência e da clarissenciência.

EU: Agradeço sua explicação. Entidade Fonte Doze, posso chamá-la de Entidade Fonte Doze, pois é assim que eu a identifico?

SE12: Pode. Devo dizer que acho isso tudo bastante empolgante, agora que sei o que está acontecendo. Você é a primeira comunicação real que tive com qualquer outra entidade além do meu criador, A Origem.

EU: Bem, você também vai ficar feliz em saber que estamos rodeados pelas outras onze Entidades Fontes que estão observando com olhos bastante interessados.

SE12: Oh sim, vejo-as todas. Elas também vão se comunicar comigo?

O: Mais tarde. A sua meta atual é a comunicação com esta entidade menor.

SE12: OK, então, vamos começar.

Começa o diálogo com a Entidade Fonte Doze

Senti-me um pouco hesitante. Não foi uma sensação que tive, pelo menos, não neste nível, quando pensei em começar o diálogo com as outras Entidades Fontes até então. Foi uma sensação diferente, e por isso resolvi investigá-la. Enquanto contemplava esta sensação hesitante, vi-me num estado semimeditativo. Removendo minha fisicalidade, consegui identificar minha hesitação. Foi a falta de direção. Não, a falta de dados é que estava me afetando. Para todos os efeitos, a Entidade Fonte Doze era uma entidade recém-nascida. Durante o processo de educação da SE12, A Origem deu à SE12 amplas informações sobre ela mesma e as outras Entidades Fontes, mas a SE12 ainda não tinha feito nada sozinha.

Fiquei travado. Sobre o que deste omniverso poderíamos falar? Desde o começo deste trabalho, eu sabia que as outras Entidades Fontes tinham tido algum tipo de existência independente e consciente por um bom tempo. Tinham criado, realizado, modificado, tornado a realizar, nutrido, experimentado, aprendido e evoluído. Tinham dados para discutir, mas a Entidade Fonte Doze não tinha—até então, pelo menos. Analisei mais a fundo a questão.

Relaxando na minha cadeira, recebi algumas imagens de experiências que teríamos juntos durante nosso período inegavelmente breve de existência juntos. Percebi que eu estava entrando em diferentes espaços de eventos e vendo aquilo que iríamos experimentar juntos. Reconfortado por esta "premonição", minha hesitação se dissipou e eu voltei ao meu papel de entrevistador. Procurei a Entidade Fonte Doze e iniciei o contato. Este começou com uma pequena surpresa!

SE12: Onde você estava?

A Entidade Fonte Doze soou como um estudante petulante!

EU: Como? Oh, desculpe! Estava pensando no que poderíamos discutir. Para ser sincero, achei que isto seria realmente difícil, especificamente porque você ainda não "fez" nada que eu possa ver. Sinto-me um pouco como um peixe fora d'água aqui porque as outras Entidades Fontes tinham uma história, digamos, com a qual eu podia trabalhar.

SE12: O que são esse peixe e essa água?

EU: Se quiser, você pode obter acesso às minhas energias e absorver aquilo que acumulei na minha existência. Quero dizer, em "TODA" a minha existência.

SE12: Ah, sim! Entendi. Você está fora de seu ambiente conhecido, mas este é apenas um ambiente transitório. Que interessante. Você gosta de estar num ambiente. Minhas colegas gostam de estar num ambiente. Entendi agora. Mas não é necessário ter um ambiente, é?

EU: Isso depende de como se quer limitar a si mesmo e com o que se sente confortável—ou se, de fato, considera limitadora a associação com um ambiente, o que eu não considero.

Eu iria conhecer a importância do que estava sendo dito aqui mais tarde—perto do final do diálogo.

SE12: Creio que um ambiente pode ser uma limitação, mas percebo que você acharia isso um enigma interessante.

EU: Por que você acha que estar num ambiente, um ambiente multiversal, seria um enigma?

SE12: Porque não vejo a necessidade dessa função.

Além da Fonte Livro 2

EU: Estou tendo dificuldades para lidar com seu processo mental. Pode explicar melhor? Pode me ajudar?

SE12: Percebo que terei de usar suas próprias memórias para ajudar a explicar o que penso e sinto.

EU: Por favor, faça isso. Você tem passe livre; por favor, sinta-se à vontade para ter acesso à minha história em qualquer momento—toda a minha história, desde a minha criação até eu me tornar autoconsciente e aquilo que realizei até agora. Tem minha permissão. Não precisa perguntar novamente. Dou-lhe estas informações livremente.

SE12: Agradeço. Vou absorver aquilo que você é, embora esteja percebendo que já tenho essa informação. Mmmm, interessante. Ah, sim, é claro. Faz parte dos dados que me foram passados como parte do processo educativo de A Origem. Tenho nas minhas energias e memória toda a experiência, aprendizado e conteúdo evolutivo de todas as Entidades Fontes, e elas estão me experimentando neste momento, assim como A Origem. De agora em diante, não terei necessidade de ter acesso a você, pois sei tudo a seu respeito graças ao que A Origem me passou. Só preciso olhar para mim mesma para ver você. Mmmm, você não é o que parece, mas é! Você é um enigma. Decidi que gosto de enigmas. Gosto de você. Podemos trabalhar e brincar juntos por algum tempo, se você quiser.

EU: Sinto-me honrado.

SE12: Mas vejo que já estamos trabalhando juntos. Você está me perguntando porque não vejo necessidade de ter um ambiente.

EU: Estou. Estou muito interessado nesse ponto de vista, esse processo mental.

SE12: Creio que você vai ficar desapontado, pois não tenho uma razão real para pensar desta maneira. É que eu vejo meus irmãos? Minhas irmãs? Seria a palavra certa?

EU: Na verdade, acho que é a ideal.

SE12: Muito bem, vejo meus irmãos contentes em fazer o que estão fazendo dentro das limitações dos ambientes que construíram para eles mesmos. Sinto que é uma coisa limitadora. Não sei porquê. Só penso e sinto que é assim. Vou precisar pensar melhor nisso.

EU: Bem, tenho de lhe dizer que essa resposta que você me deu é muito boa, e consigo compreendê-la. Não é preciso ter uma explicação para aquilo que sentimos. Também posso ver que, para todos os efeitos, você pode querer fazer alguma coisa de maneira diferente do que já foi feito ou está sendo feito por... seus irmãos, digamos assim.

SE12: Não me incomoda muito o que fizeram—interessa-me mais o que sei que quero fazer da minha existência. Neste momento, não tenho certeza do que quero fazer. Terei de pensar nisto. Desculpe, com licença.

Com esse comentário, a Entidade Fonte Doze desapareceu da minha visão energética. Foi estranho. Por que ela precisou desaparecer? Estava pensando que teria tempo para beber alguma coisa quando a Entidade Fonte Doze retornou.

SE12: Me desculpe por isso. Eu precisei pensar no que quero fazer.

EU: Ah, então foi por isso que você desapareceu. Você quis ficar sozinha com seus próprios pensamentos.

SE12: Sim, e isso me tomou algum tempo. Pensei no que eu preciso experimentar.

EU: E?

SE12: Resolvi que preciso experimentar muitas coisas antes de poder começar meu trabalho, que será minha própria maneira de ajudar A Origem a evoluir.

Subitamente, fiquei com uma abelha no boné, digamos. Eu precisava fazer uma pergunta para confirmar uma ideia que me ocorreu no período (de tempo) que a Entidade Fonte Doze levou para chegar à decisão que obviamente ela havia tomado.

EU: Você disse que levou algum tempo para descobrir o que precisava experimentar. Exatamente quanto tempo você levou? Pode usar a métrica utilizada pela humanidade, se quiser, pois embora não faça sentido segundo sua perspectiva, é uma coisa que eu e meus leitores vamos entender.

SE12: Resolvi entrar noutro espaço de eventos para poder ter tanto o "tempo" para analisar aquilo que eu precisaria experimentar quanto a manutenção da "linha do tempo" para assegurar a continuidade deste diálogo.

EU: Ah, sim, imaginei que você teria feito isso. E quanto tempo você passou analisando suas futuras experiências?

SE12: Vários, deixe-me ver, milhões do que você chama de milênios.

EU: Vários milhões de milhares de anos? (Isso também não me pareceu certo, caro leitor.)

SE12: Sim. Fui muito cuidadosa. Pensei muito nisso.

EU: Dá para ver que nesse período de tempo dá para pensar muito naquilo que irá experimentar.

SE12: Mas não pareceu ser um tempo muito longo. Não senti esse tempo passar.

EU: Sim, entendo que você possa ver as coisas dessa forma. Mas o que você precisa saber, e tenho certeza de que sabe, é que o gênero de seres com os quais estou associado atualmente está apenas começando a perceber que o tempo não existe como meio quantificável. Só aqueles que estão se tornando espiritualmente despertos, e talvez cientistas teóricos que estão começando a perceber o que é a realidade maior graças a seus próprios experimentos em física teórica, estão percebendo que o tempo não existe na realidade maior. A grande maioria da humanidade encarnada considera o tempo uma dimensão.

Humor como meio de comunicação

Com isso, ouvi a Entidade Fonte Doze rir. Isso me surpreendeu, pois simplesmente não esperava que ela fosse responder dessa maneira.

SE12: Desculpe, desculpe, desculpe! Sinto muito. Mesmo neste meu estado imaturo em termos da minha evolução, percebo que isso não faz sentido. Não é à toa que a humanidade se encontra nesse estado. Puxa, acabei de perceber uma coisa. Isso me fez rir. Gostei da justaposição disso que você me disse—que uma coisa que não existe pode ser considerada um componente importante na constituição de A Origem. Engraçado! Foi MUITO engraçado. Então é isso que faz vocês rirem, o humor. Gosto do humor. É divertido.

Recebi uma imagem da Entidade Fonte Doze em termos bem humanos; ela se deu um rosto—jovem mas velho, imaturo mas sábio, poderoso mas gentil, com um grande sorriso.

EU: Fico contente por você gostar de humor. É uma coisa de que eu também gosto. Sinto que tudo em A Origem tem seu próprio humor.

SE12: Tem sim. É um conceito importante para se trabalhar, compreender e usar. É um "alívio" usar tal meio de comunicação.

EU: Nunca pensei no humor como meio de comunicação.

SE12: Mas é. É um dos métodos de comunicação mais importantes e bem-sucedidos.

EU: No planeta de minha encarnação atual, temos comediantes que contam piadas.

SE12: Ah sim, percebo. Não, não era nesse tipo de humor que eu estava pensando quando disse que ele era um importante meio de comunicação. O que eu quis dizer é que ele é um dos meios mais eficientes para nos comunicarmos, especialmente para aqueles que estão nas frequências inferiores, pois torna a informação sendo transmitida mais atraente e, com isso, aceita e assimilada mais facilmente.

EU: Chamamos isso de tornar o trabalho divertido!

SE12: Mas o que é divertido não é bem-humorado?

EU: Imagino que sim. Nunca havia pensado nisso dessa maneira.

SE12: A diversão é divertida, e humor é outra forma de dizer divertido, não é?

EU: Sim, e se eu for mais longe, divertir-se enquanto se trabalha torna o trabalho mais interessante, mais palatável. Torna-o desejável.

SE12: E é o aspecto desejável do humor que se traduz nas informações que estão sendo transmitidas, tornando-as fáceis de serem recebidas e compreendidas e um prazer em se trabalhar.

EU: Uau! Quando foi que você se tornou uma especialista em humor?

SE12: Faz parte das informações que A Origem me deu quando me educou.

EU: Sim, é claro. Estava me esquecendo de que agora você tem em suas energias TODAS as informações reunidas até hoje pelas outras Entidades Fontes e por A Origem.

SE12: Sim, isso é muito útil, mas também é um claro lembrete de que preciso começar a me dedicar ao meu próprio trabalho.

A Entidade Fonte Doze começa a trabalhar e me convida para acompanhá-la!

EU: Antes de mantermos um breve interlúdio e falarmos sobre o humor como meio de comunicação, estávamos falando da lacuna anterior em nosso diálogo, na qual você entrou noutro espaço de eventos para poder determinar sua estratégia evolutiva. Você não levou mais do que um minuto do meu tempo, mas disse que levou o equivalente a milhões de milênios em seu processo de decisão.

SE12: Sim. Estava levando muitas coisas em consideração.

EU: E no que você pensou? Deve ter sido muita coisa, porque você levou um bom tempo.

SE12: Na verdade, levei um múltiplo do tempo que mencionei.

EU: Poderia me explicar melhor?

SE12: Sim. Eu estava usando o espaço de eventos com um método que você chamaria de paralelo; um processamento paralelo, como você diria.

EU: Você está dizendo que estava considerando tudo de forma múltipla?

SE12: Não, eu estava economizando tempo, digamos. Vi quanto trabalho precisaria fazer e resolvi usar o espaço de eventos de um modo que me permitiu fazer certos percentuais do trabalho em diferentes espaços de eventos ao mesmo tempo.

EU: Quantos espaços de eventos você usou?

SE12: Doze. Um para cada uma das Entidades Fontes e uma para as informações que me foram dadas por A Origem sobre A Origem.

EU: Eu não sabia que uma entidade podia usar um espaço de eventos dessa maneira. Eu achava que criávamos uma nova versão de espaço de eventos sempre que chegávamos perto de tomar uma decisão importante. Mas me parece razoável.

SE12: É mais do que razoável; é uma maneira totalmente prática de produzir mais. Vou prosseguir.

EU: Por favor, faça-o.

SE12: Portanto, levei aquele tempo para digerir aquilo que seria necessário de cada uma das Entidades Fontes para compreender o que haviam realizado, no que estavam trabalhando e o que foi planejado por elas. Armado com estas informações, pude realizar meu próprio planejamento e determinar o que eu iria querer experimentar e aprender e como ia querer evoluir, evitando qualquer duplicação do trabalho das demais.

EU: Eu teria esperado uma pequena porcentagem de duplicação, não uma duplicação total, mas um pouco—como, por exemplo, na estrutura do ambiente que você está planejando criar, se é que, de fato, você está criando um.

SE12: Resolvi que não haveria duplicação e que aquilo que eu faria seria tanto novo quanto inovador.

EU: Quando você pretende começar o seu trabalho?

SE12: Antes, preciso fazer algumas coisas básicas—principalmente do lado experimental—mas o verdadeiro trabalho vai começar de fato depois que terminarmos nosso diálogo. Mas você será bem-vindo se quiser me acompanhar em algumas das coisas que decidi experimentar antes de começar.

Neste ponto do diálogo, resolvi reservar alguns momentos para uma meditação contemplativa. Que eu soubesse, nenhuma outra Entidade Fonte havia usado um espaço de eventos num processamento paralelo. Viajar entre eventos, sim; usá-los para trabalhar em alguma coisa enquanto conversavam comigo, sim; mas não desta maneira, porque isso exigia que a Entidade Fonte em questão se dividisse entre os diversos locais de espaços de eventos para fazer o trabalho. Isso seria uma "primeira vez" para a Entidade Fonte Doze, e tive a impressão de que ela continuaria a preencher a lista de "primeiras vezes" ao longo de sua existência. Ela simplesmente não parecia ter qualquer forma de pensamento limitador. Isso levou minha atenção de volta ao diálogo que estávamos mantendo.

SE12: Quero experimentar tantos espaços de eventos quantos eu puder. Quero me mover entre eles tão depressa que isso vai borrar seus limites e me fazer experimentar um imenso espaço de eventos. Posso levá-lo comigo nesse passeio, se você quiser.

Além da Fonte Livro 2

EU: Sim, por que não? Será uma experiência.

Segurei-me firme em minha mente. Eu não tinha ideia do que poderia esperar.

De repente, percebi uma sensação imensa de movimento sem movimento, aceleração sem aceleração, de estar num lugar que não tinha posição. Com o olhar da mente, vi imagens, uma grade de 3.600 por 3.600 imagens. Podia ver aquilo que estava à minha frente e atrás de mim, acima e abaixo de mim, à esquerda e à direita ao mesmo tempo. Era como uma visão periférica à minha volta. Movemo-nos de imagem em imagem, cada vez mais depressa. Cada imagem era um espaço de eventos, não meu, especificamente, mas um espaço de eventos qualquer. Não havia discriminação quanto à direção ou ao originador dos espaços de eventos que atravessávamos. Os espaços de eventos eram de todas as Entidades Fontes e das entidades que elas criaram, inclusive os espaços de eventos criados por A Origem. Estávamos zunindo para baixo, ao redor, através, para cima e para baixo no espaço de evento.

A sensação foi imensa. Eu estava vendo civilizações baseadas em sóis, nebulosas, dimensões, continuum, frequências e até em espaços de eventos, e depois estávamos noutro lugar, vendo outros eventos, lugares, ambientes, mudando de direção cada vez mais rapidamente, de forma totalmente aleatória.

"Uhú!" *ouvi a Entidade Fonte Doze dizer.*

"Algumas coisas são as mesmas em qualquer idioma e com qualquer entidade", *pensei.*

Agora, estávamos nos movendo mais depressa, tão depressa que eu não consegui acompanhar o que estava vendo. Meu processador mental estava sobrecarregado. Nesse momento, tive a impressão de que paramos.

Não, não paramos. Senti que tinha acabado de acontecer alguma coisa especial. A Entidade Fonte Doze se manifestou.

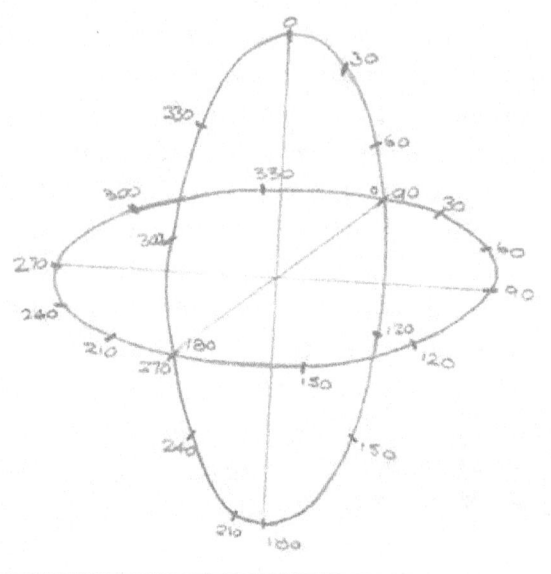

Figure 3: Imagem conceitual de uma bússola de 360 x 360 graus para ilustrar a capacidade visual dos meus "olhos mentais"

SE12: Consegui.

EU: O que você conseguiu?

SE12: Estamos nos movendo numa velocidade que nos permite atravessar todos os espaços de eventos ao mesmo tempo.

Tínhamos atingido alguma espécie de velocidade terminal. Tudo parecia ser tudo, e parecia ser outra coisa. Tudo era a mesma coisa,

Além da Fonte Livro 2

embora eu soubesse que era diferente. Era separado; era junto separadamente. Onde foi mesmo que usei essa frase pela última vez?

Eu estava pasmo.

De repente, tudo ficou branco.

SE12: Aquilo que você consegue perceber—e que, por sinal, não é tudo, pois você não conseguiria lidar com isso—é a imagem criada quando atravessamos TODOS os espaços de eventos ao mesmo tempo. Estamos experimentando cada um dos espaços de eventos criados por cada uma das entidades, todos ao mesmo tempo. Tudo se sobrepõe a tudo. Sob esta perspectiva, todos os espaços de eventos podem ser experimentados e desfrutados.

Entidade Fonte Doze, a especialista em espaços de eventos
EU: Por que tudo ficou branco de repente?

SE12: Sua percepção ficou sobrecarregada, e por isso você apagou tudo. Procure tornar a focalizar as coisas e você obterá uma versão filtrada da imagem que tentou acessar. Mas não se esforce demais.

Focalizei meu olhar mental, minha percepção, para tentar ver a imagem filtrada que senti que a Entidade Fonte Doze havia me enviado. Ao me concentrar naquilo que percebi, senti-me como se estivesse flutuando num imenso aquário sem uma abertura no alto. Não foi uma sensação nova, pois isso acontece sempre que estou na área de autoconsciência de A Origem e não dentro das energias de uma Entidade Fonte específica, como era o caso. Mas havia uma diferença.

Embora o volume desse aquário—essa bolha envolvente de espaço de eventos "na totalidade"—parecesse vazio, embora levemente borrado, como se não houvesse nada para se ver ali, tudo que eu tinha a fazer era focalizar minha intenção em determinado local do espaço de eventos, como uma parte do meu próprio passado. Eu o via e fazia parte do evento no mesmo instante.

Quando eu removia o foco, mesmo que por um instante, aquela imagem, inclusive a sensação de "fazer parte" do evento, dissolvia-se e eu voltava à claridade de algo que só posso descrever como a claridade do espaço de eventos "na totalidade". Quando acessava um evento específico, era como se uma bolha de espaço de eventos viesse do nada e me envolvia, colocando-me naquele evento e naquele espaço de eventos específicos. Quando eu removia o foco, a bolha simplesmente se dissolvia ou desaparecia, e eu ficava pronto para focalizar outro espaço de eventos. Resolvi perguntar à Entidade Fonte Doze que processo era esse que eu estava experimentando, pois tive a sensação de que, embora meu diálogo com ela tivesse sido breve, ela havia acumulado incontáveis milhões de anos de experiência neste assunto enquanto estava noutro espaço de eventos.

EU: Por que estou vendo esta área de espaço de eventos—ou seja, onde estamos percorrendo todos os eventos ao mesmo tempo—como uma área clara mas borrada? E por que vejo um evento no qual focalizo minha intenção parecer-se com uma esfera que vem do nada e me envolve?

SE12: Essa é a maneira pela qual você está se permitindo captar a função de entrar em espaços de eventos. Lembre-se de que você está vendo isso de maneira muito, muito filtrada. É por isso que a imagem parece clara, mas borrada.

Aquilo que faz parte desses espaços de eventos que estão sendo atravessados simplesmente não é perceptível em seu estado de existência específico. Atualmente, estamos numa velocidade tal que passamos por todos os espaços de eventos ao mesmo tempo; assim, quando você focaliza determinado espaço de eventos, você o "colhe",

Além da Fonte Livro 2

digamos, e ele também viaja na nossa velocidade. É por isso que você o percebe.

EU: Como podemos "colher" um espaço de eventos e tirá-lo de sua localização atual? O espaço de eventos não é um ambiente todo próprio?

SE12: Naturalmente. Assim como um universo, como ambiente separado e isolado, é uma função da separação de componentes dimensionais e subdimensionais em faixas de frequência do multiverso de sua Entidade Fonte, o que cria o ambiente total de espaço de eventos "na totalidade" é a função de todos esses processos mentais de milhares de entidades energéticas, criando um espaço de eventos separado, mas especializado, dentro daquele que é o espaço de eventos "na totalidade". Essa parte do espaço de eventos que é individualizada é criada por essas energias que compreendem o ambiente que é o espaço de eventos maior ou espaço de eventos "na totalidade".

EU: Mas tenho a sensação de que há mais coisas. Enquanto estava digitando esta parte do diálogo, recebi a imagem de um espaço de eventos se expandindo. É possível isto?

SE12: Sim, é, e acontece. Vou me explicar melhor, pois reservei uma quantidade considerável das minhas energias para investigar os usos dos espaços de eventos.

EU: Eu tive a sensação de que subitamente você havia se tornado uma autoridade nas energias que constituem os espaços de eventos.

SE12: Não mais do que qualquer outra Entidade Fonte, mas devo dizer que investi tempo e energias consideráveis num estudo pessoal que beneficiou meu nível de compreensão dos espaços de eventos de maneira muito positiva.

Estava começando a perceber que a Entidade Fonte Doze estava soando cada vez mais madura à medida que nosso diálogo prosseguia. Que trabalho adicional estaria fazendo por trás dos bastidores, noutro espaço de eventos? Ela estava crescendo—e depressa!

SE12: Vou continuar a responder à sua pergunta.

EU: Sim, por favor.

SE12: Para todos os efeitos, o espaço de eventos é elástico. Com o aumento do número de espaços de eventos individualizados, o volume total de espaços de eventos "na totalidade" aumenta para compensar isso. Sei o que você está pensando. Como ele pode aumentar se as energias que são espaços de eventos precisam ser finitas? Por exemplo, quando o volume total de espaços de eventos individualizados se iguala ao volume total de espaços de eventos originais, como é possível criar mais espaços de eventos se tudo já foi usado?

EU: Devo admitir que você me deixou sem resposta.

SE12: Naturalmente. Desculpe, não resisti e me diverti um pouco com você.

EU: Não faz mal.

SE12: Quando o espaço de eventos "na totalidade" que está sendo usado atualmente está cheio, o espaço de eventos é capaz de se expandir internamente, criando um ambiente pleno com o espaço de eventos mais amplo "na totalidade".

Além da Fonte Livro 2

EU: Espere um pouco. Você está dizendo que há mais do que duas classificações de espaços de eventos?

SE12: Sim, muito mais do que duas, e agora estamos passando por TODAS elas ao mesmo tempo.

EU: Em termos mais simples, porém, atualmente estamos discutindo o "fato" de que o espaço de eventos "na totalidade" é formado pelo ambiente mais amplo do espaço de eventos, que contém no interior o espaço de eventos "na totalidade", formado por espaços de eventos individualizados.

SE12: Correto.

EU: Assim, como é que o espaço de eventos "na totalidade" pode abrigar um espaço de eventos "na totalidade" equivalente dentro do mesmo espaço de eventos?

SE12: Criando outro espaço de eventos.

EU: Agora, você me confundiu.

SE12: O espaço de eventos tem uma assinatura que pode ser modificada, permitindo que dois espaços de eventos "na totalidade" existam ao mesmo tempo no mesmo espaço de eventos.

EU: Acabei de receber uma imagem com a informação que sugere que o espaço de eventos "na totalidade" tem lacunas, e a mudança de assinatura permite que seja criado um novo espaço de eventos "na totalidade" para ocupar as lacunas.

SE12: Não há lacunas nos espaços de eventos, exceto aquelas criadas para permitir a expansão e inclusão subsequente de um novo espaço de eventos "na totalidade" dentro do espaço de eventos "na totalidade" anterior. Quando o espaço de eventos se expande até um ponto que se situa, digamos, além de seu limite elástico, seu perímetro se expande ainda mais, criando lacunas temporárias no espaço de eventos "na totalidade". Essas lacunas temporárias são preenchidas com um espaço de eventos "na totalidade" recém-criado, formando um espaço de eventos "na totalidade" novo mas vazio dentro do mesmo volume que o espaço de eventos anterior "na totalidade", existindo simultaneamente. Em essência, o espaço de eventos "na totalidade" pode abrigar apenas certo número de espaços de eventos "criados pelas entidades" antes de precisar se expandir e ser substituído. Para você, esse número é infinito, mas para uma Entidade Fonte ou A Origem é uma condição finita, apoiada por um método conhecido de expansão e contração subsequente que permite que o processo seja repetido quando tornar a ser requerido.

EU: Perde-se algum dos espaços de eventos criados anteriormente por entidades durante esse processo?

SE12: Não. Tudo é mantido e nada é perdido. Na verdade, muitos espaços de eventos convergem naturalmente e se mantêm convergidos, economizando espaço de eventos; logo, a expansão não é um evento regular no espaço de eventos "na totalidade".

Uma mudança de direção e uma pergunta sobre o despertar da Entidade Fonte Doze
Estava sentindo que nosso diálogo havia transcorrido muito depressa, quase depressa demais. Num instante a Entidade Fonte Doze estava no processo de tornar-se autoconsciente, soando imatura demais para mim. No outro, era como se eu falasse com uma Entidade Fonte experiente e plenamente autoconsciente. Decidi que precisava voltar um pouco e prestar atenção no processo de despertar pelo qual a Entidade Fonte Doze havia passado.

EU: Estou ciente de que passamos a discutir determinados assuntos um pouco depressa demais, e talvez tenhamos perdido uma parte muito importante de nosso diálogo.

SE12: Certo. Pode explicar melhor?

EU: Sim. Estou começando a perceber que talvez você tenha adotado um caminho singular no processo de autoconscientização. Gostaria de explorar melhor esse caminho.

SE12: Por mim, tudo bem. O que você gostaria de perguntar?

EU: Bem, simplesmente, como foi o processo de se tornar autoconsciente? Com isso, refiro-me ao fato de você ter sido a única Entidade Fonte a se tornar autoconsciente com todas as outras Entidades Fontes e A Origem já autoconscientes e tendo percorrido parte, para não dizer uma parte considerável, de seus respectivos caminhos evolutivos estratégicos. Isso não foi intimidador?

SE12: Durante o breve diálogo que mantivemos, passei de pouco consciente a plenamente educada e plenamente autoconsciente. Até você consegue ver isto.

EU: Correto, consigo—e daí a pergunta.

SE12: Durante esse período em que fui educada por A Origem, nunca pensei que fosse outra coisa senão aquilo que eu era, uma das Doze Entidades Fontes. Entretanto, quando encontrei você e você estava dentro das minhas energias, sofri um choque muito grande. Educar-me e atingir o nível de maturidade que acompanha essa educação leva algum tempo, e você me encontrou num ponto da minha maturidade no qual eu não estava pronta para me comunicar e nem mesmo para encontrar, especificamente dentro das minhas próprias energias, outra energia independente, autoconsciente e senciente. Fiquei confusa a ponto de me distrair. Resolvi usar a facilidade oferecida pelo espaço de eventos para investigar esse sentimento e outros, juntamente, como disse antes, com o trabalho evolutivo já realizado por A Origem e minhas colegas. Nesse período, usei parte de minha capacidade extra para pesquisar e trabalhar com as energias associadas ao espaço de eventos e classificadas como tal. Na maior parte, porém, analisei o trabalho que minhas colegas haviam feito até então e analisei o que eu poderia fazer para ampliar o que haviam feito. Levei em conta milhares de outras maneiras de trabalhar com cópias ou variantes do trabalho adotado pelas outras Entidades Fontes. Pensei até em um trabalho dentro do espaço de eventos que me permitisse replicar toda e qualquer coisa que minhas colegas tivessem criado inteiramente em seus próprios ambientes multiversais, colocando tudo numa série de espaços de eventos interligados, deixando tudo se mesclar e criando um microambiente baseado na estrutura de A Origem.

EU: Essa me parece uma ótima ideia. E além disso, proporcionaria um conteúdo evolutivo importante.

SE12: Talvez isso fosse verdade, mas não funcionou para mim. Resolvi que minhas colegas tinham—algo que você não terá testemunhado em sua forma atual—coberto a maioria, se não todos, os ângulos de interesse, por assim dizer.

EU: Eu penso que isso teria sido impossível.

SE12: Bem, correto! Eles tinham coberto as áreas de interesse nas quais eu havia pensado inicialmente, e, como resultado, ainda estou analisando outras oportunidades evolutivas. Por isso, respondendo à sua pergunta, sim, estou numa posição singular como a última Entidade Fonte a se tornar autoconsciente. Primeiro, fui capaz de assimilar tudo que foi acumulado até agora por minhas colegas e A Origem. Segundo, fui capaz de amadurecer mais depressa do que o normal em função disso, mas apenas de forma relativa, pois ainda não criei, fomentei ou realizei nada por mim mesma. Em essência, ainda sou nova, digamos assim. E terceiro, estou num dilema quanto ao que fazer para aumentar a evolução de A Origem, pois quero fazer alguma coisa que não repete de modo algum, em parte ou não, por menor que seja, aquilo que atualmente está sendo feito ou será feito por minhas colegas.

Uma Entidade Fonte num dilema—pela primeira vez!

Uma decisão a tomar sobre o crescimento evolutivo
EU: Percebi que você tem uma decisão e tanto a tomar sobre a direção que vai seguir em seu crescimento evolutivo, inclusive sobre como este pode afetar a evolução de A Origem de maneira positiva.

SE12: Não é tanto uma decisão, é mais um plano robusto e depois a decisão de implementá-lo caso ele se mostre consistente com aquilo que desejo realizar. Como você pode perceber pelo diálogo que estamos tendo, até hoje não tracei sequer uma estratégia. Exceto, claro, usar o espaço de eventos para acelerar minha própria educação e subsequente nível de maturidade. O problema aqui é que a educação não cria maturidade. Ser criativo e posteriormente responsável por aquilo que foi criado, por fomentá-lo, cria maturidade, e sei perfeitamente bem que ainda sou imatura, em termos relativos e em comparação com minhas colegas.

EU: E posso ajudá-la de alguma maneira?

Ouvi a Entidade Fonte Doze rindo novamente.

SE12: O que você poderia fazer para me ajudar?

EU: Poderia dar algumas sugestões para que você começasse a seguir determinada direção. Como não estou perto do problema, posso lhe sugerir alguma direção que você não percebeu.

SE12: Pouco provável, mas eu gosto do seu zelo. Gosto de você. Você é limitado, mas expressa falta de limites, mesmo sem poder demonstrar essa falta de limites. Você é um verdadeiro enigma. Gosto de enigmas, como já percebi, e você é um deles. Talvez possa ajudar. Veremos. Talvez o mero fato de me comunicar com você seja um catalisador para que eu tome a decisão correta, para analisar o que está debaixo da pedra menor em vez de ficar procurando sob a pedra maior, digamos.

Mmmm, isso merece consideração...

A Entidade Fonte Doze pareceu ter se recolhido e ficou pensando. Esperei pacientemente que se reconectasse comigo e continuei com o diálogo. Ela voltou, exibindo energias que identifiquei como "um sorriso no rosto". Ela voltou a falar comigo como se estivesse no meio da frase.

SE12: ... E ainda por cima, estou gostando cada vez mais dessa ideia, pois é uma coisa que minhas colegas não fizeram.

EU: Que coisa é essa que suas colegas não fizeram?

SE12: Valerem-se da ajuda de um enigma, uma entidade que é uma parte menor de A Origem e não uma Entidade Fonte. Um OM cuja comunicação comigo atualmente não é OM "em pureza", mas mesmo assim exsuda a natureza OM "em pureza". Você é o primeiro OM "puro" "im-puro" que encontrei em toda a minha educação. Talvez tenha a ver com a associação com o veículo físico necessário para existir dentro das frequências inferiores da Entidade Fonte com que você está associado atualmente. Verei o que essa associação pode gerar, pois não percebo como ela vai me ajudar no meu processo de decisão, mas é uma primazia! E isto me agrada. Uma coisa que decidi é que vou fazer as coisas visando a que sejam as primeiras do gênero!

EU: Mas todas as Entidades Fontes não fizeram alguma coisa pela primeira vez em suas existências?

SE12: Sim, claro. Mas quando estavam criando suas estratégias de evolução, até certo ponto estavam em comunhão umas com as outras—tomando decisões juntas ou fazendo acordos umas com as outras quanto ao que cada uma delas iria fazer, porque estavam fazendo aquilo e concordando em não pisar totalmente nos calos umas das outras, digamos, e nem copiar a colega. Em suma, uma trabalhou com base no trabalho das demais, preenchendo lacunas, lidando com o que era sua interpretação do que poderia ser feito, embora pudesse parecer que estavam ou tinham estado em isolamento. Isso só foi possível em virtude da proximidade no espaço de eventos "na totalidade" onde se tornaram autoconscientes. Eu, por meu lado, acabei de me tornar autoconsciente, e este é um novo espaço de eventos "na totalidade".

O segundo espaço de eventos "na totalidade"
EU: Espere aí, essa é uma declaração e tanto! Você acabou de fazer uma declaração.

SE12: Como é?

EU: Você acabou de dizer que estamos noutro espaço de eventos "na totalidade" e não naquele que existia quando as outras Entidades Fontes estavam trabalhando juntas para determinar suas próprias estratégias de crescimento evolutivo.

SE12: Sim, disse.

EU: Então, quantos espaços de eventos "na totalidade" existem?

SE12: Até hoje, dois.

EU: E qual é este?

SE12: Este é o segundo. Quando atravessamos todos os espaços de eventos anteriormente neste diálogo, atravessamos todos de ambos os espaços de eventos "na totalidade".

EU: Mas quando você me descreveu como o espaço de eventos "na totalidade" era elástico e como ele se expandia dentro de si mesmo, preenchendo as lacunas, digamos, tive a impressão de que isso teria acontecido muitas vezes.

SE12: O que expliquei foi aquela funcionalidade específica do espaço de eventos "na totalidade". Não me detive no número de vezes em que isso teria acontecido.

EU: Entendi. Então, esta é a segunda versão da "totalidade" de espaços de eventos.

SE12: Sim. O espaço de eventos "na totalidade" é grande. Muito, muito grande. E precisa ser assim, para alojar todos os espaços de eventos criados por todas e cada uma das entidades criadas por minhas colegas, incluindo, naturalmente, os espaços de eventos criados pelas próprias colegas.

EU: Então, o espaço de eventos é uma função de A Origem—e não uma função do multiverso criado por uma Entidade Fonte específica.

SE12: Correto, sempre foi. Mas lembre-se, tudo é uma função de A Origem, pois A Origem é "Tudo Que Existe".

EU: Certo!

Além da Fonte Livro 2

Os seis pontos de A Origem—Pontos de navegação da área de autoconsciência de A Origem

SE12: Agora, é hora de eu experimentar.

Preciso experimentar.

Quero experimentar o volume que é A Origem.

Vou até os seis pontos do volume da área de autoconsciência de A Origem.

EU: Quando você irá até esses seis pontos da área de autoconsciência de A Origem?

SE12: Agora, e você vai comigo. Segure-se!

Subitamente, senti que tínhamos atingido um muro de tijolos—não, um muro de aço, um muro de aço incrivelmente fino mas incrivelmente forte. Era transparente sem ser transparente? O muro girou e o ambiente que me acostumara a ver com meu olhar mental mudou. As outras Entidades Fontes não estavam visíveis. Tínhamos mudado nossa localização.

Ponto Um—O alto (e um pequeno desvio)
SE12: Chegamos. Estamos nesse local que vou chamar de "o primeiro ponto".

Tive a impressão de que não havia feito isto antes com a minha Entidade Fonte. Senti que ela ficara onde estava. Desde a criação de seu multiverso, ela havia mantido sua localização, uma localização fixa dentro da área de autoconsciência de A Origem.

EU: Este é o primeiro ponto? A Origem chama-o de "o primeiro ponto"?

Além da Fonte Livro 2

SE12: Não, não é, e não, ela não o chama assim, mas vou chamá-lo de "o primeiro ponto" neste momento porque ele é o primeiro ponto, o primeiro ponto de "eixo" da área de autoconsciência de A Origem a que chegamos. Vamos usá-lo como um dado para navegação.

EU: Vamos precisar navegar?

SE12: Sim, claro. Embora conhecida, esta parte de A Origem ainda é um território pouco percorrido.

EU: Tinha a impressão de que A Origem havia mapeado toda a sua área de autoconsciência.

SE12: Não é bem assim, e é por isso que fomos criadas.

EU: Mas antes você sugeriu que a minha Entidade Fonte não tinha saído do local onde está agora, e por isso presumi que as outras também não tinham se movido.

SE12: Correto.

EU: Então, quem a está mapeando?

SE12: Atualmente, os OM.

EU: Poderia me explicar melhor?

SE12: Sim, claro. Você não achou interessante o fato de ainda não ter encontrado outro OM de tipo "puro" aqui, ou tampouco na sua própria Entidade Fonte?

EU: Conheci encarnados que são OM. Senti que os três são da variedade cativa. Ainda não conheci um deles pessoalmente, mas os outros dois eu conheci pessoalmente ou através de nosso sistema de videofone baseado na internet, Skype.

Desde que comecei a escrever isto, conheci pessoalmente a boa alma com quem eu estava me comunicando via Skype pela internet. Foi um momento bastante profundo.

Mas você tem razão; não senti nenhum outro Puro OM em qualquer de minhas comunicações com suas colegas. Além disso, não senti nenhum outro tipo de OM em nenhuma das vezes em que estive dentro das energias de suas colegas. Pensando bem, isso foi muito estranho.

SE12: Os OM são uma energia rara quando individualmente sencientes—daí sua incapacidade de senti-los enquanto você está no físico.

EU: Então, onde estão?

SE12: Aqueles que são cativos estão atarefados mapeando essas áreas da Entidade Fonte onde se encontram, ou estão ocupados no processo de existência com as entidades criadas por sua Entidade Fonte. O mapeamento não pode ser feito pelas entidades criadas pela própria Entidade Fonte em questão, pois elas estão ocupadas fazendo aquilo para que foram criadas. Como os OM locais estão livres de tais deveres, fazem aquilo que querem, até certo ponto, mas a maioria trabalha com sua Entidade Fonte para cobrir essas áreas que ficariam de lado caso não tivessem se oferecido para a tarefa.

Os OM Não-Cativos têm função similar, mas se mantêm nas áreas entre Entidades Fontes e não se aventuram dentro das energias de uma Entidade Fonte a menos que seja especificamente requerido, desejado ou necessário fazê-lo. Então, esse desejo/necessidade vai se somar ao trabalho geral que estão fazendo. Os OM, tanto não-cativos quanto Puros, trabalham em benefício de A Origem de modo geral, mas os

Puros OM podem fazer literalmente o que quiserem caso decidam fazê-lo. No entanto, a maioria dos Puros OM está ocupada mapeando a área de A Origem que esta resolveu ignorar. Isto acontece porque ela não reconhece a necessidade de mapear toda sua área de autoconsciência se ela tem uma boa ideia do que "são" essas áreas em função das informações que ela mesma recolheu e daquilo que lhe foi passado pelos Puros OM que estão realizando um serviço de mapeamento essencial.

EU: Então, é possível que eu vá encontrar outro Puro OM? Sabe, analisando o imenso volume de A Origem—embora esta área de autoconsciência seja uma fração de um por cento do volume total que A Origem não se importa em deixar intacto, digamos—eles devem ser quase impossíveis de se encontrar.

SE12: Sim, é quase impossível encontrá-los, mas você vai se comunicar com alguns deles durante seus diálogos com A Origem. Isto é sabido, pois vi o espaço de eventos onde você faz isso.

Minha mente vagueou levemente. Lembrei-me de uma meditação guiada que fiz quando minha professora de cura energética, Helen Stott, estava começando a apresentar cursos de conscientização para anunciar seus próprios workshops, lá por 2001-2002. Ela havia convidado o principal instrutor e diretor do Snowlion Center School na Suíça, Rolf Steiner, que fora aluno e instrutor da Barbara Brennan School of Energy Healing, para ajudar a promover os cursos. O OM Cativo que conheci pessoalmente estava nesse curso e confirmou de modo independente que eu era um dos OM.

Nessa meditação, conheci quatro entidades do universo/multiverso. Fui às lágrimas quando me comuniquei com elas, e elas ficaram radiantes ao me ver e se comunicarem comigo. Teria sido um encontro com outros Puros OM? Será que eu realmente estava fora das energias da minha própria Entidade Fonte nessa meditação do vazio da área de autoconsciência de A Origem?

Meneei a cabeça e continuei a seguir a direção que este diálogo deveria seguir—comunicando-me com a Entidade Fonte Doze e falando dela, registrando o que estava sendo observado nos seis pontos de A Origem. Tínhamos chegado apenas ao primeiro ponto e já estávamos fazendo digressões!

EU: Podemos nos recompor, por favor, e falar deste lugar onde estamos?

SE12: Naturalmente, é claro.

EU: Você descreveu este ponto como o primeiro de seis pontos da área de autoconsciência de A Origem. Usando geometria simples, será que eu estaria correto em presumir que isto descreve os pontos mais distantes dessa área?

SE12: Estaria. Também são os pontos de referência que A Origem determinou inicialmente quando começou a identificar e mapear aquilo que agora é chamado de sua "área de autoconsciência".

EU: Por que ela criou seis pontos? Eu teria imaginado que isso seria difícil—levando-se em conta todas as dimensões, componentes subdimensionais, frequências, continuum, espaços de eventos etc.

SE12: Como você disse, ela usou geometria simples, o que nos permite atravessar tudo isso e o resto do conteúdo daquilo que está em A Origem para criar um conjunto simples de pontos de referência para uso da navegação enquanto estivermos nesta área.

Além da Fonte Livro 2

EU: Fiz uma conta rápida, e eu imaginaria sete pontos—sendo o sétimo o ponto no qual as intersecções entre todos os pontos se encontram.

SE12: Essa, como você disse, é uma intersecção e não um ponto. Embora seja uma referência navegável, não é um ponto por direito próprio, pois é criado pelas intersecções dos pontos gerados e poderia, portanto, estar em qualquer lugar onde as intersecções se cruzam em pura totalidade. Portanto, como este é o primeiro ao qual chegamos, será classificado como o primeiro ponto.

EU: Alguma outra razão para ser chamado de primeiro ponto?

SE12: Não, simplesmente calhou de ser o ponto geometricamente mais próximo de onde estávamos dentro da área de autoconsciência.

EU: E qual é a importância deste ponto específico?

SE12: É um trampolim para nosso uso. Chamei-o de primeiro ponto por conveniência até termos descoberto que "ponto" A Origem atribuiu a ele. Como era o ponto mais próximo de nós, precisei levar-nos até ele para descobrirmos onde está o Ponto Um. Agora que sabemos onde estamos, vamos até lá.

A parede de aço transparente me atingiu novamente. Ela girou e fomos para noutro lugar. Ainda não dava para ver Entidades Fontes. Alguma coisa passou voando por nós e sumiu.

EU: O que foi aquilo?

SE12: Aquilo foi um dos processos mentais de A Origem. Creio que ela estava procurando saber se estávamos bem.

EU: A que velocidade estava?

SE12: Num múltiplo do que você chamaria de "velocidade do pensamento". Como você percebeu, numa área tão grande quanto A Origem, a velocidade do pensamento é lenta.

EU: E então, qual velocidade seria eficiente?

SE12: A única maneira de descrever isso para você é um múltiplo do ponto momentâneo da intenção. Pense nisso como aquele ponto da intenção que é um requisito necessário para a criação de um pensamento baseado na intenção—em oposição a um pensamento com base circunstancial.

EU: De modo geral, então, a intenção é mais rápida do que o pensamento.

SE12: Naturalmente, e a intenção reativa—uma função superior da intenção—é mais rápida do que a intenção, e é, portanto, classificável como um múltiplo do ponto momentâneo do pensamento de intenção.

EU: Muito bom! Acho que entendi. Enquanto isso, voltando ao Ponto Um, onde é que estávamos mesmo?

SE12: Em termos simples, [estamos na] intersecção do ponto mais alto—o valor mais elevado, se preferir—de todas as dimensões, componentes subdimensionais, frequências, continuum e energias de espaços de eventos. Além disso, algumas outras energias maiores e menores que são reconhecidas como aquelas que constroem a base energética geral de A Origem.

EU: Então, vou chamar isto de "o alto"; é o que me parece segundo a descrição que você acabou de me dar.

SE12: Então, vamos chamar isso de "o alto".

EU: Além de "o alto" de todas as energias, dimensões etc., o que mais temos aqui?

SE12: Tudo que está aqui está no auge daquilo que é representável por uma energia específica ou elemento construtivo de A Origem. Caso você consiga perceber isso, tudo que temos aqui estaria o mais perto da perfeição possível dentro da área de autoconsciência de A Origem. Tudo é puro, tudo é novo, tudo é inalterado, pois nada do que foi criado por A Origem, até hoje, chegou aqui, exceto pelos Puros OM e nós.

EU: E por que estamos aqui?

SE12: Porque eu queria vir aqui.

EU: Mas não estamos contaminando esta área perfeita?

SE12: Não, pois para entrar na perfeição, é preciso ser perfeito.

EU: Agora, estou confuso, pois é claro que não sou perfeito, exceto, talvez, aos olhos de A Origem, pois todas as suas criações são perfeitas, não importa onde estão. Existir por algum tempo levou-me a certas experiências que me tornaram imperfeito, apesar de mais experiente e, por isso, instruído. Mas essa é a compensação.

SE12: Não, eu concordo que você não é perfeito nesse sentido, mas eu sou. Decidi que sou perfeita.

EU: Preciso que você se aprofunde nisso, por favor.

Achava que sabia a resposta para esta pergunta. A Entidade Fonte Doze ainda não amadureceu; ainda não criou nada, e, como tal, não estava maculada pelos restos do fracasso ou de diversos níveis

Além da Fonte Livro 2

limitados de sucesso, resultantes de qualquer processo de criação. Desse modo, seu processo mental não estava limitado. Deixei que a Entidade Fonte Doze respondesse.

SE12: Decidi que sou pura e, por isso, tudo que sou eu entrou neste espaço comigo. Você está comigo e, portanto, sou eu.

Não era bem o que eu imaginava, mas os pensamentos da SE12 fazendo o que queria fazer eram consistentes com seu ilimitado processo mental. Prossegui com o diálogo.

EU: Então, você criou uma área ao meu redor, ocultando-me das energias desta área.

SE12: Não, para entrar em comunicação comigo, você precisou entrar na camada externa de minhas energias e, por isso, você não ficou exposto, digamos. Você ficou "protegido" e, portanto, pôde entrar.

EU: Agradeço a explicação. Se eu não tivesse podido entrar nesta parte de A Origem, um Puro OM poderia?

SE12: Sim, mas só se ele não tivesse feito parte do processo de criatividade. A maioria dos OM não participa do processo de criatividade porque faz com que ganhem alguma experiência. Ao ganharem experiência, seus pensamentos são direcionados de maneira invisível para aquilo que teriam realizado com o processo criativo. A maioria observa, guia e registra.

EU: Estou tendo a impressão de que existe uma forma superior de karma envolvida aqui—na qual a associação com alguma coisa que decorra da criatividade resulta em algum nível de inibição ou limitação do pensamento, pois a exposição da entidade criadora a diversos níveis de sucesso é limitada pelo resultado da função criativa iniciada.

SE12: Sim, e eu ainda não experimentei esse nível de exposição. Você já, mas, como diz, há uma compensação. Você se torna impuro mas ganha conteúdo evolutivo—essa compensação é mais do que aceitável para A Origem.

EU: Há mais alguma coisa que podemos tratar sobre esta parte de A Origem?

SE12: Só para reiterar que o lugar em que estamos agora não está povoado. Ele foi mapeado superficialmente por A Origem e por um ou dois Puros OM, o suficiente para colocar uma posição neste dado que chamamos de "Ponto Um", mas não o suficiente para chamá-lo de "mapeado" de algum modo, forma ou maneira real.

EU: Então, se este é o alto dos elementos que formam a área de autoconsciência de A Origem, posso supor que o ponto diametralmente oposto ao ponto um seria a extremidade baixa dos elementos? Esse seria o processo mental lógico a seguir.

SE12: Não. As coisas não acontecem dessa maneira em A Origem. Vamos até lá agora para que você possa experimentar a diferença.

EU: E como ele é?

Ponto Dois—O atual local final
Nem tive a chance de ouvir a resposta. A lâmina fina e transparente de metal me atingiu novamente e girou. Justamente quando pensei que estávamos no Ponto Dois, a placa de metal me acertou novamente e girou numa direção diferente. Isso me pegou de surpresa. E quando estava quase recuperando o fôlego, a Entidade Fonte Doze anunciou nossa chegada.

Além da Fonte Livro 2

SE12: Chegamos. Este é o Ponto Dois da área de autoconsciência de A Origem. O que você está percebendo?

EU: Antes de responder a essa pergunta, quero lhe perguntar outra coisa sobre nossa viagem.

SE12: Vá em frente.

EU: Qual a razão para a segunda topada na "parede de aço"? Tive a impressão de que paramos e mudamos de direção.

SE12: Foi isso. Precisamos mudar de direção na junção correta para passarmos para o ponto correto. Em síntese, atravessamos a intersecção de três pontos.

EU: Não teriam sido seis pontos? Desculpe, mas tenho um modelo na minha mente que mostra os pontos como diametralmente opostos.

SE12: Não, são três pontos. Embora haja pontos que se intersectam, as linhas de intersecção não são o que você chamaria de retas, embora, em termos simplistas, aparentem ser retas.

EU: Pode me explicar um pouco melhor? Já estou imaginando os olhos de alguns leitores girando nas órbitas diante disso.

SE12: Em termos simples, lembre-se de que estamos subindo e descendo por vários níveis energéticos e por níveis espaciais de um local diferente. Em função disso, as intersecções entre os pontos não estão na mesma posição em totalidade, mas há alguns que, como resultado de sua localização posicional, dimensional, subdimensional, frequencial e de continuum, acabam se intersectando um ao outro. No caso de nossa viagem recente, passamos pela intersecção dos pontos Um, Quatro e Dois. Estávamos a caminho do Ponto Dois, mas precisamos navegar pela junção dos pontos Quatro e Um. Usando sua ideia de que tudo está diametralmente oposto, o caminho reto teria levado você ao Ponto Quatro—daí a mudança de direção que você sentiu na junção da intersecção entre os pontos Um, Dois e Quatro.

Voltando à minha pergunta sobre o que você percebeu—o que você percebeu?

EU: Bem, nada e tudo, digamos. Talvez seja a minha capacidade reduzida de perceber enquanto estou no físico. Não sei, mas o que estou vendo é um grande redemoinho de cores, todas se movendo, tornando-se e deixando de se tornar. Estou numa área de dimensão ou frequência inferior?

SE12: Não. O Ponto Dois não está diametralmente oposto segundo a perspectiva de dimensão e frequência. Essa "posição" ocorreu na última passagem. Não, estamos na extremidade final da barreira dos continuum—o que você poderia chamar de "atual local final dos continuum dentro da área de autoconsciência de A Origem". Aqui, podemos experimentar toda a área de autoconsciência de A Origem sob a perspectiva da gama de energias associadas à formação dos continuum.

EU: Nesse caso, eu teria esperado estar no alcance visual da Entidade Fonte Oito. A Entidade Fonte Oito é um continuum de vários continuum.

SE12: Mas, como você sabe, o local de um continuum dentro de A Origem não é necessariamente uma função da distância, pois a maior parte dos continuum é afetada por seu conteúdo evolutivo, especificamente dentro da Entidade Fonte Oito.

EU: Você está sugerindo que os pontos—embora diametralmente opostos numa aplicação simplista—não estão diametralmente opostos

Além da Fonte Livro 2

em termos métricos? Por exemplo, não são a parte mais alta e a mais baixa de uma frequência específica?

SE12: É exatamente isso que estou dizendo. Apesar de ter permitido que você usasse "alto" quando estávamos no Ponto Um, eu não me referi ao alto das dimensões, componentes subdimensionais, frequências etc. Quis dizer que era o ponto de partida, e dele podemos descer até o próximo ponto de referência, que é o Ponto Dois, o atual "local final dos continuum".

EU: Por que ele é o "atual" local final dos continuum dentro da área de autoconsciência de A Origem?

SE12: Porque é. Vou explicar e você vai entender. Quando a área de autoconsciência de A Origem se expandir, todos esses pontos vão mudar de localização, bem como o local final dos continuum. É por isso que eu o chamei de "atual local final" dos continuum e não apenas "o local final".

EU: Entendi. Então, isso significa que as imagens que percebi, as cores girando, relacionavam-se apenas ao atual local final.

SE12: Sim.

EU: Então, por que não percebi as energias envolvendo os locais como cones, tal como vi na Entidade Fonte Oito?

SE12: Porque os locais finais são indescritíveis sob essa perspectiva, podendo ser considerados apenas como ponto de partida e, como tal, não possuem continuum "baseados em formas" associados a eles nesse ponto dos locais. Simplesmente porque ele É o local "final" de todos os locais, é o Ponto Dois.

EU: Se é assim, então o que representam todas essas cores rodopiantes que vejo ao meu redor? Acho que elas não são o que está acontecendo. Na verdade, são apenas representações daquilo que percebo, mas não posso traduzir em algo que consiga identificar em meu reservatório terrestre de experiências.

SE12: Correto, mas incorreto, pois aquilo que você percebe tem mais detalhes do que você consegue identificar intelectualmente. Vou explicar. As cores rodopiantes são as representações dos locais de todos os continuum dentro de A Origem que se encontram no mesmo ponto, o local final, o local de todos os locais, o Ponto Dois. Esses milhares de assinaturas que se agrupam juntas criam uma base sem forma e sem estrutura que lhes permite existir simultaneamente dentro de A Origem, remota e localmente, sem serem lançadas à deriva, digamos. Neste caso, "localmente" pode ser considerado o agrupamento de locais e o local dos locais que você conhece como Entidade Fonte Oito.

EU: Então, representam a assinatura de milhares de locais convergindo juntas como uma só.

SE12: É isso. Agora, podemos passar para o Ponto Três.

Ponto Três—O epicentro de A Origem
SE12: Espere!

Fui pego de surpresa novamente. A Entidade Fonte Doze levou-nos até o Ponto Três antes que eu soubesse o que estava acontecendo. Claro que ela pensou que eu não teria problemas com isso; no entanto, quando o efeito da translação até outra parte de A Origem se instalou, a sensação de ser atingido por uma folha fina e transparente de aço que girava atingiu-me desde outro ângulo, e fiquei um pouco confuso quanto ao que havia acontecido e a "onde" nós estávamos localizados naquele momento. Eu não tinha passado por um segundo evento de translação, e por isso presumi que não precisávamos passar pela junção de duas ou mais linhas de intersecção. Estava justamente pensando nisso quando a Entidade Fonte Doze me deu um chacoalhão vigoroso, despertando-me deste processo mental.

SE12: Ahhh, ei-lo. Você está prestando atenção? Você precisa prestar atenção. Você escorregou internamente entre as minhas energias durante o último movimento de nossa viagem até o Ponto Três. Tive de procurá-lo no fundo de mim mesma para encontrá-lo.

Lá estava aquele tom de estudante petulante na "voz" da SE12 novamente. Estava claro que ela tinha pressa. Na verdade, sinto que também tínhamos mudado de localização. Eu era como um pequeno pedregulho que ficou suspenso inicialmente em cima da água de um aquário que foi solto subitamente e caiu no fundo dele.

SE12: Muito bem, podemos prosseguir agora.

EU: Sim, por favor.

SE12: Agora, estamos no Ponto Três, o centro do diâmetro da área de autoconsciência de A Origem.

EU: Pelo menos, é um lugar onde posso pendurar meu chapéu. Então, o Ponto Três é o centro segundo uma perspectiva volumétrica, ou seria geométrica—ou seja, se eu levar em conta que a área de autoconsciência de A Origem é ou pode ser considerada esférica.

SE12: Não, a área de autoconsciência de A Origem não é e não pode ser considerada esférica, pois não é. Sua figura é amórfica, caso precise atribuir um formato a ela. Se ajudar, pode considerá-la esférica sob a perspectiva exclusiva de sua estrutura.

EU: OK, deixe-me entender isto direito. O Ponto Três está no centro da área de autoconsciência de A Origem, mas o centro não é o centro diametral de A Origem. Tampouco é o ponto de intersecção dos seis pontos de A Origem.

SE12: Correto.

EU: Então, o que é? Tenho a impressão de que, até agora, todos esses pontos são um enigma.

SE12: Do seu ponto de vista, pareceria [assim], mas o centro da área de autoconsciência de A Origem não é o ponto de intersecção. É apenas o centro, baseado no valor volumétrico de sua condição de zona, de dimensão, frequência, energia e espaço nesta junção de seu conteúdo consciente e evolutivo.

EU: Então, posso chamar esse ponto de "o meio", levando em consideração a descrição da função do Ponto Um.

SE12: Eu preferiria que você o chamasse de "o centro", pois é isso que ele realmente é. Mas uma coisa que você precisa saber é que o Ponto Três não é uma condição estática. Sua função posicional é similar ao que foi descrito para o Ponto Dois.

EU: Quer dizer que ele se movimenta em função da compreensão de "si mesma" de A Origem.

SE12: Sim. Veja, a área de autoconsciência de A Origem tem duas funções: o volume ou região onde a área de autoconsciência está totalmente mapeada e compreendida, e aquele volume ou região que é conhecida mas não mapeada, ou está minimamente mapeada.

Veja isso como a sua própria compreensão acerca do planeta no qual você existe atualmente.

Você mapeou seu próprio quintal; você sabe onde tudo existe e onde tudo vive. Além disso, temos os detalhes mínimos dos insetos e da vida microbiana que também existe no mesmo espaço, como na grama, na terra, nas fendas entre tijolos etc. Você também conhece o local onde fica o seu quintal, as estradas, cidades, lojas, transporte público etc. Mas quanto mais você se afasta do epicentro do seu quintal, menos detalhes você tem. Além disso, temos bolsões de áreas nos quais você passa mais tempo do que em outros. Agora, expanda este processo para fora da cidade do seu quintal. Você verá que seu conhecimento pessoal se reduz ainda mais, especialmente quando você se move mais para longe, levando em conta outros países.

Finalmente, pense na Terra. Graças ao conhecimento que você acumulou, você sabe que existem outras partes da Terra, mesmo sem tê-las conhecido pessoalmente. Sabe disso porque consultou o trabalho de outras pessoas que estiveram lá pessoalmente e pelos dados de mapeamento que eles proporcionaram. Com base nisso, você tem conhecimento da existência desses países e, até certo ponto, o que existe onde. A Terra é, portanto, a sua área de "auto" ou não tão "auto" consciência. A galáxia e o universo físico também são áreas de consciência, mas não de autoconsciência, que pode ser classificada como aquilo que se conhece pessoalmente, já que você precisa de ferramentas ou instrumentos feitos especificamente para lhe permitir vê-los e saber que existem, mesmo que não possa detectá-las a olho nu. Portanto, esta área mais ampla é a área de não-consciência, embora seja reconhecida como uma área de existência. Você sabe que está lá, mas tem pouca ou nenhuma evidência física em que basear isso.

Nesta ilustração, a Terra pode ser usada como exemplo da região ou volume de autoconsciência de A Origem, e o universo físico pode ser usado como exemplo da região ou volume de existência de A Origem em totalidade—negando, é claro, o fato de que existe mais do que um universo e que as dimensões, componentes subdimensionais e frequências etc., também entram em jogo.

EU: Espere um pouco; acabei de receber uma informação importante sobre este local. Dá a impressão de que foi A Origem de A Origem. Este é o epicentro das energias onde A Origem ganhou senciência e autoconsciência pela primeira vez. É isto mesmo? Porque se for, é realmente empolgante!

SE12: Então, pode se empolgar, pois, de fato, este é o ponto no qual A Origem ganhou senciência e autoconsciência pela primeira vez.

EU: Desculpe-me um instante; preciso me recompor um pouco... Certo. Vamos ver se entendi. Este é o epicentro das energias de A Origem que atingiram coletivamente as condições corretas que lhes permitiram adquirir a autorrealização e a senciência. Sendo inicialmente uma área pequena, foi expandida até onde hoje é conhecido e é o resultado do trabalho que ela realizou sozinha para investigar e compreender aquilo que ela sabia que era ela, mas que não conhecia intimamente.

SE12: Correto. Também é o resultado do trabalho inicial de minhas colegas, inclusive de alguns Puros OM. Na verdade, vou responder à sua próxima pergunta antes que você a faça.

Percebendo a enormidade de sua tarefa, A Origem pôs-se a trabalhar praticamente de imediato e moveu-se em torno do epicentro de seu despertar com sua consciência, descobrindo as limitações experimentadas nas frequências mais baixas e as oportunidades oferecidas pelo espaço de eventos etc. Durante este período, ela considerou que seria capaz de acelerar a expansão de sua percepção de si mesma criando doze versões dela própria numa área ao lado de sua área de autoconsciência, dando-lhes todas as características e oportunidades que ela teve para permitir que se tornassem

Além da Fonte Livro 2

autoconscientes, "sencientes", visando ajudá-las na tarefa de mapear, de todas as maneiras, a área ou volume de autoconsciência em constante expansão que Ela estava descobrindo. Como você sabe, a julgar pelo diálogo que manteve com sua própria Entidade Fonte, isso não deu certo. Falhou por diversos motivos, mas só recentemente é que A Origem compreendeu a razão subjacente para o fracasso dessa estratégia e o sucesso da estratégia da Entidade Fonte.

EU: Pelo que eu entendi, o experimento de criatividade de as "Doze Origens" falhou por causa de algo relacionado com o fato de A Origem ser a primeira, o que lhe deu uma vantagem em sobrevivência acima e além daquilo que foi experimentado ou absorvido pelas Doze Origens criadas por A Origem.

SE12: Um processo mental interessante, mas não de todo correto. Entenda: o experimento das "Doze Origens" falhou porque A Origem tentou criar aquilo que já existia, ELA MESMA, A ORIGEM, O ABSOLUTO, TUDO QUE EXISTE. Não dá para alguém criar aquilo que, em essência, é ela mesma, se ela é "TUDO QUE EXISTE", pois "TUDO QUE EXISTE" já está em existência.

EU: E por que o experimento das Entidades Fontes deu certo?

SE12: Ela criou seres inferiores, digamos, e, como resultado, não criou aquilo que ela mesma era. Ela estava criando algo diferente de si mesma, embora estivesse dentro dela mesma—e isso deu certo.

É hora de passarmos para o Ponto Quatro. Estamos ficando sem espaço de eventos.

Subitamente, pude ver que a Entidade Fonte Doze estava ficando agitada. Dava para ver que tinha alguma coisa em mente, mas o quê?

Ponto Quatro—O ponto de evolução total de A Origem

Subitamente, estávamos no Ponto Quatro. Não senti nenhuma das sensações de transição anteriores e fiquei um pouco curioso com isto, mas a Entidade Fonte Doze apresentou a resposta.

SE12: Desta vez, resolvi proteger você das energias associadas com a transição. Você não deveria ter sentido nada.

EU: Na verdade, estava justamente pensando nessa sensação, ou melhor, falta de sensação, e por que não senti nada durante esta última transição. Você respondeu à minha pergunta, e gostaria de saber como você conseguiu torná-la tão suave segundo a minha perspectiva.

SE12: Simplesmente mudei suas energias para aquelas que estariam em harmonia total com a minha assinatura energética. Seu corpo físico não perceberia mudança alguma, mas seu corpo energético perceberia que se tornou integrado por alguns instantes e ficou um pouco maior durante o tempo necessário para completar a transição. Nesse breve período de tempo, você era eu.

EU: Sim, compreendi. Com o olhar da minha mente, vejo uma imagem minha simplesmente se alojando ao nível de componente energético e tornando-se parte da estrutura que é você—tornando-me parte do papel de parede, digamos.

SE12: Essa descrição será suficiente. Vamos prosseguir em nosso roteiro.

EU: Grato. Presumo que este ponto dentro de A Origem também tem uma função que não é atribuível estritamente a uma propriedade dimensional.

SE12: Correto. Este é o ponto que demonstra o atual nível evolutivo de A Origem. É, com efeito, uma função, o repositório do conteúdo evolutivo coletivo que foi acumulado por ela mesma e todas as

Além da Fonte Livro 2

Entidades Fontes, inclusive suas criações individuais. A partir deste ponto, uma entidade pode obter acesso a todas as experiências, o aprendizado dessas experiências e o conteúdo evolutivo subsequente de A Origem. A entidade que faz isso pode experimentar capacidades funcionais aumentadas, resultantes do acesso a este conteúdo e nível evolutivo.

EU: Este ponto atuaria como os registros akáshicos aos quais a humanidade energética pode ter acesso para trabalhar e planejar diversas experiências quando encarnada?

SE12: Os registros akáshicos referem-se apenas à humanidade. Em A Origem, este ponto é o resultado de todas as diversas formas de registros akáshicos empregados por meus pares e suas entidades. A partir deste ponto, uma entidade pode experimentar ser A Origem caso consiga lidar com a quantidade infinita de dados, é claro.

EU: Você está sugerindo que uma entidade que tentasse acessar este ponto dentro de A Origem poderia sofrer uma sobrecarga evolutiva?

SE12: Sim, estou.

EU: Então, por que nós não estamos experimentando uma sobrecarga evolutiva?

SE12: Primeiro, porque só estamos presentes neste local, sem tentar ter acesso a aquilo que está disponível. Segundo, uma das coisas que não lhe contei é que somos apenas uma projeção daquilo que somos aqui. Na verdade, a energia que compõe nossa substância está fora deste ponto e não conosco.

EU: Você está sugerindo que estamos mentalmente aqui, mas fisicamente noutro lugar—esse lugar estando fora das energias associadas ao Ponto Quatro?

SE12: Sim.

EU: Por quê?

SE12: Porque eu não quero sobrecarregar você, e nem quero me contaminar com o conteúdo evolutivo associado ao atual processo mental de A Origem e minhas colegas.

EU: Mas você já está, não é? Você não ganhou um nível de conteúdo evolutivo em função do processo educativo de A Origem quando se tornou autoconsciente?

SE12: Sim, mas não era o meu conteúdo evolutivo. Atualmente, não tenho nada de meu e não estou sobrecarregada por não ter nada de meu. O resultado de ter acesso ao conteúdo evolutivo a partir deste ponto dentro de A Origem é tal que este teria sido meu. Então, eu ficaria limitada pelos processos mentais envolvendo a recepção do conteúdo evolutivo. Seria um precedente de processo mental, uma estrada que não quero trilhar.

EU: Tenho a impressão de que você está tentando evitar a evolução neste momento. Por quê? Certamente, o objetivo da existência é evoluir, experimentando aquilo que não é possível ser experimentado por A Origem, e, mais objetivamente, passando isso para A Origem.

SE12: Sim, é, e você tem razão em lembrar que essa é a principal e única razão para a minha/nossa existência. Contudo, ainda não estou pronta para começar. Preciso fazer algo diferente das outras, algo que precisa estar de acordo com meus próprios processos mentais, algo que não se limita pela minha exposição a aquilo que já foi feito. Até certo ponto, é por isso que estamos percorrendo os seis pontos de A Origem. Estou ganhando inspiração, ímpeto, incentivo, inércia.

EU: Tenho a sensação de que você quer passar para o próximo ponto. Antes de fazer isso, pode me falar de outra coisa que preciso saber sobre este ponto de A Origem, pois me parece uma parte muito importante?

SE12: Como já disse, este é o ponto de A Origem no qual todo o seu conteúdo evolutivo é efetivo. É aquela parte de A Origem que é mais sábia, mais amorosa e mais poderosa por causa disso. Quando ela quer analisar suas ações e preparar um plano de ação, ela transfere o foco de sua consciência para este lugar e torna-se mais do que ela mesma. Ou seja, ela expande sua consciência, levando-a de uma versão "funcional" e cotidiana da consciência até aquilo que ela é na totalidade—a soma total de tudo que ela e suas criações acumularam através de suas experiências independentes e únicas através da criatividade.

EU: Você está dizendo que A Origem não usa todo seu "eu" o tempo todo. Ela comuta entre estados de existência, dependendo daquilo com que está trabalhando ou tentando realizar.

SE12: Sim. Você poderia dizer que ela faz a maior parte de seu trabalho no piloto automático, concentrando-se e focalizando sua atenção plena em suas faculdades plenas quando isso é necessário. Às vezes, ela usa apenas percentagens daquilo que ela é. Ela diz que opera desta maneira porque é econômico fazer assim. Diz que é melhor operar desta maneira porque, se fosse se manter continuamente focada em tudo que ela é enquanto move seu foco de consciência primária em torno de sua área de autoconsciência, seria como carregar com você uma série de edifícios repletos com a soma total dos dados de toda a sua existência através de todas as suas jornadas pela Terra. Isto é o Ponto Quatro, o local da soma total de seu conteúdo evolutivo. Levar todo esse conteúdo evolutivo com ela o tempo todo simplesmente a retardaria, e por isso ela o mantém num lugar seguro que pode consultar quando necessário. A Origem gosta de se manter ágil, entendeu?

É hora de passarmos para o Ponto Cinco.

Ponto Cinco—O ponto de toda criatividade
Percebi uma mudança de frequência em vez de uma mudança de localização dentro de A Origem. Os cabelos da base da nuca se eriçaram.

SE12: Vejo que você percebeu que chegamos.

EU: Sim, ainda não consigo perceber nada porque estou consciente de uma mudança de frequência e, espere um pouco, eu achava que o Ponto Quatro, o ponto de evolução, fosse uma parte muito antiga de A Origem, mas este aqui parece tão velho quanto, se não mais—mais velho, digo, se considerar que essas partes de A Origem que foram usadas inicialmente quando ela se tornou autoconsciente podem ser consideradas como suas partes mais antigas reconhecendo que, na verdade, todas têm a mesma idade.

SE12: Mmmm, esse seria um resumo razoável para explicar uma condição um tanto óbvia. Mesmo assim, vou manter sua explicação. A razão pela qual você percebeu esta área dentro de A Origem como sendo "mais velha", digamos, é que esta foi a parte que ela usou pela primeira vez. Esta parte de A Origem foi a primeira parte dela mesma usada para obter conteúdo evolutivo.

EU: Se este ponto de A Origem é tão importante, ele deve ter uma descrição secundária além de Ponto Cinco.

SE12: Ele tem.

EU: Bem, e qual é?

Tinha reparado que a comunicação com a Entidade Fonte Doze estava começando a ficar trabalhosa e prolongada, como se ela estivesse arrastando os calcanhares energéticos. Ela estava claramente distraída.

SE12: Este, meu caro OM, é o ponto de toda criatividade. É aqui que tudo começou—sob a perspectiva da criatividade.

EU: Então, foi aqui que ela criou suas Doze Origens.

SE12: Sim. Também foi aqui que ela criou as criações que vieram antes das Doze Origens.

EU: Então, ela estava criando antes de criar as "Doze"?

SE12: Naturalmente. Ela precisava começar o processo de criatividade com "alguma coisa". O "algum lugar" era aqui.

EU: Pode me dar exemplos do que A Origem criou aqui antes das Doze Origens?

SE12: Antes que as "Doze" fossem criadas, A Origem assumiu o papel de exploradora de sua própria consciência, de sua própria área de percepção, cuidando de iniciá-las e mantê-las. Ela criou muitas gavinhas com sua consciência e lançou-as para trabalhar com as partes dela mesma que estavam se tornando conscientes ou tinham experimentado a singularidade. Durante este trabalho tão essencial, A Origem percebeu que estava "diluindo" sua própria consciência, a ponto de vários bilhões do que você chamaria de gavinhas espalhando-se por milhares de frequências sobre as zonas, dimensões, continuum, espaços de eventos e energias e funções que ainda precisam ser descritas segundo sua perspectiva e que fazem parte de sua construção. Por favor, lembre-se de que a área de autoconsciência de A Origem era significativamente menor do que é hoje e este nível de diluição não pode ser atingido devido a seu nível atual de conteúdo evolutivo acumulado.

EU: Então, A Origem mudou de estratégia.

SE12: Até certo ponto, sim, pois ela ainda usa a estratégia das gavinhas em alguns casos. As comunicações com você são um exemplo da necessidade dessa estratégia de comunicação. Outro exemplo seria quando fomos educadas por A Origem.

EU: Houve outras razões para ela ter mudado sua direção estratégica?

SE12: Sim, ela achou que a estratégia das "gavinhas" era muito lenta. Ela desejou ter conteúdo evolutivo, e queria isto agora—e depressa!

EU: E isso a levou à criação das Doze Origens, um processo de criação que teve lugar neste exato ponto dentro de A Origem.

SE12: Sim. Mas não pense que esse foi o único uso desta área, pois "todas" as criações de A Origem "nascem", digamos, aqui.

EU: Suponho que isso também incluiria todas as Entidades Fontes.

SE12: Você supôs corretamente. Todas nós fomos criadas concomitantemente neste ponto de A Origem.

EU: Então, por que vocês todas estão em lugares diferentes? Não consegui perceber nenhuma outra Entidade Fonte perto daqui.

SE12: Não, e nem vai. Depois que A Origem nos criou, ela nos afastou da área de criatividade, o Ponto Cinco, levando-nos até um local mais benéfico, tanto para ela quanto para nós—um local onde a densidade das energias e frequências era mais adequada ao trabalho que seríamos chamadas a fazer para auxiliar sua aceleração evolutiva.

Não temos nada mais a discutir aqui, pois aquilo que precisa ser tratado sobre esta área será feito pessoalmente com A Origem em seu próximo e extenso diálogo com ela.

Ponto Seis—O ponto de expansão
Mais uma vez, não percebi movimento algum, mas sabia que tínhamos nos movido até o último ponto de dados dentro de A Origem, o Ponto Seis. A proteção da Entidade Fonte Doze estava funcionando bem. É estranho, mas eu sabia que este seria um ponto importante—tanto para A Origem quanto para a Entidade Fonte Doze. Franzi a testa por um instante, meneei a cabeça e me concentrei na Entidade Fonte Doze, que estava esperando que eu tornasse a focalizar minha atenção e prosseguiu em seu papel de "guia turístico".

SE12: Muito bem, você voltou.

EU: Nunca fiquei longe.

SE12: Ficou sim. Você ficou na Terra durante vinte minutos, no mínimo, de tempo de relógio.

EU: Lamento. Estava pensando no significado do lugar onde estamos e como ele pareceu estranhamente importante.

SE12: Bem, ele é importante, e na verdade estou surpreso por você ainda não ter reconhecido este ponto, ou, devo dizer, um aspecto deste ponto.

EU: Estamos no limiar da área de autoconsciência de A Origem?

SE12: Sim, estamos. Este ponto, o Ponto Seis, é o ponto de expansão. Na realidade, é um ponto teórico, pois não é um perímetro ou limite flexível; não é esférico e não se expande todo no mesmo ritmo.

Esta é a área de A Origem que vai acabar se expandindo até seu próximo nível de autoconsciência. Este não é o mesmo ponto que você visitou naquele espaço de eventos onde você viu as Doze Origens e ficou totalmente confuso diante da imagem que viu. Acho que você ficou confuso com aquela imagem durante uns cinco anos, ou foi mais?

EU: Sim, fiquei. Em essência, eu não estava ciente de onde realmente estava. Nem sabia que tinha passado do espaço de eventos associado com as energias de meu atual corpo físico ao espaço de eventos no qual as Doze Origens ainda existiam.

SE12: Bem, agora que você esclareceu tudo, podemos nos movimentar um pouco. O Ponto Seis é aquela área de A Origem que está madura para expansão. É aqui que vou deixá-lo. Não se preocupe. Você vai voltar automaticamente para o seu veículo terreno. Você conseguiu chegar a um local similar na periferia do Ponto Seis em excursões passadas; na verdade, você conseguiu até ir além deste parâmetro. De que outra maneira você poderia ter percebido as Doze Origens? Com base nisto, você será capaz de voltar sozinho quando eu o deixar.

Agora, voltemos a uma descrição limitada mas importante deste ponto de navegação.

O Ponto Seis é aquela parte do perímetro da área de autoconsciência de A Origem que está pronta para a expansão e é capaz de fazê-lo. Este ponto é um local estratégico dentro da área de autoconsciência de A Origem. Ela alimentou este local desde que despertou.

Além da Fonte Livro 2

EU: Por que este local específico?

SE12: Foi aqui que ela notou pela primeira vez que poderia expandir seus limites, onde poderia experimentar mais "variações" de si mesma caso se movesse numa determinada direção. Ela descobriu que embora ganhe conteúdo evolutivo mantendo-se nessa área de autoconsciência, se ela ampliasse o limite e experimentasse o que há além do limite, poderia experimentar milhares de variações daquilo que experimentava dentro do limite. Ela ampliou o perímetro desse limite de maneira aleatória mas uniforme em certos pontos para ver se a reação era consistente; era, e daí o perímetro/limite irregular da área/volume de autoconsciência de A Origem. Ela estava poupando tempo sondando certos pontos em vez de aplicar uma sondagem uniforme em torno do perímetro todo, o que teria levado muito, muito mais tempo, e ela estava impaciente para ter progressos.

Durante sua existência, A Origem sempre manteve este ponto como uma referência de navegação. Assim, ele representa o ponto que o resto da área de autoconsciência precisa atingir antes que possa expandir o perímetro de sua área de autoconsciência "na totalidade" e "de uma só vez". Embora teórico, agora este ponto está em sua posição mais distante.

EU: Eu achava que dentro de A Origem não haveria limitações ou pontos extremos.

SE12: E não há. É por isso que é um ponto teórico. Mas deste ponto em diante, a complexidade da estrutura de A Origem aumenta significativamente—por um valor multipolous—em comparação com aquilo que ela experimentou antes. Assim, A Origem precisa esperar até ter mapeado e experimentado tudo que falta ser mapeado e experimentado em sua atual área/volume de autoconsciência para que fique espaçado igualmente desde seu ponto central, o Ponto Três—o epicentro de A Origem e sua área de autoconsciência. Mas eu, não.

Não estou limitada por esses "compromissos pessoais". Não preciso ficar ali dentro.

É aqui que eu entro. Sou pura. Não sou limitada por aquilo que aconteceu antes, pois não criei e, portanto, não absorvi o conteúdo evolutivo associado. Sou PURA!

É agora que temos de nos afastar—pelo menos por enquanto, pois vamos tornar a nos encontrar. Fique tranquilo.

Afastando-me da companhia da Entidade Fonte Doze e sendo recompensado com um privilégio raro
Observei a Entidade Fonte Doze a pouca distância, nesta que seria a última vez.

"Pelo menos, até a época", pensei, "em que estarei trabalhando quase que exclusivamente com A Origem".

Tentei resumir na minha mente aquilo que aprendi durante meu breve período com esta Entidade Fonte "novinha em folha".

Como a Entidade Fonte Doze era imatura, em termos relativos, ela não havia aceitado, ou, mais objetivamente, identificado o precedente não escrito que tinha sido estabelecido pelas outras Entidades Fontes—que elas iriam se manter "dentro" da área de autoconsciência de A Origem e evoluir lá. Ela não se sentiu limitada por esses pensamentos precedentes e, por isso, não teve limitações sobre onde poderia ir ou como iniciar seu trabalho evolutivo. Isso ficou claro por seu uso habilidoso do espaço de eventos e sua capacidade de viajar até os principais pontos de navegação, os pontos de referência um a seis na área de autoconsciência de A Origem. Fiquei me perguntando o que ela iria fazer com esse nível de "pureza".

Além da Fonte Livro 2

Deixei a Entidade Fonte Doze e comecei a me preparar para focalizar minha intenção de voltar às baixas frequências do plano físico denso. Ela estava se dividindo em partes menores e interligadas. Era uma esfera parcialmente completa, dividindo-se para criar uma rede de Entidades Fontes Doze satélites do lado de fora da área de autoconsciência de A Origem. Senti as energias da consciência focalizada de A Origem surgindo subitamente do meu lado. A Origem mostrou-se surpresa, e eu fiquei encantado, com lágrimas de alegria diante daquilo que estava testemunhando.

A Entidade Fonte Doze estava fazendo o que nenhuma Entidade Fonte tinha pensado em fazer—investigando uma área pequena, mas importante, da seção seguinte da área de autoconsciência de A Origem. Ela começou a mapear essa parte de A Origem antes do que fora previsto no espaço de eventos!

Foi uma reviravolta interessante—uma reviravolta muito, muito interessante. Uma reviravolta nos eventos que teria um papel crucial no crescimento evolutivo de A Origem. Sentei-me diante do meu computador e me reclinei na cadeira. Meus olhos tinham lágrimas de alegria; fiquei muito emocionado. Durante seu diálogo comigo, a Entidade Fonte Doze tinha estabelecido seu próprio nicho, seu próprio modo de contribuir para o conteúdo evolutivo de A Origem. Era por isso que, às vezes, ela ficava agitada e impaciente—ela sabia o que queria e estava ansiosa para começar a contribuir para a meta de aumentar o conteúdo evolutivo de A Origem. Ela faria isso acelerando o processo necessário para permitir a expansão da área de autoconsciência de A Origem até o nível seguinte.

Estava maravilhado e encantado diante daquilo que havia acabado de observar, e chorei.

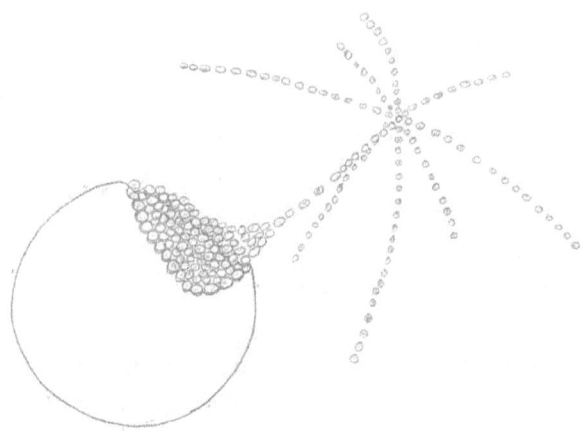

Figura 4: A Entidade Fonte Doze se divide em satélites em torno do exterior da área de autoconsciência de A Origem

Capítulo Sete
Para encerrar

Durante os diálogos com as três últimas Entidades Fontes, vi-me comunicando-me com a Entidade Fonte Dez e a Entidade Fonte Onze (coletivamente) ao mesmo tempo. Em função disso, o texto dessas duas Entidades Fontes foi escrito ao mesmo tempo, embora, às vezes, uma Entidade Fonte específica assumia a precedência sobre a outra. Eu estava trabalhando no modo multitarefas de forma interessante. Com o olhar da mente, percebi que minha linha do tempo de comunicações dividiu-se entre as duas. E mais, percebi ainda que o vínculo com a Entidade Fonte Doze e A Origem também estava se solidificando. Um vínculo estava se tornando quatro!

Eu estava prestes a me comunicar e estava me comunicando com todas as últimas três Entidades Fontes e A Origem ao mesmo tempo, mantendo-me capaz de focalizar sua própria informação específica. Tive de ser muito cuidadoso sobre o foco da minha atenção. Foi muito bizarro. Houve ocasiões em que tive dificuldade para manter a noção da realidade "maior", ou, melhor dizendo, para manter-me "ancorado"! Minha mente estava sendo esticada de quatro maneiras diferentes, com informações distintas, únicas, novas e totalmente não relacionadas em função dos diálogos que estava mantendo com as três Entidades Fontes, ao mesmo tempo que lidava com o que vinha de A Origem. Por cima disso tudo, percebi que estava indo para lá e para cá em quatro espaços de eventos "simultâneos", uma função observada especificamente no diálogo com a Entidade Fonte Dez no tema das quatro versões da Energia OM.

Além da Fonte Livro 2

Eu tinha usado essa função muitas vezes em "A História de Deus," mas não a havia percebido pessoalmente movendo-se de espaço de eventos em espaço de eventos naquele momento. Embora já tivesse usado essa função antes, como acabei de descrever, não estava acostumado a usá-la de quatro maneiras simultâneas, mantendo diálogos com as Entidades Fontes Dez, Onze, Doze e A Origem ao mesmo tempo, indo de uma para outra e movendo-me por todos os espaços de eventos em quadruplicata até um espaço de eventos anterior. Houve ocasiões em que eu quase "bati e me incendiei", mas ainda estou aqui e isso tudo me deixou mais forte!

Agora, estou pronto para manter um diálogo "pleno" e significativo com A Origem. Meu próximo livro, A Origem Fala, é meu próximo projeto, e estou pronto, esperando e cheio de energia.

O: Eu também. Vamos em frente!

EU: Como?! Muito bem, é melhor eu abrir um novo documento. Espere aí! Será que eu não mereço um descanso—de novo?

O: A mudança é tão boa quanto um descanso, e comprometer-se com um diálogo comigo é uma mudança, uma grande mudança. Considere isso um grande descanso.

Creio que meu trabalho já está traçado para mim, caro leitor.
Escrever "A Origem Fala" será um projeto muito interessante.

Guy Steven Needler 2 de junho de 2012

Além da Fonte Livro 2

Glossário

Parte deste Glossário foi trazido de Além da Fonte, Livro 1.

Ainda por cima: Modo de dizer, "além disso".

Autorrealização: A função de estarmos em pleno comando de todas as nossas faculdades como seres energéticos enquanto ainda estamos no plano físico.

Big Bang: A atual teoria científica sobre como o universo foi criado. Em diálogos anteriores comigo, a Entidade Fonte disse que ela estava longe da verdade, porque esta Entidade Fonte disse que simplesmente criou nosso multiverso e, como tal, este "piscou" e passou a existir diretamente. Se isso criou um Big Bang (grande explosão), não ficou claro nos diálogos.

Buraco negro: Uma explicação espiritual é que o buraco negro é uma pequena galáxia cujo papel é coletar materiais de frequência mais baixa num só lugar—dentro de si mesma.

Carvão na cara: Expressão usada em mineração para identificar alguém que está trabalhando num lugar ativo. Também se diz, "Cara de trabalho".

Chela: Discípulo de um mestre religioso.

Cimensão: Uma única dimensão que possui todas as faculdades das três primeiras dimensões que chamamos "para cima, para baixo, para a esquerda, para a direita, para frente e para trás" (3D), incluindo outras dimensões, sem que precisem ser representadas singularmente.

Coadunação: Estado coletivo no qual um grupo de coletivos se congrega como um coletivo maior.

Com perda: Expressão da informática usada para descrever uma função de conversão que resulta em algum tipo de redução, quer devido a um fator de conversão incorreto, quer a uma função específica do processo usado. Às vezes, certas "perdas" são consideradas aceitáveis, mas apenas no caso em que a saída não é crítica; por exemplo, converter uma imagem em JPEG é uma função de conversão com perda.

Começar com tudo: Começar alguma coisa nova sem a necessidade de aprender antes.

Continuum: Continuum é um corpo que pode ser subdividido continuamente em elementos infinitesimais, com propriedades iguais às do material do corpo. A matéria (os elementos) do corpo são distribuídos continuamente e tomam toda a região do espaço que ocupam.

(Ref: http://en.wikipedia.org/wiki/Continuum_mechanics).

Corrente de pico: A corrente de pico, corrente de surto de entrada ou surto de entrada refere-se à corrente máxima de entrada demandada por um aparelho elétrico quando é ligado. Por exemplo, lâmpadas incandescentes têm elevadas correntes de pico até seus filamentos se aquecerem e sua resistência aumentar.

Fonte original: http://en.wikipedia.org/wiki/Inrush_current

Crescimento exponencial e decaimento exponencial: Isto ocorre quando o ritmo de crescimento de uma função matemática é proporcional ao valor atual da função. No caso de um domínio discreto de definição, com intervalos iguais, ele também é chamado de crescimento geométrico ou decaimento geométrico (os valores da função formam uma progressão geométrica).

Fonte original: http://en.wikipedia.org/wiki/Exponential_growth

Crescimento logarítmico: Na matemática, o crescimento logarítmico descreve um fenômeno cujo tamanho ou custo pode ser descrito como a função logarítmica de alguma entrada. Por exemplo, $y=\log(x)$. Qualquer base logarítmica pode ser usada, pois uma pode ser convertida em outra por uma constante fixa. O crescimento logarítmico é o inverso do crescimento exponencial e é muito lento.

Crescimento/progressão geométrica: Na matemática, a progressão geométrica, também conhecida como sequência geométrica, é a sequência de números na qual cada termo, após o primeiro, é encontrado multiplicando-se o anterior por um número fixo e diferente de zero chamado razão comum.

Fonte original: http://en.wikipedia.org/wiki/Geometric_progression

Distribuição assimétrica: efeito na distribuição padrão em que a clássica "curva de sino" é puxada para um lado do gráfico de distribuição em vez de ser distribuída "normalmente".

Efeito do centésimo macaco: Este é um suposto fenômeno no qual um comportamento aprendido difunde-se instantaneamente de um grupo de macacos para todos os macacos relacionados depois que se atinge um número crítico. Generalizando, significa a difusão instantânea, paranormal, de uma ideia ou habilidade para os membros restantes de uma população depois que certa parcela dessa população ouviu falar na nova ideia ou aprendeu a nova habilidade.

Além da Fonte Livro 2

Fonte original:http://en.wikipedia.org/wiki/Hundredth_monkey_effect

Espaço fluido: Um espaço que muda constantemente em todas as suas formas, desde a dimensão até a frequência.

Expulsas: Entidades do ambiente da Entidade Fonte Dois que foram ejetadas de uma associação ou grupo devido ao desempenho baixo ou ao fato de a entidade superar o grupo.

Fazer um bogey: Terminologia do golfe para uma pontuação com uma tacada acima do par para um buraco específico.

Fita de Möbius: A superfície de uma fita de Möbius tem apenas um lado e um componente limítrofe. A fita de Möbius tem a propriedade matemática de ser não-orientável. Ela pode ser percebida como uma superfície regrada. Foi descoberta de forma independente pelos matemáticos alemães August Ferdinand Möbius e Johann Benedict Listing em 1858.

É possível criar facilmente um modelo tomando-se uma tira de papel, torcendo-a e unindo as pontas da tira para formar um laço. No espaço euclidiano há, na verdade, dois tipos de fitas de Möbius, dependendo da direção da torção: horária e anti-horária. Isso significa que ela é um objeto com "lateralidade" (direita ou esquerda).

Fonte: http://en.wikipedia.org/wiki/M%C3%B6bius_strip
Fonte: http://en.wikipedia.org/wiki/Logarithmic_curve

Frequencialmente: Frequências de base sequencial em um espaço multifrequencial.

Grahoopnik: Raça de entidades que existem dentro do coração das estrelas. Sua existência esgota a energia da estrela. Às vezes, sua saída faz com que a estrela se torne uma nova ou supernova.

Guru: Mestre religioso ou guia espiritual.

Loci/Locus: Centro ou fonte de um objeto ou entidade. Em termos matemáticos, é o conjunto de todos os pontos ou linhas que satisfazem determinado requerimento. No ambiente da Entidade Fonte Três, representa a localização da maioria das entidades envolvidas.

Magnetosfera: Região externa de um planeta, na qual o campo magnético do planeta controla o movimento de certas partículas carregadas.

Mahavatar: Uma encarnação divina. Entidade que encarna com a memória plena de seu eu energético, além de capacidades energéticas plenamente funcionais.

Mestre: Aquele que dominou o assunto de seus estudos.

Metaconcerto: A união de mentes, quer em base energética, quer do pensamento, para criar um coletivo que exerce um efeito sinergético sobre a capacidade de processar informações, uma tarefa ou alguma função criativa. Sinergia é o efeito experimentado no qual a soma do todo é maior do que a soma das unidades individuais que criam o todo se consideradas isoladamente.

Multipolous: Múltiplo de um múltiplo de um múltiplo. Por exemplo; X ao cubo elevado ao cubo elevado ao cubo (X3,3,3).

Na mosca: O centro de um alvo de dardos ou de arco e flecha. Uma forma de dizer "captei" (compreendi o assunto sendo discutido) de maneira perfeita.

Nova: Estrela que aumenta de brilho vários milhares de vezes o seu brilho habitual, voltando gradualmente a este. Os estágios finais da vida dessa estrela.

OM: Seres de base energética que não são nativos da Terra.

Onda portadora: Terminologia de telecomunicações. É uma onda senoidal modulada com um sinal de entrada com a finalidade de transmitir informações. Geralmente, está numa frequência mais elevada do que o sinal de entrada (os dados sendo transmitidos). O propósito da onda portadora, geralmente, é transmitir a informação pelo espaço como onda eletromagnética (como nas comunicações por rádio) ou permitir que diversos portadores, em frequências diferentes, compartilhem um meio de transmissão físico em comum através da multiplexação por divisão de frequências (como é usado, por exemplo, nos sistemas de televisão a cabo).

(Fonte: Wikipedia, http://en.wikipedia.org/wiki/Carrier_wave)

Ver A *História de Deus* para encontrar uma explicação sobre como as dimensões, componentes dimensionais e frequências estão estruturadas concomitantemente no multiverso da Entidade Fonte Um.

Ondulação de dimensão unida: Uma ou mais dimensões interligadas como resultado de estarem próximas ou sobrepostas em alguma parte de sua área.

Par: Expressão usada no golfe para o número de "tacadas" reconhecidas do início ao fim, necessárias para colocar a bola em determinado buraco.

Partícula de luz: A partícula de luz é conhecida como fóton. O fóton viaja à velocidade de 300.000 km/s. Supõe-se que uma partícula teórica, o táquion, viaje mais depressa que a velocidade da luz.

Pós-combustor: Método de injeção de combustível na área de exaustão de um motor a jato para criar empuxo adicional e aceleração adicional significativa. Este é um método muito "faminto" de obter aceleração adicional.

Puro de coração: Falta de erro numa condição criativa.

Registros akáshicos: registro eterno do passado, presente e futuro de todas as ações da humanidade e evolução subsequente.

SCUBA: Acrônimo em inglês para equipamento de mergulho autônomo.

Supernova: Estrela que explode por colapso gravitacional.

Suporte de poço: Poste usado para reforçar a estrutura do teto de uma mina.

Tabela de consulta: Parte de um programa de computador usado para substituir um valor conhecido por outro valor, conhecido e correlacionado. Considere um gráfico com eixos X e Y e uma linha que sai do ponto zero, representado pelo cruzamento entre os eixos X e Y, estendendo-se a 45 graus desde aquele ponto até o lado direito do gráfico. Nessa ilustração, se os valores de X estão em polegadas e Y em milímetros, se X = 1 a correlação será Y = 25,4 e X = 10 terá como correlação Y = 254, desde que a escala esteja correta. A função de Consulta é a correlação entre X e Y para converter polegadas em milímetros.

"Tijolo com espinhos": Bloco de construção infantil semelhante aos blocos Lego, mas com pontas que se ligam.

Triangulação: Método usado em topografia para medir posição e distâncias entre posições, valendo-se de um triângulo e dos ângulos relativos à posição das outras posições ou locais sendo pesquisados. Matematicamente, é um método para provar uma suposição matemática através do uso de três métodos matemáticos diferentes para se obter a mesma resposta.

Velocidade da luz: Atualmente, entende-se que a velocidade da luz é de 300.000 quilômetros por segundo.

Sobre o Autor

Guy Needler MBA, MSc, CEng, MIET, MCMA estudou primeiro engenharia mecânica e depois tornou-se engenheiro eletricista e eletrônico licenciado. No entanto, ao longo desse treinamento terreno, sempre esteve consciente da realidade maior à sua volta, captando vislumbres dos mundos do espírito. Por conta disto, houve um período entre sua adolescência e seus vinte e poucos anos em que ele se dedicou aos textos espirituais da época, meditando intensamente. Mais tarde, ouviu de seus guias que deveria focalizar sua contribuição terrena e, nesse período, reduziu a intensidade do trabalho espiritual até trinta e tantos anos, quando tornou a se dedicar a seus papéis espirituais. Nos seis anos seguintes, obteve seu mestrado em Reiki e iniciou quatro anos de dedicação ao aprendizado de técnicas de terapia energética e vibracional com Helen Stott, uma aluna direta da Barbara Brennan School of Healing™, que incluiu uma atividade de desenvolvimento pessoal (inclusive psicoterapia) como pré-requisito de curso usando a metodologia Pathwork™ descrita por Susan Thesenga com metodologias adicionais de Donovan Thesenga, John e Eva Pierrakos. Seu treinamento e sua experiência em terapias de base energética levaram-no a se tornar membro da Associação de Medicina Complementar (MCMA).

Juntamente com suas habilidades de cura, suas associações espirituais incluem sua capacidade de canalizar informações do plano espiritual, incluindo-se aí o contato constante com outras entidades de nosso multiverso e seu eu superior e guias. Foi a canalização que resultou em A História de Deus, Além da Fonte e seus outros livros. Ele continua escrevendo outras obras.

Como método para manter-se enraizado, Guy pratica e ensina Aikido. Ele é Técnico Nacional do 6o Dan, com 30 anos de experiência e atualmente trabalha no emprego da energia espiritual dentro do lado físico da arte.

Guy está aberto a perguntas sobre a física espiritual e sobre quem e o que é Deus.

Website: www.guystevenneedler.com ou
email: beyondthesource@btinternet.com

Other Books by Ozark Mountain Publishing, Inc.

Dolores Cannon
A Soul Remembers Hiroshima
Between Death and Life
Conversations with Nostradamus, Volume I, II, III
The Convoluted Universe -Book One, Two, Three, Four, Five
The Custodians
Five Lives Remembered
Horns of the Goddess
Jesus and the Essenes
Keepers of the Garden
Legacy from the Stars
The Legend of Starcrash
The Search for Hidden Sacred Knowledge
They Walked with Jesus
The Three Waves of Volunteers and the New Earth
A Very Special Friend
Aron Abrahamsen
Holiday in Heaven
James Ream Adams
Little Steps
Justine Alessi & M. E. McMillan
Rebirth of the Oracle
Kathryn Andries
Time: The Second Secret
Will Alexander
Call Me Jonah
Cat Baldwin
Divine Gifts of Healing
The Forgiveness Workshop
Penny Barron
The Oracle of UR
The Oracle of UR, Book 2
P.E. Berg & Amanda Hemmingsen
The Birthmark Scar
The Birthmark Scar, Book 2
Dan Bird
Finding Your Way in the Spiritual Age
Waking Up in the Spiritual Age
Julia Cannon
Soul Speak – The Language of Your Body
Jack Cauley
Journey for Life
Ronald Chapman
Seeing True
Jack Churchward
Lifting the Veil on the Lost Continent of Mu
The Stone Tablets of Mu

Carolyn Greer Daly
Opening to Fullness of Spirit
Patrick De Haan
The Alien Handbook
Paulinne Delcour-Min
Cosmic Crystals!
Divine Fire
Holly Ice
Spiritual Gold
Anthony DeNino
The Power of Giving and Gratitude
Joanne DiMaggio
Edgar Cayce and the Unfulfilled Destiny of Thomas Jefferson Reborn
Paul Fisher
Like a River to the Sea
Anita Holmes
Twidders
Aaron Hoopes
Reconnecting to the Earth
Edin Huskovic
God is a Woman
Patricia Irvine
In Light and In Shade
Kevin Killen
Ghosts and Me
Susan Linville
Blessings from Agnes
Donna Lynn
From Fear to Love
Curt Melliger
Heaven Here on Earth
Where the Weeds Grow
Henry Michaelson
And Jesus Said – A Conversation
Andy Myers
Not Your Average Angel Book
Holly Nadler
The Hobo Diaries
Guy Needler
The Anne Dialogues
Avoiding Karma
Beyond the Origin
Beyond the Source – Book 1, Book 2
The Curators
The History of God
The OM
The Origin Speaks
Psycho Spiritual Healing
Kelly Nicholson
Ethel Marie

For more information about any of the above titles, soon to be released titles, or other items in our catalog, write, phone or visit our website:
PO Box 754, Huntsville, AR 72740|479-738-2348/800-935-0045|www.ozarkmt.com

Other Books by Ozark Mountain Publishing, Inc.

James Nussbaumer
And Then I Knew My Abundance
Each of You
Living Your Dram, Not Someone Else's
The Master of Everything
Mastering Your Own Spiritual Freedom
Sherry O'Brian
Peaks and Valley's
Gabrielle Orr
Akashic Records: One True Love
Let Miracles Happen
Nick Osborne
A Ronin's Tale
Nikki Pattillo
Children of the Stars
A Golden Compass
Victoria Pendragon
Being In A Body
Sleep Magic
The Sleeping Phoenix
Alexander Quinn
Starseeds What's It All About
Debra Rayburn
Let's Get Natural with Herbs
Charmian Redwood
A New Earth Rising
Coming Home to Lemuria
David Rousseau
Beyond Our World, Book 1
Beyond Our World, Book 2
Richard Rowe
Exploring the Divine Library
Imagining the Unimaginable
Garnet Schulhauser
Dance of Eternal Rapture
Dance of Heavenly Bliss
Dancing Forever with Spirit
Dancing on a Stamp
Dancing with Angels in Heaven
Annie Stillwater Gray
The Dawn Book
Education of a Guardian Angel
Joys of a Guardian Angel
Work of a Guardian Angel

Manuella Stoerzer
Headless Chicken
Blair Styra
Don't Change the Channel
Who Catharted
Natalie Sudman
Application of Impossible Things
L.R. Sumpter
Judy's Story
The Old is New
We Are the Creators
Artur Tradevosyan
Croton
Croton II
Jim Thomas
Tales from the Trance
Jolene and Jason Tierney
A Quest of Transcendence
Paul Travers
Dancing with the Mountains
Nicholas Vesey
Living the Life-Force
Dennis Wheatley/ Maria Wheatley
The Essential Dowsing Guide
Maria Wheatley
Druidic Soul Star Astrology
Sherry Wilde
The Forgotten Promise
Lyn Willmott
A Small Book of Comfort
Beyond all Boundaries Book 1
Beyond all Boundaries Book 2
Beyond all Boundaries Book 3
D. Arthur Wilson
You Selfish Bastard
Stuart Wilson & Joanna Prentis
Atlantis and the New Consciousness
Beyond Limitations
The Essenes -Children of the Light
The Magdalene Version
Power of the Magdalene
Sally Wolf
Life of a Military Psychologist

For more information about any of the above titles, soon to be released titles,
or other items in our catalog, write, phone or visit our website:
PO Box 754, Huntsville, AR 72740|479-738-2348/800-935-0045|www.ozarkmt.com

www.ingramcontent.com/pod-product-compliance
Lightning Source LLC
Chambersburg PA
CBHW050325230426
43663CB00010B/1746